本书为中央级公益性科研院所基本科研业务费专项资金资助项目

中国农业科学院
农业经济与发展研究所

研究论丛

第 4 辑

Research on the Mechanism and Mode of Beijing's Agricultural Cultural Creative Industry Development

IAED

北京市发展农业文化创意产业机制与模式研究

蒋和平　刘学瑜　蒋黎　◎著

中国财经出版传媒集团
经济科学出版社
Economic Science Press

中国农业科学院农业经济与发展研究所
研究论丛编委会

主　　　任： 袁龙江

常务副主任： 毛世平

执行副主任： 胡向东

编委会成员：（按姓氏笔画为序）

　　　　　　任爱胜　孙东升　朱立志　李宁辉　李思经

　　　　　　李先德　吴敬学　赵芝俊　夏　英

序言

农业文化创意产业是继生态农业、循环农业、休闲观光农业后兴起的一种新的农业产业模式，其将传统农业和文化创意产业有机结合，丰富了农业产业形态，提升了传统农业价值。以科技创新为依托的农业文化创意产业是文化创意产业的核心，作为一种新兴的产业，是经济、文化、技术等相互融合的产物。农业文化创意产业属于都市型现代农业的重要组成部分，是现代农业新的经济增长点和新亮点。随着社会的发展进步，开发传统农业新功能、促进农业转型升级势在必行。发展文化创意农业适应了信息化、高科技化的时代潮流，迎合了城乡居民的文化消费需求，市场前景广阔。

创意农业起源于20世纪90年代后期，目前已经形成了农艺工坊、农产品专营店等专业型农业文化创意产业项目和亲子农园、主题农庄等综合型农业文化创意产业项目。北京市农业现代化发展程度高，是我国农业文化创意产业的"领头羊"和"排头兵"。在北京市政府和相关部门的领导下，北京市各区县积极探索农业文化创意产业的新模式，整合各方资源和力量，不断拓展和丰富农业文化创意产业的内涵和形式，拓展农业发展空间，取得了较好的成效，对北京郊区经济社会发展产生了一定的辐射和带动作用。

在北京市农业文化创意产业快速发展的实践基础上，明确农业文化创意产业的内涵、特征、运行机制，对于进一步明确农业文化创意产业问题研究范畴与方向具有重要的理论意义，对于未来农业文化创意产业发展实践具有重要的指导意义。总结好北京市农业文化创意产业发展的经典模式、成功案例、经验和做法，在此基础上，对于探索北京市农业文化创意产业发展的普遍规律，挖掘未来北京市农业文化创意产业的新增长点，加快其建设步伐具有重要意义。相对以往研究与分析，本书系统性梳理当前国内外农业文化创意产业相关的理论研究前沿，详细地介绍当前北京市农业文化创意产业发展的现状与实践道路，并提炼出典型模式，对于其他城市农业文化创意产业发展具有重要的参考价值，对于充实农业文化创意产业理论也具有非常重要的学术价值。

本书由中国农科院农业经济与发展研究所农业现代化理论与政策学科首席科学家蒋和平教授率领的研究团队，以《北京市发展农业文化创意产业机制与模式研究》为题向北京市自然科学基金委员会申报了项目，经过专家评审，该项目获得立项资助。

本书在项目研究成果的基础上，对北京发展农业文化创意产业的内涵、特征、运行机理与模式展开研究，并提出加快北京农业文化创意产业发展的政策建议。全书共分为七章。第1章，导论；第2章，北京发展农业文化创意产业机制与模式的理论基础，主要对指导北京市农业文化创意产业发展的相关理论进行了梳理，对农业文化创意产业的内涵与基本特征、农业文化创意产业运行要素相关理论进行了总结；第3章，北京发展农业文化创意产业的现状分析，以实际调研为基础，从发展背景、基本做法、问题和解决思路几个方面对北京发展农业文化创意产业的现状进行了分析；第4章，北京发展农业文化创意产业运行机制的分析，本章通过对北京市发展农业文化创意产业的机制研究，进一步明确农业文化创意产业发展的主要因素，提出促进北京市农业文化创意产业发展的协调机制和管理体系、科技支撑机制、融资机制、经营机制与人才开发机制，完善北京市农业文化创意产业发展服务体系；第5章，北京市农业文化创意产业发展类型、途径与模式研究，本章在充分调研并参考现有研究成果的基础上，对北京市农业文化创意产业发展的类型、途径和典型模式进行分析，对北京市农业文化创意产业发展的做法、经验进行总结；第6章，北京发展农业文化创意产业的案例分析研究，总结了北京市农业文化创意产业发展的十一大成功案例,对各案例的具体发展模式、主要做法、经验及成效进行了梳理,通过案例的总结,为北京市更好地发展农业文化创意产业提供经验借鉴和模式参考;第7章,加快推进北京市农业文化创意产业发展的政策建议,本章从正确引导和规范北京农业文化创意产业发展的角度出发,提出关于如何引导并加快发展北京农业文化创意产业的政策建议,为北京市更好地发展农业文化创意产业提供参考。

本书针对上述内容,开展了比较系统和深入的研究,并且对北京农业文化创意产业运行机制和模式进行了实地调研,取得了一系列重要的研究成果。在课题研究任务完成后,中国农业科学院农经所现代农业学科首席科学家蒋和平教授带领农经所现代农业研究室科研人员,又经过3年时间的研究、整理、完善,并多次征求专家意见,根据专家意见进行反复论证和修改,终于完成这部著作。

本书坚持理论研究、方法研究、案例研究和系统研究相结合的原则,力求理论创新、方法先进、案例典型,并在以下几个方面做到创新:一是在农业文化创意产业的基础理论研究上有创新,科学界定农业文化创意产业的内涵、特征和类型,补充和丰富了农业文化创意产业的理论基础。二是在农业文化创意产业的运行机制上有创新,通过对协调机制和管理体系、科技支撑机制、融资机制、经营管理机制和人才开发机制与农业文化创意产业的关系的研究,厘清了农业文化创意产业运行机制的内在机理和规律。三是在北京市农业文化创意产业发展模式研究上有创新,基于大量的调研工作,总结和归纳了北京市农业文化创意产业发展较好的十一大典型案例,这在国内研究上尚属首次,具有高度的整合性和创新性。四是研究方法上有创新,坚持理论研究与案例研究相结合,重视调研工作,多次开展深入细致的调研工作,通过实地调查,获取大量的数据和第一手资料。

农业文化创意产业作为新兴产业之一,具有三产融合的特征,有很大的发展潜力,但是发展时间短,加上又处于发展的前期阶段,需要更多的农经科研人员进行理论的研究和实践的探索。由于笔者研究和写作水平有限，加上调研和收集的资料有限，本书难免存在一些疏漏和欠缺，衷心希望各位同行专家和同仁对作者提出修改意见、建议，帮助提高其研究工作的科学性和指导性，为进一步推动我国农业文化创意产业的理论与实践探索做出更大的贡献。

作 者

2017 年 12 月 30 日于北京

目 录
CONTENTS

第1章 导 论 …………………………………………………… 1

 1.1 研究背景及目标／1

 1.2 国内外研究现状／3

 1.3 拟解决的关键问题／8

 1.4 研究方案／9

 1.5 本书创新点／11

第2章 北京发展农业文化创意产业机制与模式的理论基础 …………………………………………………… 12

 2.1 农业文化创意产业的内涵与基本特征／12

 2.2 建立农业文化创意产业运行要素的理论分析／20

第3章 北京发展农业文化创意产业的现状分析 ………… 27

 3.1 北京发展农业文化创意产业的背景／27

 3.2 北京农业文化创意产业发展现状／32

 3.3 北京发展农业文化创意产业存在的主要问题／34

 3.4 解决北京发展农业文化创意产业制约因素的思路／36

第4章 北京发展农业文化创意产业运行机制的分析 …… 40

 4.1 促进北京农业文化创意产业发展的协调机制和管理体系／40

4.2 促进北京农业文化创意产业发展的科技支撑机制 / 46
4.3 促进北京农业文化创意产业发展的融资机制 / 50
4.4 促进北京农业文化创意产业发展的经营机制 / 55
4.5 促进北京农业文化创意产业发展的人才开发机制 / 59

第5章 北京农业文化创意产业发展的类型、途径与模式研究 ……… 65

5.1 北京农业文化创意产业发展的类型 / 65
5.2 北京农业文化创意产业发展的途径 / 71
5.3 北京农业文化创意产业的典型模式 / 78

第6章 北京发展农业文化创意产业的案例分析研究 ………… 84

6.1 "金福艺农现代农业园区"的创意模式 / 84
6.2 "房山景观农业"的创意模式 / 91
6.3 "大兴西瓜节"的创意模式 / 102
6.4 "蔡家洼新农村建设"的创意模式 / 115
6.5 "平谷大桃产业"的创意模式 / 125
6.6 "古北口文化旅游开发"的创意模式 / 141
6.7 密云区"水库鱼街"的创意模式 / 149
6.8 密云区"休闲生态旅游"的创意模式 / 157
6.9 怀柔区"沟域经济开发"的创意模式 / 171
6.10 延庆区"多元化产业融合"的创意模式 / 181
6.11 "小汤山现代农业科技示范园"的创意模式 / 193

第7章 加快推进北京农业文化创意产业发展的政策建议 …… 200

7.1 机制体制创新层面 / 200
7.2 资金投入与政策支持层面 / 203
7.3 市场化、品牌化层面 / 205

参考文献 …………………………………………………………… 209
后　记 ……………………………………………………………… 217

第1章

导　论

1.1　研究背景及目标

1.1.1　研究背景

英国最早提出"文化创意产业"的概念和发展思路，并于1997年将文化创意产业作为国家重要产业给予重点政策支持，同时成立了英国"创意产业特别工作小组"，提出把文化创意产业作为英国振兴经济的聚焦点。"文化创意产业"概念提出后，发达国家和地区提出了创意立国或以创意为基础的经济发展模式，可见发达国家和地区已经将创意产业纳入发展战略之中。随着全球创意产业发展，西方理论界也率先掀起了一股研究创意经济的热潮，从研究"创意"本身逐渐延伸到以创意为核心的产业组织和生产活动，又拓展到以创意为基本动力的经济形态和社会组织。

在我国首先提出"文化创意产业"概念的是台湾地区，台湾地区大力支持农业文化创意产业发展，其发展理念和发展经验为我国其他地区探索农业文化创意产业提供了借鉴参考。随着文化创意产业的发展，创意的理念逐渐融入农业生产，文化的作用也逐渐凸显，"农业文化创意产业"的概念应运而生。近年来，北京市着力于深度开发农业的新功能，在发展都市型现代农业过程中融入了许多农业文化创意产业的新理念，深度发掘京郊文化元素，基本上形成了多种农业文化创意产业形式共同发展的新格局。

以科技创新为依托的农业文化创意产业是文化创意产业的核心,作为一种新兴的产业,是经济、文化、技术等相互融合的产物,具有高度的融合性、较强的渗透性和辐射力,为发展现代农业及其关联产业提供了良好条件。农业文化创意产业更加强调文化的力量,更加注重提高文化附加值,通过科技创新的形式散发出强大的活力和生机,是我国都市型现代农业未来的发展重点。2004年,北京市提出要大力发展文化创意产业和都市型现代农业,此后北京郊区积极探索、大胆尝试,以农业资源为基础、以科技为手段、以市场为导向、以人才为支撑,发展以观光农业为切入点的农业文化创意产业,创造出了具有文化附加值、生态附加值、科技附加值和服务附加值的农业文化创意产业形态。各地区结合实际情况,探索出多种农业文化创意产业发展模式,丰富了创意农产品、创意农业园、创意节庆活动、创意饮食文化等形式的创意产品,满足了人们多样化、多层次的精神文化需求。

1.1.2 研究目标

农业文化创意产业是观光休闲农业的重要内容,是都市型农业发展的重要标志,也是现代农业发展的重要方向之一,研究北京市农业文化创意产业发展的现状、运行机制与模式有重要的理论意义和实践意义。本书主要研究目标有:

第一,在吸收国内外已有研究成果的基础上,研究北京发展农业文化创意产业的理论基础,找出技术创新、文化创新、政策创新与发展农业文化创意产业的相互作用和关系,揭示农业文化创意产业的产业带动、收入带动和示范带动的运行机理,提出北京农业文化创意产业的内涵、特征和发展模式,设计北京发展农业文化创意产业的评价指标体系。

第二,研究北京发展农业文化创意产业的运行机制,总结、归纳北京发展农业文化创意产业的协调机制和管理体系、科技支撑机制、融资机制、经营管理机制及人才开发机制。

第三,以北京市平谷、怀柔、房山、大兴、延庆、密云和通州为案例,从实践中总结和归纳北京发展农业文化创意产业的运行模式,为北京发展农业文化创意产业提供科学方案。

1.2 国内外研究现状

国外首先提出并发展文化创意产业，并进行了大量实践和探索，但是研究较少，文化创意产业的相关文章不多。我国在借鉴国外文化创意产业基本概念和成功经验的基础上，将文化创意产业与农业相结合而提出了"农业文化创意产业"的概念，但是无论从理论层面还是实践层面，到目前为止，对农业文化创意产业的研究寥寥无几，相关的文献资料基本是空白，但是对创意农业和文化创意产业的研究不少，可以为本课题研究提供参考。

1.2.1 国外研究现状

1. 文化创意产业概念研究

创意产业一词首先出现在英国，并逐渐被世人认可。1997年，英国人在文化产业的基础上提出创意产业这一概念，将其界定为源自个人创意、技巧及才华，通过知识产权的开发和运用，具有创造财富和就业潜力的行业。联合国教科文组织（UNESCO）认为创意是"人类文化定位的一个重要部分，可被不同形式表现"，并将文化产业（cultural industries）定义为"以无形、文化为本质的内容，经过创造、生产与商品化结合的产业，而且通常由智慧财产权保护，并以产品或服务的形式来呈现，文化产业也可以被视为创意产业"。凯夫斯（Caves，2004）认为创意产业是"提供给我们宽泛地与文化、艺术或仅仅是娱乐价值相联系的产业和服务"。

陶斯（Towse）认为过去二十年来知识和人力资本作为后工业时代经济增长的动力被广泛重视，加之知识产权法律的实施，使得创意产业高速发展，这一巨大变化使得那些过去被称之为文化产业的产业与创意产业具有相同含义。文化创意产业并不完全等同于创意产业，二者的界限取决于人们对"文化"的认识。大卫·赫斯蒙德夫认为，并不是所有具有创意的产业都是文化创意产业，是否"与社会意义的生产最直接相关"是区别两个概念的重点。

2. 文化创意产业内容研究

国外大多从文化创意产业覆盖具体行业的角度来界定其包含的内容。霍金斯（Howkins）对美国的创意经济核心产业进行了界定，认为包括研发、出版、软件、电视与广播、设计、音乐、电影、玩具、游戏、广告、建筑、表演艺术、工艺、电玩、时装和艺术等十五个行业。凯夫斯（2004）认为与文化有关的创意产业包括了书籍、杂志印刷业，视觉艺术，表演艺术，有声唱片，电影和电视节目，以及时装，玩具和游戏等。联合国教科文组织认为创意产业是"结合创意生产和商品化等方式，运用无形的文化内涵，创造出内容密集型的产业活动"。

1.2.2 国内研究现状

1. 文化创意产业概念与内容研究

台湾地区首先提出文化创意产业的概念，最初的定义是"源自创意与文化积累，通过知识产权的形成与运用，具有创造财富与就业机会潜力，并促进整体生活环境提升的行业"。也有人认为如果创意是"文化"的创意，而又取得了规模性的商业价值，就是文化创意产业。而邓晓辉认为文化创意产业界定了该产业的产出是以文化内容为核心的产品与服务。

文化创意产业与创意产业的界定角度不尽相同，但是外延相似，从这个角度，可以借鉴创意产业的概念。香港大学（2003）把创意产业直译为"创意工业"，并把创意工业定义为一个经济活动群组，开拓和利用创意、技术及知识产权以生产并分配具有社会及文化意义的产品与服务，更可望成为一个创造财富和就业的生产系统。上海市经济委员会（2005）将创意产业定义为以创新思想、技巧和先进技术等知识和智力密集型要素为核心，通过一系列创造活动，引起生产和消费环节的价值增值，为社会创造财富和提供广泛就业机会的产业。王缉慈（2005）认为创意产业是那些具有自主知识产权的创意性内容密集型产业。张京成等（2006）将创意产业定义为那些具有一定文化内涵，来源于人的创造力和聪明智慧，并通过科技的支撑作用和市场化运作可以被产业化的活动的总和。杜德斌认为创意产业范围包括核心部分（如视觉、文学、音乐、表演、造型艺术等）、扩散部分（如传媒业、唱片业、电影业、广告业、设计业等）和聚合部分（如博物馆、美术馆、图书馆、教育产业、旅游业等）。

2. 创意农业理论基础研究

（1）创意农业基本概念研究。

秦向阳等（2007）认为创意农业是"对农业生产经营的过程、形式、工具、方法、产品进行创意和设计，从而创造财富和增加就业机会的活动的总称"，从农业生产的角度给出了创意农业的基本概念，也被称为狭义的创意农业。厉无畏（2007）认为创意农业不仅仅是指生产若干创意农副产品，而且要创新农业发展模式，通过构筑全景产业链实现提高农业附加值、提高竞争力的目标，从创意产业及发展模式的视角将创意农业的概念进行了延伸。谭冠宁（2008）将创意农业概括为"利用农村的生产、生活、生态资源，发挥创意、创新构思，研发设计出具有独特性的创意农产品或活动，以提升现代农业的价值与产值，创造出新的、优质的农产品和农村消费市场与旅游市场。"章继刚博士对创意农业理论进行了较为系统的研究，他在《中国创意农业发展报告（2008）》中，对创意农业的内涵、特征、发展阶段、案例和模式进行了研究分析。

（2）创意农业的类型研究。

秦向阳、王爱玲等（2007）在参照创意产业概念的基础上，结合农业的特点，研究提出了创意农业的概念，并阐述了创意农业的属性、所具有的4个显著特征；根据创意农业的内容，将其划分为规划设计型、废弃物利用型、用途转化型和文化开发型等4个类型。马俊哲（2010）将创意农业分为环境设计型、生产创新型、产品赋意型、循环利用型、科技展示型、文化开发型等6种类型。李瑞芳（2010）从创意的领域视角出发，提出创意农业可以划分为产业形态创意型、农业科技创意型、服务创意型、生态创意型、农耕文化创意型、功能创意型等6个类型。

（3）创意农业发展特点和意义研究。

李瑞芳（2010）认为创意农业具有高融合性、高文化度、高附加值、高集群化、营利持久化、效益综合化等特征。张传伟、赵黎明提出创意农业具有高文化内涵、高科技性、高附加值、高融合性，并论述了创意农业是现代农业的一个发展方向，符合经济社会发展和现代农业发展的需要，是解决"三农"问题的一个突破口，是现代农业发展的策动力，也是提高人民生活水平和丰富人民生活内容的捷径。吕新海（2012）认为文化创意农业是农业发展融合文化艺术的重要载体，能够为现代农业发展增添活力，并提出要充分挖掘文化创意农业发展中的文化资源，即民族民俗文化、异域文化、乡土文化、农耕文化、农事节庆文化、饮食文化、耕种作物文化等文化资源。杨良山、胡豹（2013）认为创意农业具有经济高效性、文化欣赏性、产业融合性、消费参与性等特点，具有促进农业资源再生、促进农业增效农民增收、促进美丽乡村建设、促进农村文化建设、促进乡村旅游发展的作用，对于转变农业和农村经济发展方式具有重要意义。

（4）创意农业发展的影响因素分析。

陈建军（2008）指出影响文化创意产业区位选择的关键要素是产业政策、相关产业的布局、市场需求、交通、创意型人才、文化要素禀赋等。张俊（2009）通过经济理论模型演绎，分析了我国创意农业的发展契机和配套的动力支撑体系，研究结果表明，发展创意农业需要激励相容的制度安排和配套的制度创新，需要提高农村教育水平，需要构建公共服务平台。张若琳、连丽霞在具体分析创意农业相关概念的基础上，分析了影响创意农业产业化发展的主要因素，即创意支撑、消费群体、文化内涵、科技和知识的运用等，并为我国创意农业产业合理化、系统化、科学化发展提出建设性意见。

3. 创意农业发展实践研究

（1）不同地区创意农业发展研究。

刘宏曼（2009）在综述几种有代表性的创意农业概念的基础上，分析了创意农业的内涵和特征，立足北京实际，分析了北京市发展创意农业的必要性和可行性；总结了京郊创意农业发展实践，重点给出了创意农业的类型。马晓红（2012）分析了福建发展创意农业的优势，并借鉴台湾地区经验，提出了福建发展创意农业的大致思路。杨良山、王丽娟等（2012）

分析了浙江各地以农业资源为基础、以科技为手段、以观光休闲农业为切入点，积极开发创意农业产品的发展情况，但发现整体上存在着思想认识不够到位、扶持政策欠缺、产业融合不够等制约因素，根据实际提出发展浙江创意农业的路径选择、支撑体系构建及相关政策建议。杨宏彬、左秋岚、王新利（2013）进行了北大荒小农场发展创意农业实践研究，分析了小农场在资源禀赋不足的情况下，如何发展创意农业，为黑龙江垦区实现现代化大农业的战略目标提供了新的发展思路。

（2）创意农业发展模式研究。

章继刚（2008）归纳了我国创意农业的典型模式有"五朵金花"模式、温江模式、双流模式、上海模式、陈村模式等5种模式。厉无畏（2009）指出创意农业是要创新农业发展模式，通过构筑多层次的全景产业链，通过创意把文化艺术活动、农业技术、农副产品、农耕活动以及市场需求有机结合起来，形成彼此良性互动的产业价值体系，并实现产业价值的最大化。刘平（2009）对日本的创意农业模式进行了深入研究，指出日本以大分县的"一村一品"运动为依托，在全国范围内展开了振兴都市经济、设立都市菜园、建设美丽乡村、促进城乡交融的农业再开发运动，使日本创意农业的发展迈上了一个新的台阶。王爱玲、刘军萍、秦向阳阐述了创意农业的属性与特征，提出了进行农业创意的4种途径，即科技创意、文化创意、服务创意和生态创意。刘珂总结当前国内外发展创意农业的基本模式有：资源转化为资本模式，全景产业价值体系模式，市场消费拓展模式，空间集聚发展模式。黄祥芳、周伟、黄爱萍以湘西州为例，在SWOT分析的基础上，探索民族地区的创意农业发展模式（特色文化主导型的发展模式、特色产业为依托的创意农业发展模式、低碳生态强化模式、特色服务创意式），并提出发展对策，以期为民族地区创意农业发展提供借鉴。

（3）创意农业经验借鉴研究。

俞美莲、张晨（2012）从构建高效农业产业链、构建产业集群、建设有活力的农村地区、农业产业增值等方面总结了荷兰农业和农村创新发展的经验，并分析了荷兰经验对上海创意农业发展的启示。石向荣、田斌（2012）在分析"绿腰带项目"经验的基础上，认为中国休闲创意农业的发展趋势有发展休闲农场、发展乡村地区深度体验、发展社区支持型农业、发展乡村长宿休闲及发展乡村型房车营地等5个方面。刘丽伟、高中理（2013）从低碳生产、安全保障、气候调节、生态涵养、农业碳金融、国际竞争力、休闲经验、文化传承等方面分析了低碳背景下日本创意农业的多功能发展及其对农业生产、内涵、竞争力和文明程度的提升效应，并剖析了日本创意农业低碳发展的机理。日本创意农业实现了多功能发展和低碳发展的良好结合，为我国发展生态环保型的创意农业提供了经验借鉴和思路。

(4) 发展创意农业对策研究。

严煤、冷海涛从解决融资信贷、加强品牌建设、健全人才支撑体系、提升服务水平、强化组织领导、实施农业标准化等方面提出我国发展创意农业的对策建议。诸丹（2009）以相关创意农业主题旅游规划研发实践为例证，倡导通过农业与旅游在创意领域的有机融合，促进乡村旅游深度开发。王树进（2009）归纳了发展创意农业的8种思路，并以上海为例，阐述了在上海发展创意农业的具体路径，据此提出了7项保障措施及5项政策建议。苗洁（2011）在分析河南发展创意农业的有利条件和发展现状的基础上，从转变观念、借鉴成功经验、提高产业化水平、品牌建设和人才建设等多角度提出了加快河南省创意农业发展的政策建议。

综上所述，国内外对于创意农业的研究逐渐增多，研究角度不断创新，但是也有些不足，如创意农业的提法较多，缺乏对创意农业内涵的科学界定，研究创意农业的内容十分宽泛和杂乱，缺乏明确的界定等，这些理论上的模糊与宽泛限制了创意农业的发展，给实证研究带来一定的困扰。但是目前国内外已有的研究成果对我们研究农业文化创意产业提供了不少的借鉴和启示。

1.3 拟解决的关键问题

本书要解决的主要问题有：

第一，从理论上界定农业文化创意产业内涵、特点和类型，找出技术创新、文化创新、政策创新与农业文化创意产业的关系，提出农业文化创意产业的评价指标体系和带动北京农民增收的科学方案。

第二，采用实验经济学方法，研究北京发展农业文化创意产业的运行机制规律，了解北京发展农业文化创意产业的运行机制特点，总结和归纳北京发展农业文化创意产业的协调机制和管理体系、科技支撑机制、融资机制、经营管理机制和人才开发机制。

第三，以北京市平谷、怀柔、房山、大兴、延庆、密云和通州为研究案例，分析北京发展农业文化创意产业多种模式与规模化的问题，特别是针对北京山区发展农业文化创意产业面临的旅游客源季节性时间差异问题，提出淡季市场营销策略，解决北京山区发展农业文化创意产业的客源季节性时间差异问题。

1.4 研究方案

1.4.1 研究方法及实验手段

1. 研究方法

通过对7个区县进行调研，主要调查了解典型区县农业文化创意产业运行机制和发展模式的内容：（1）典型区县农业文化创意产业的运行机制和发展模式的基本情况；（2）典型区县农业文化创意产业的组织结构；（3）典型区县农业文化创意产业运行机制和发展过程中遇到的问题；（4）典型区县建设农业文化创意产业运行机制和支撑体系过程中采取的关键对策；（5）典型区县建设农业文化创意产业的案例分析；（6）典型区县农业文化创意产业的机制创新与经济社会效益分析。把调查问卷发给调查区县的农业文化产业经营管理人员和经营大户，让他们填写，然后再加以搜集、整理和分类。

2. 实验手段

数据搜集和处理。本书的研究小组与北京市农委、北京农业局、北京市旅游局、北京市科委、北京市农村经济研究中心等政府管理部门和科研单位保持密切联系，建立了稳定的协作关系，有效获取了第一手资料。与此同时，积极进行实地调研工作，进行数据搜集。本书研究的数据来源：《北京统计年鉴》(2000~2013年)、《北京市农村统计年鉴》(2000~2013年)公布的数据；调研的7个典型区县发展农业文化创意产业的数据。

1.4.2 技术路线及关键技术

第一，国内相关文献的检索、整理与分析。

第二，编写课题调查提纲与数据采集方案，进行实地调查和数据搜集。

第三，提出和论证北京农业文化创意产业的理论基础。

第四，对北京农业文化创意产业的运行机制进行研究。

第五，对北京农业文化创意产业的案例进行综合对比分析。

第六，以研讨会的形式，广泛征求了专家们对课题研究阶段成果的意见。

第七，撰写北京农业文化创意产业发展项目研究报告和典型调研报告。

第八，项目结题验收，组织专家对研究报告和本书进行评审，具体路线见图1-1。

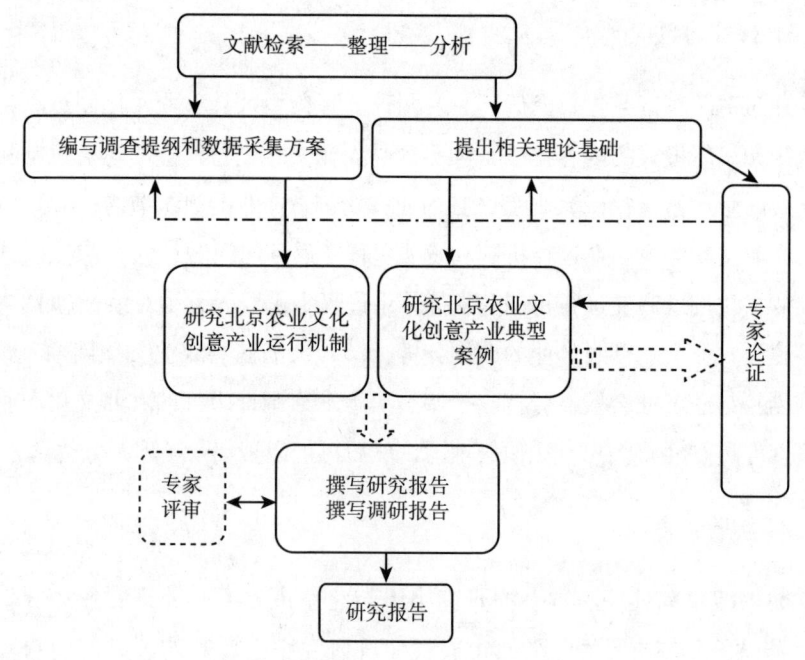

图1-1 研究技术路线

1.5 本书创新点

1.5.1 按照创新程度来划分

第一，本书选题新颖，通过对北京发展农业文化创意产业运行机制和模式的研究，为北京建设都市型现代农业提供新的思路和方案。

第二，研究方法有特色。运用技术经济成本分析的原理，利用7个区县调查的实际数据，建立北京发展农业文化创意产业的综合评价指标体系，确定农业文化创意产业的产业带动、收入带动和示范带动的评价标准。

1.5.2 按创新方式来划分

第一，通过对北京发展农业文化创意产业的理论基础研究，科学界定农业文化创意产业的内涵、特点和模式。分析技术创新、文化创新、政策创新与北京市发展文化创意产业相互作用的机理，设计北京市文化创意产业发展的评价指标体系。

第二，通过对北京市发展农业文化创意产业的运行机制研究，重点分析融资机制和人才开发机制对北京市发展农业文化创意产业的作用和影响，提出拓宽融资渠道和发展农业文化创意产业人才开发的思路和对策，为北京市农业企业和农民经营大户发展农业文化创意产业提供参考方案。

第三，对多个典型乡镇进行调研，总结归纳出北京市发展农业文化创意产业的几种模式，对其做对比分析，为指导北京市发展农业文化创意产业的实践提供借鉴的模式。

第 2 章

北京发展农业文化创意产业机制与模式的理论基础

本章主要对指导北京市农业文化创意产业发展的相关理论进行了梳理，对农业文化创意产业的内涵与基本特征、农业文化创意产业运行要素相关理论进行了研究，结合对相关理论的理解，归纳和总结了北京市农业文化创意产业的特征、类型，研究了技术创新、文化创新、政策创新对农业文化创意产业的作用和农业文化创意产业的产业带动、示范带动、收入带动的作用及评价指标体系，为研究北京市农业文化创意产业发展提供理论依据。

农业与文化创意产业的结合，是现代农业发展演变的新趋势，是北京都市型现代农业的重要组成部分。发展农业文化创意产业，既能满足日益细分的市场需求，提高人们的生活质量，又能充分挖掘农业潜力，提升北京农业产业发展水平，优化农村产业结构，增加农民收入，带动地区经济发展。创意农业已成为新农村建设中另一个新的经济增长点。本章从农业创意文化产业的概念出发，提出和界定农业创意文化产业的内涵、特点和类型，研究技术创新、文化创新、融资创新与发展创意农业的相互作用和关系，构建其相互影响的作用模型。

2.1 农业文化创意产业的内涵与基本特征

农业文化创意产业是一种在全球化的消费社会背景中发展起来的新兴

产业，服务于人们对文化、艺术、精神、娱乐产品的消费需求。源于创意产业的农业文化创意产业，正是有效利用自然、文化、科技等资源，将传统农业发展为融生产、生活、生态为一体的现代农业的延伸。本章重点梳理创意产业与农业文化创意产业、创意农业的关系，并发掘农业创意文化产业与都市型现代农业的关系。

2.1.1 农业文化创意产业的内涵、特征和类型

1. 内涵

农业文化创意产业是文化创意产业的重要组成部分，是文化创意产业在农业领域中的渗透和延伸，是农业发展到一定阶段，产业间不断交替、融合过程中必然出现的农业发展新型模式。要了解农业文化创意产业的根本内涵，首先必须了解创意及创意产业。

（1）创意。

创意就是催生某种新事物的能力，它表示一人或多人创意和发明的产生，这种创意和发明必须是个人的、原创性的，且具有深远意义的。

（2）创意产业。

创意产业又名创意经济，源自20世纪90年代初澳大利亚提出的"创意国家"（creative nation），90年代末由英国正式提出"创意产业"概念。1998年11月英国文化媒体体育部发布了创意产业图录报告（Creative Industries Mapping Documents，CIMD），正式提出并界定了"创意产业"的概念和具体的产业部门，认为创意产业是"源于个人创造力与技能及才华、通过知识产权的生产和取用具有创造财富并增加就业潜力的产业。"约翰·霍金斯认为，创意经济（CE）是由创意产品之间进行的交易，它等于创意产品的价值（CP）与交易次数（T）的乘积，由版权、专利、商标和设计4个行业一起构成了创意产业和创意经济。国内学者厉无畏综合国际上关于创意产业的概念及起源，认为"创意农业是一个与个人创造力、与知识产权相关的概念，它已经超越一般文化产业的含义，不仅注重文化的经济化，更注重产业的文化化，更多地强调文化产业与第一产业、第二

产业、第三产业的融合和渗透。"

随着创意产业在我国发展的逐步加快，北京、上海、深圳等地积极推动创意行业的发展，正建立一批具有开创意义的创意产业基地。创意产业正成为引领我国经济发展的新动力，催生着文化产业的快速发展。创意产业在农业领域中逐渐渗透，形成了创意农业，即在农业领域，通过个人创意，形成以科技、文化、产业和市场四方面结合的知识产权运作，形成创意农业综合体（见图2-1）。

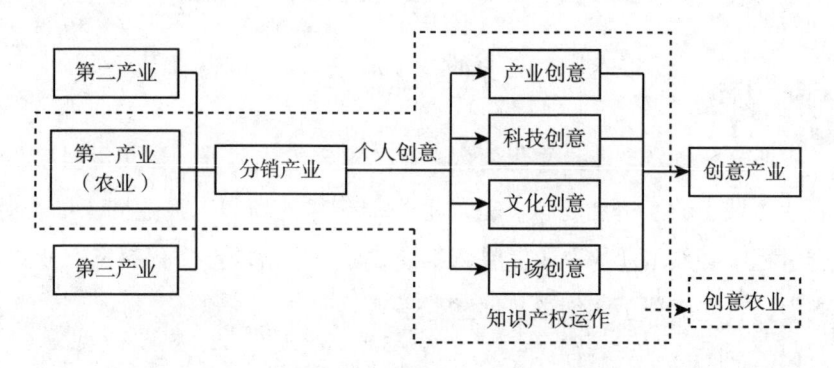

图2-1 创意—创意产业—创意农业的形成

虽然国际上出现了农民自发发展高科技含量、高附加值的各种类型模式的创意农业经营方式，如德国的市民农园和休闲农庄、荷兰的高科技创汇型的设施精细农业、日本的"一村一品"运动等，但都没有直接冠名"创意农业"，关于创意农业的提法也比较少。相反，我国学者对创意农业内涵定义的研究并不少见，自2006年厉无畏提出"创意产业"后，国内对创意产业进行了大量研究。2007年章继刚博士在创意产业概念的基础上，结合农业生产以及创意产业构成，首次提出"创意农业"概念，也是至今比较权威和全面的定义。本书认为，创意农业是由创意产业延伸出来的、在农村发展中形成的产业集群。它是为适应市场形势的需要，是农业发展到一定阶段，产业间不断交替、融合过程中必然出现的结果，是现代农业的一个重要发展方向和创意产业的一个重要组成部分。创意农业是以消费需求为导向、以农业生产为基础、以农村资源为依托、以文化和科技为核心、以创意为手段，通过整合农村"三生"资源，达到统筹城乡发展、促进农业增效、提高农民增收、刺激农村繁荣的目标，实现农业可持续发展的战略性农业发展新模式和新方向。

（3）农业文化创意产业。

以创新为核心，以科技创新知识产权为依托，以科技与文化有机结合为特征的农业文化创意产业，已经成为我国转变经济增长方式，寻求可持续发展和建设创新型经济模式的重要选择。文化内涵丰富的农业文化创意产业满足了都市居民对农产品和农业活动日益多样化的需求，具有广阔的消费市场和发展空间，它要求综合利用现代化农业科技、产业化运作方式、科学化管理团队和多样化营销手段，充分利用农业、农村资源，整合各方要素，以实现三产融合发展，达到促进农村经济发展、实现综合效益的目的。

2. 特征

（1）农业文化创意产业是文化与科技相结合的产物。

农业文化创意产业是创意灵感在农业中的物化表现。它是文化与技术相互交融、集成创新的产物，呈现出智能化、特色化、个性化、艺术化的特点。一方面，农业文化创意产业具有高文化品位，它能够将丰富多元的文化贯穿于农业生产过程及农产品中，给人以超越物质实践活动的精神享受；另一方面，农业文化创意产业具有高科技性，许多好的创意需要通过一系列的科技手段才能实现。文化和科技的有机融合才能产生巨大的引擎作用。农业文化创意产业要求以科技创新与文化创意相结合的发展新思路，去积极挖掘和开拓文化生产力在农业发展中的巨大潜力和价值空间，实现农业增值。

（2）农业文化创意产业是产业融合的新型业态。

创意产业强调用新的理念激发新的发展模式和其他产业融合发展。用创意产业的思维方式重塑农业的产业体系，拓展农业的生产、生态、旅游、文化、教育等综合功能，形成农业文化创意产业产业链和产业集群，促进现代农业整体发展的全新模式。农业文化创意产业绝非强调传统农业的单一生产功能，而是要求三次产业的融合发展。在整个农业文化创意产业体系中，三次产业互融互动，传统产业和现代产业有效嫁接，发挥引领新型多功能的消费潮流。

(3) 农业文化创意产业具有较高附加值。

农业文化创意产业的核心生产要素是信息、知识，特别是文化和技术等无形资产，是具有自主知识产权的高附加价值产业。传统农业的产出依赖于对自然资源的消耗，产业链条短，市场需求单一，因此附加值很低。而发展农业文化创意产业主要消耗"人的智慧"。在农业中融入文化、科技等资源，将农产品的设计、生产、加工、营销、配套设施开发等融为一体，构筑多层次的农业产业链，开拓新的消费市场，农业文化创意产业不仅能够提高农业综合效益，直接增加农民收入，而且能够拓展农民就业空间，实现多环节增收，因此具有很高的附加价值。农业文化创意产业有利于全面提高产品性能、劳动生产率和资源利用率，为社会提供智能化、特色化、个性化、艺术化的创意产品和服务，科技和文化知识附加值比例明显高于普通农产品和服务。

(4) 规模化和集群化。

农业文化创意产业是现代农业发展的重要方向，是科技、文化、产业、市场的形态创新。产业间的相互交融和渗透使得农业文化创意产业区别于单一产业模式的传统农业，它是一个产业体系，是一个具有科技和文化因素的产业集群，是生产和消费的结合，是不同产业形态的集聚。因此，农业文化创意产业在发展过程中往往呈现规模化的特点，是以农业园区和创意农产品为核心的产业集群。

(5) 农业文化创意产业是对特色资源的再整合。

农业文化创意产业并不是要对农业资源再创造，以发明一种新的可利用的资源，而是对现有资源、特别是特色资源的再发现和再整合的过程。这一整合过程依然以原本存在的资源为载体，通过加入新的辅助资源，重新开发、设计、包装，使其具有独创性，从而使其具有新的市场。

3. 主要类型

北京市农业文化创意产业类型多样，分布广泛，形成了模式各异、百花齐放的农业文化创意产业发展新格局。主要有以下几种类型。

(1) 农产品创意型。

普通农产品注入科技、文化内涵就会身价倍增。例如门头沟、延庆、大兴等地通过利用农业废弃物改造，或创新农产品的用途抑或对农产品进行外形和色彩方面的创新等方式，对农产品及其废弃物进行改造，就产生出了令人耳目一新的产品。如门头沟麦秸画、蝶翅画；大兴的蛋壳画；平谷桃木工艺品；通州区的熏蚊草等；延庆豆塑画、色彩斑斓的盆景蔬菜、盆景水果等；大兴的"金猪西瓜""水晶西瓜"。依托北京当地农业资源而创意设计的农业旅游产品，促进了农民增收，成为北京都市型现代农业发展的亮点。

（2）农业节庆创意型。

在农业生产活动中开发出的节庆活动，是"农业搭台、文化表演、经济唱戏"的一种创意，是体验式和消费式结合的农业创意产品，常常兼具吃、玩、赏、教等多项功能。农业节庆开发是农业文化创意产业的一个重要内容，依托本地特色产业和优势产业开展农业节庆活动，可不断创新农家乐、民俗文化和农事节庆等经营模式，进一步增强农业园区的新颖性、趣味性和体验性。据估计，北京全市农业节庆创意总收入约占农业文化创意产业总收入的71.9%，如怀柔依托板栗这一主导产业开发了栗花节、虹鳟鱼美食节等；平谷依托桃这一主导产业开发了桃花节；大兴开发了西瓜节；昌平开发了苹果节、草莓节等；门头沟开发了京白梨采摘文化节；顺义开发了农业博览会；通州开发了葡萄节、金秋捉蟹节等；密云开发了鱼王美食节、板栗文化节，等等。

（3）农耕文化创意型。

当科技和文化创意作为两大引擎，在赋予农业深刻内涵的同时，农业已不只是一种产业经济，而是一种高度的农业文明展示。在京郊密云、顺义、怀柔和房山进行的玉米迷宫种植试验，通过不同时期作物生长的变化，按照事先设计的方案，利用玉米秸秆种植"迷宫阵"，建造适宜人们旅游观光、休闲度假的新场所，使市民、青少年体验农业文明，接受农耕教育，进行旅游观赏，将"都市"与"农业"真正融为一体。同时，提供相关产品的销售、农作物采摘等多项服务。以"玉米迷宫"为主题开发多种休闲和旅游产品产生的直接收益是玉米生产价值的20~50倍，直接的受益者是农民。此外，各种农业主题公园，比如南瓜园，把世界各地、各种色彩的南瓜都集中在一个地方，不仅可以体验农产品的丰富内涵，还可以

起到教育和示范的功能

(4) 农食文化创意型。

农业一直以来就是一个与饮食密切相关的产业，开发具有地方特色的农食文化，让游客既大饱眼福，也大快朵颐。比如在北京郊区，富有创意的饮食文化开发有：延庆柳沟村的"火盆锅豆腐宴"，怀柔的虹鳟鱼宴、南瓜宴，大兴的西瓜宴，平谷的桃花宴，通州的田桑宴，以及房山以野猪为主的药膳和怀柔的板栗宴等。

(5) 主题农园创意型。

京郊兴起的一大批农业文化创意产业园成为创意文化产业与农业结合的载体与展示平台。北京市农业文化创意产业园以占全市观光农业采摘园9.2%的数量，接待了全市33.8%的旅游人次数，实现了占全市45.3%的收入。典型的如丰台的花卉大观园，昌平的苹果主题公园，房山的磨盘柿主题公园，大兴庞各庄的御瓜园，怀柔的凤山百果园，密云的红香酥梨庄园、薰衣草园，门头沟玫瑰园、樱桃园，通州的南瓜园、葡萄大观园、桑文化、花卉、观赏鱼及樱桃采摘园等一批主题农园。据统计，仅北京市有一定规模的农业文化创意产业园达113个，其中农业主题公园50多个，几乎每个区县都有自己的农业文化创意产业园。这些农业园年接待游客505.6万人次，收入达到6.16亿元。

2.1.2 农业文化创意产业与都市型现代农业的关系

农业文化创意产业的出现是北京都市型现代农业深入发展的标志。农业文化创意产业本身具备的技术知识密集、高附加值、高整合性等特点，对于发展北京都市型现代农业，提升北京农业产业发展水平，优化农村产业结构具有非常重要的作用。

1. 农业文化创意产业是都市型现代农业的重要组成部分

发展农业文化创意产业是农业内涵的延伸，体现了现代农业的多功能性。农业文化创意产业以农业为主要创意对象，是一个融农业、生态、科技、文化、民俗在内的综合体，包括农业的生产全过程（产中、产前、产后)，农业投入品（技术、品种及物资等）及产出品（包括物质产品和精神产品）等，通过文化开发和科技手段作支撑，形成创意农产品（物质产品和精神产品），通过创造出新的、优质的农产品和农村消费市场与旅游市场，提升现代农业的价值与产值。都市型现代农业的发展要靠创意理念来引领，农业文化创意产业是发展都市型现代农业的重要组成，也是实现都市型现代农业多功能性的重要途径之一。

2. 农业文化创意产业是具有高附加值的产业活动，满足都市型现代农业发展的要求

从都市型现代农业发展的实际要求来看，由于受生产资源的制约，农业发展已经不能单纯通过数量规模的扩张来满足农民增收的愿望。而发展农业文化创意产业主要消耗"人的智慧"这一新的生产要素，并加入文化、科技等资源，将农产品的设计、生产、加工、营销、配套设施开发等融为一体，构筑多层次的农业产业链，开拓新的消费市场，因此具有很高的附加价值。农业文化创意产业不仅能够提高农业综合效益，直接增加农民收入，而且能够推动郊区产业结构的优化升级，提升都市型现代农业的发展水平和能力，有效促进都市型现代农业提质增效。

3. 农业文化创意产业是都市型现代农业与非农产业融合的重要表现

创意产业强调用新的理念激发新的发展模式和其他产业融合发展。用创意产业的思维方式重塑农业的产业体系，拓展了农业的生产、生态、旅游、文化、教育等综合功能，形成农业文化创意产业产业链和产业集群，促进现代农业以全新模式整体发展。农业文化创意产业的发展融合了农业自身发展与文化创新的观点，它可以从技术、环境及产品等方面表现出来。以农业文化创意产业的形式来展示都市型现代农业的发展，不仅可以带动郊区特色产业的形成，还可以让消费者更深层地了解农业的人文、科技内涵，开拓新的农业休闲旅游项目，在整个农业文化创意产业体系中，三次产业互融互动，传统产业和现代产业有效嫁接，有助于促进产业融合，催生新的产业形态。

4. 农业文化创意产业是都市型现代农业转变增长方式的必然选择

发展首都都市型现代农业需要给农业注入更多的现代发展理念。发展首都农业文化创意产业是科技创新与文化创意并举的战略举措，将科技和文化的要素应用于农业文化创意产业。以科技和文化为核心元素，以创新为手段，以农业生产为基础，为转变首都农业经济增长方式提供了新的视角和途径，有助于提升首都农业整体竞争力，成为首都农村经济的新增长点。农业文化创意产业实现了传统农业向现代农业的转变，实现了市场需求的有机联合，有利于提高农业效益、提高农民收入以及繁荣农村经济。

2.2 建立农业文化创意产业运行要素的理论分析

本章结合农业文化创意产业的内涵和特征，分析技术创新、文化创新、政策创新与农业文化创意产业的关系和作用模型，并深入研究农业文化创意产业的产业带动、收入带动、示范带动作用模型。

2.2.1 技术创新与农业文化创意产业的作用模型

农业文化创意产业的核心是创意，而发展的动力和根本前提是技术创新，一个好的农业文化资源、一个优秀的农业文化创意要变成一种农业文化产品，在市场上独占鳌头，其关键手段在于技术创新支撑。在农业文化创意产业发展的过程中，通过技术创新与创意的有效结合，可以改变传统农业的生产方式、经营方式、管理方式等，拓展全新的消费需求，从而进一步提升产业附加值。对于农业文化创意企业或个人而言，在良好的科技创新基础和发展环境支撑下，通过充分运用区域内的农业信息基础设施和网络化的创新文化氛围，运用高科技对农业资源进行创造与提升，有效整合从研发到生产再到销售终端各个环节的资源，依托信息经济提供的技术能力和传播能力作为必要条件，以技术创新为手段打造农业产业微笑曲线的两端，如利用生物科技手段改变农产品形状、色彩和口味等物理性质，通过品牌建设形成农业文化创意农产品商标及地理标志，不断推进创意思维向价值转化，促进创意农产品标准化、精确化、多样化发展，进一步创造出满足消费者个性化需求的创意产品，从而实现企业或个人最大效益。农业文化创意产业的形成，提高了技术创新的流动性，使之在产业和区域间迅速转移，进一步促进了农业文化创意产业科技园区（或集群）和高技术基础设施的建设，发挥市场网络的集聚效应，这一过程反过来对培育农业文化创意企业的群体或个人，打造并完善农业文化创意产业链，支持相互衔接的产业链条，带动整个区域经济的发展具有重要意义（见图2-2）。

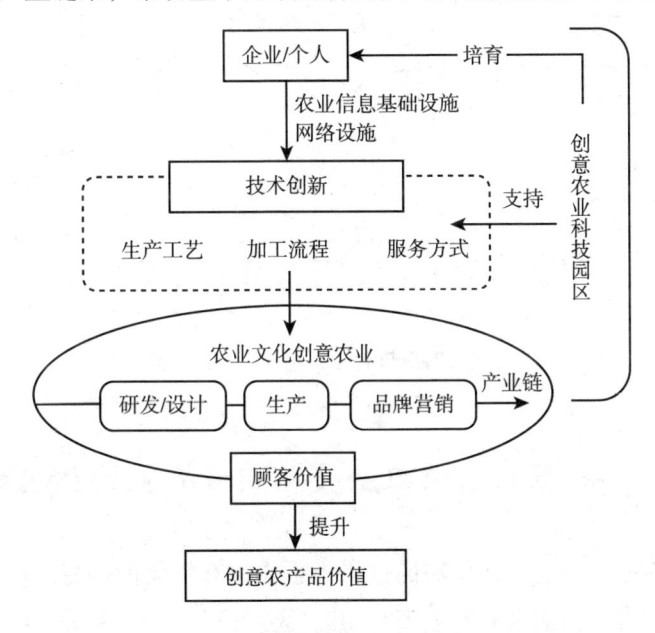

图2-2 技术创新与农业文化创意产业的作用关系

2.2.2 文化创新与农业文化创意产业的作用模型

文化创新与农业的融合，是通过文化创意产业与农业之间的价值延伸实现产业之间的相互融合。这种类型的产业融合，着重于文化创新在农业中的应用，通过赋予农业生产更多的知识和文化含量，以文化支撑产业，以品牌塑造形象，通过农业与文化、艺术、美学等的有机结合，将传统的农业经营活动和农产品通过"创意"工具，转化为更具审美形态，更具健康环保理念,更具文化创造内核的全新农业活动和产品,这些农业文化创意产业活动和农产品,满足了当今"创意消费时代"的巨大市场需求,大大提升了农业生产的附加值,以文化农业与情感农业的理念为农产品寻求新的销售方式,让农业闪耀文化和智慧的光芒,有助于提高农业新的附加功能和更强的竞争力,最终实现农民增收的目的。因此农业文化创意产业不仅将作为一种新型生产方式,更应把它当作一种充满文化内涵与创意的新型生活方式(见图2-3)。

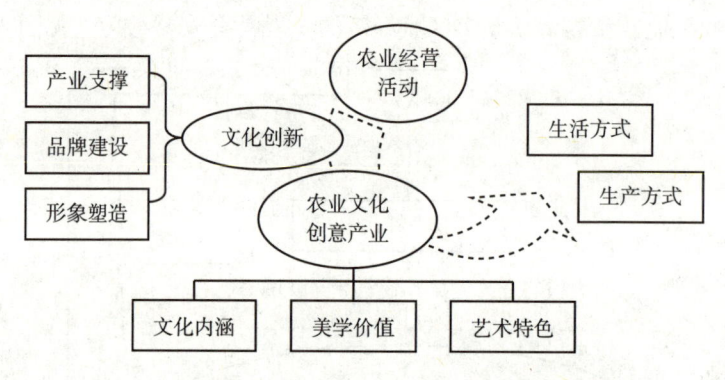

图2-3 文化创新与农业文化创意产业的作用关系

2.2.3 政策创新与农业文化创意产业的作用模型

政府在推动创意产业发展的过程中也应该有更大的创意。用政策创新促进创意的发展,需要政府创新思想,转变发展观念,充分发挥政府的主导作用。首先,北京市各级政府、产业发展主管部门,以及产业发展从业人员转变观念,提高认识,树立发展农业文化创意产业的理念,认识到发展农业文化创意产业是深入发展都市型现代农业的需要,是提高北京农业竞争力的需要。同时,强化组织领导,把农业创意产业纳入全市文化创意产业发展的大盘子之中,享受相应发展政策。可成立北京市农业文化创意产业发展办公室,负责制定农业文化创意产业发展目标和制定相关政策,协调相关部门,整合资源、聚焦资金、集成政策,切实促进北京农业创意产业的发展。其次,开发、利用一切资源助力创意文化产业生根发芽。一个新兴产业的发展自然离不开政府的引导和拉动。农业文化创意产业在北京的发展尚在初期，自然更需要政府在产业发展的过程中积极发挥服务者的角色，而不是指导者的身份，为农业文化创意产业发展保驾护航（见图2-4）。

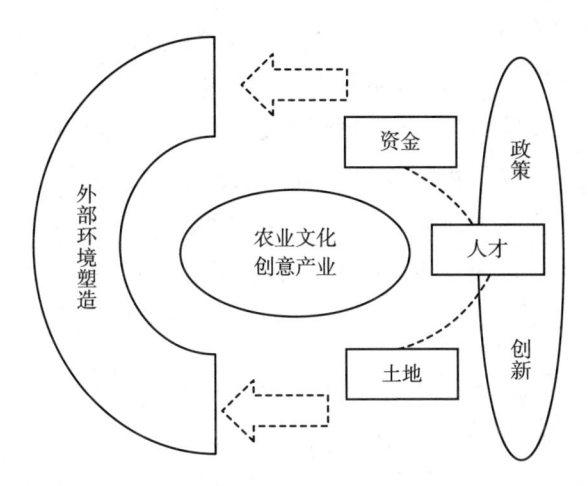

图2-4 政策创新与农业文化创意产业的作用关系

在土地政策上，促进土地流转，为农业文化创意产业的规模化发展提供土地空间。农民可以携地入股，加入农业文化创意产业产业化经营的行列。农民也可以将承包土地委托给专业合作社经营，由专业合作社代表农民与农业文化创意产业企业合作。在用地性质的认定方面，农业文化创意产业的展示性小品和农业生产必要设施占地，可视为农用地范畴，无须申报用途转变。农业文化创意产业园内部的道路、水利工程和温室占地，也是农业用途。政府可以通过组织深度调研和科学分析，制定有关条例，对农业文化创意产业园内部道路、水体、各类工程的可占地面积比例，给予明确的规定。

在人才政策上，首先，建立专门的创意学科体系和学院机制，同时加强教师科研团队建设。实施产学研一体化的教育模式，推进产学研的合作教育，企业、学校和研究机构联手合作，加强实践性教学环节和毕业设计。其次，完善人才政策，鼓励和培养专业化创意人才队伍，大力培养农业创意开发的专业团队。从项目策划、价值分析、市场定位、设计建造、招商营运方面，为农业文化创意产业的发展提供智力支撑。最后，设立创意人才奖励资金，对在农业文化创意产业发展中做出突出贡献的农业文化创意产业人才、教育培训人才、经营管理人才等给予奖励。

资金政策上，市（区、县）政府可以通过设立农业文化创意产业发展专项资金，采取贷款贴息、项目补贴、政府重点采购和后期奖励等方式，对符合政府重点支持方向的产品、服务和项目予以扶持。按照突出重点、形成亮点、兼顾一般、推动全局的原则，用足用好专项资金，培育一批产业关联度大，带动能力强，与农民联系紧密，有较强市场竞争力的农业文化创意产业项目，确保做大规模，做出效益。同时探索建立以财政投入为导向、社会投入为主体、金融资本为依托的多元化农业文化创意产业投入机制，形成多种经济成分共同发展的农业文化创意产业格局。

2.2.4 农业文化创意产业的产业带动、收入带动、示范带动的作用模式

农业文化创意产业是以农业资源和人文景观资源为依托，以农业生产为基础，通过科技和文化要素的投入，首先，形成创意农产品和特色农业核心园区；其次，以创意为手段，将农业生产与农耕文化相结合，将农产品与文化开发相结合，对农产品和农业生产过程赋予文化内涵，通过招商引资、科技投入、宣传，形成支持产业；然后，通过观光、旅游、娱乐、餐饮、酒吧等配套产业为农业文化创意产业提供良好的营销环境；最后，以特色农产品和文化创意成果为要素投入到其他企业群，形成衍生产业，有效提高产业融合，延伸产业链条，使资源得到整合，达到统筹城乡发展、促进农业增效、提高农民增收、刺激农村繁荣的目标。其作用体现在产业带动、收入带动和示范带动三个方面，具体运行机制如下所述。

1. 产业带动

农业文化创意产业开发的关键在于构筑产业链。当有价值的创意与实际的产业真正实现融合时，才能真正使创意成果转化为产业发展的有效资源；当新形成的这些资源与传统产业相整合、相渗透，并延伸拓展，进行深度开发，就能产生乘数效应，充分获取农业文化创意产业的效益。农业文化创意产业以特色农产品和农业园区为核心，形成包括核心产业、支持

产业、配套产业和衍生产业的产业群，建成内容多样、形式不同、产业融合、特色鲜明的具有一定规模的示范区，让人们充分享受农业价值创新的成果，最终促进区域经济发展。例如，北京波龙堡葡萄酒庄、北京张裕爱斐堡国际酒庄、通州桑瑞生态园就是产业融合创意模式的代表，集第一产业种植（或养殖）、第二产业加工、第三产业旅游（或餐饮）为一体，通过产业融合，不断升级产品附加值空间，从而将利润放大，获得了三次产业的综合收益。

2. 收入带动

农业文化创意产业通过创意把文化艺术活动、农业技术、农副产品、农耕活动以及市场需求有机结合起来，形成彼此良性互动的产业价值体系，提高农产品和服务的附加值，有益于彰显农业品牌文化、生态文化、旅游文化，有效地将资源优势转化为经济优势。农业文化创意产业运用科技、文化、艺术等创意手段，以市场为导向，合理布局抓龙头，逐步实现由初级加工向高附加值精深加工转变，由传统加工工艺向先进技术和工艺转变，使创意农产品和创意活动成为促进农民增收致富的支柱。据统计，截至 2010 年年初，北京市已有 113 个农业文化创意产业园，其中农业主题园达 50 多个，有一定影响力的农业节庆活动 60 多个，几乎每个区县都有自己的创意农业园。这些农业园年接待游客 505.6 万人次，实现综合收入 16 亿元，全市农业文化创意产业年产值达到 22 亿多元。其中，位于密云县古北口镇汤河村紫海香堤艺术庄园通过种植香草，大大带动了镇域内司马台、古北口等 4 个民俗村的乡村旅游，并与司马台长城景区相得益彰，促进了旅游接待服务等第三产业的发展。古北口镇形成了汤和沟域特色经济，成为密云县旅游产业重镇。2008 年，全镇有 340 户、526 人从事相关产业，民俗旅游业接待 38 万人次（其中香草园年接待游客 11 万人次），旅游收入达到 4200 万元，经济效益显著。此外，香草园还长期聘用了 50 多名村民做员工，每人每月可获得 1000 元左右的工资性收入，社会效益明显。

3. 示范带动

农业文化创意产业是科技、文化等元素的展示和体现，通过发展创意生产、创意生态、创意生活，改善农村生态环境，建设创意农村、创意农居，有利于改善人民群众的物质生活，提高生活水平和质量，进一步缩小城乡差距，逐步实现共同富裕，形成辐射周边的良好氛围。北京农业文化创意产业发展实际上是以生态环境保护为基础的先进的生态经济理论的应用，既符合时代发展的要求，也是由农业文化创意产业自身特点和发展要求所决定的。建立人与自然和谐共处的生态农业，实现生态效益、社会效益、经济效益高度统一的可持续发展状态是北京农业文化创意产业示范带动效应的体现。例如，北京通州的南瓜主题公园，昌平的香味葡萄园，北京特菜大观园，怀柔的城市农业公园等在农业生产中融入城市公园元素，将农业生产场所、农产品消费场所和休闲旅游场所结合为一体，从而使农业具有旅游观光、科技示范、休闲购物、怡情益智等多种功能。

第3章

北京发展农业文化创意产业的现状分析

北京以都市型现代农业发展为背景，基于浓厚文化熏陶和市场巨大需求拉动，依赖独特的自然资源，大力发展农业文化创意产业，使其成为极具特色和活力的农业新产业，并取得了丰硕成果，彰显出巨大的发展潜力和活力。本章以实际调研为基础，通过收集、整理现有研究成果，并与相关专家进行沟通交流，从发展背景、基本做法、问题和解决思路几个方面对北京发展农业文化创意产业的现状进行了分析。

3.1 北京发展农业文化创意产业的背景

农业文化创意产业以农业为主要创意对象，具有富含创意、文化附加值高、与第三产业高度结合等特征，是从创意产业衍生出来的，并在丰富创意产业的内涵同时，随着新的消费需求升级逐渐在实践中发展起来的新型农业发展模式。在创意产业蓬勃发展之际，北京市农业文化创意产业既是创意产业的延伸，也是北京市都市型现代农业的重要表现形式之一，具有巨大潜在的价值空间和发展空间。

3.1.1 北京市发展农业文化创意产业的必要性

1. 农业文化创意产业是北京发展都市型现代农业的需要

2003年，北京就已经突破了传统农业发展的局限，将农业的发展方向定位为都市型现代农业。北京发展的都市型现代农业是以现代新型农民为主体，融生产、生活、生态等多种功能于一体的现代化农业系统，目标是形成优良生态、优美景观、优势产业、优质产品。按照2006年中央农村工作会议精神和《中共中央国务院关于推进社会主义新农村建设的若干意见》精神要求，北京把发展都市型现代农业作为当前和今后一个时期北京农业发展的一项重大而紧迫的战略任务。

北京都市型现代农业以开发农业的多功能为核心，具有农业文化创意产业所具有的所有特征，因此，农业文化创意产业是对都市型现代农业发展的展示，创新农业休闲旅游项目，形成郊区特色产业，增加消费者对农业的人文和科技内涵的理解，关心珍惜首都现代农业以及生态环境，带动创意农产品的消费，并借助农业文化开发满足消费者的文化经验和享受需求。农业文化创意产业能够充分发挥首都人才、信息、科技、市场以及资金等方面的优势，不仅可以带动郊区特色产业的形成，而且可以突破北京农地资源紧缺约束，走可持续发展的道路。因此，农业文化创意产业是北京都市型现代农业发展的重要方向。

2. 农业文化创意产业是化解北京资源、环境、生态压力的需要

北京传统的农业资源有限，山区约占全市总面积的62%，山区、半山区耕地面积11.28万公顷（含部分平原耕地），占全市总耕地面积的27.8%，其中旱地约3.88万公顷，主要分布于低山丘陵缓坡地上，2012年北京周边各县人均占有耕地面积仅为0.04公顷；水资源非常缺乏，2012年北京人均拥有淡水量仅为124.2立方米，仅为全国平均水平的5.38%；城市、工业不断扩张，北京环境、生态压力不断增加，传统农业发展模式不仅难以增加北京市粮食人均拥有量，而且会造成极大的资源浪费。通过发动创意革命，利用农业技术范式转变的契机，开发农村的潜在资源，扩大农业生产可能性边界，将会提高农村资源利用率和农产品的交易效率（张俊，2009）。

3. 农业文化创意产业是北京产业融合发展与产业升级的需要

将文化创意与地方特色农业生产或农副产品相结合，设计具有地域或产品特色的体验经济，激发农业创意设计灵感和行动，带动北京农业产业结构和农业生产或农产品加工技术升级，不仅可以促进农村和农业经济，而且对扩大农村剩余劳动力就业、增加农民收入、拓展更加多元化的现代农业发展空间具有重要意义。同时，作为具有独创性的农业产业化经营方式，农业文化创意产业的前端创意需要一定的专业水平和市场开拓的慧眼，一旦形成产业化运作，便能带动一系列第三产业的发展，从而促进农业人口迅速向服务业转移（张传伟、赵黎明，2011）。

4. 农业文化创意产业是北京实现城乡协调发展的需要

协调城乡发展首先要发展一种创新机制，建立城乡互动互融的共生机制，农业文化创意产业作为一种新型的发展模式，在北京市转变经济增长方式中有着重要的地位。中国农业深加工产业发展比较落后，初级产品过剩，深加工产品不足；中低档产品多，高档产品少。农业文化创意产业以市场为导向，通过赋予农产品文化创意内涵，将农产品生产由初级加工向深加工转变，提高农产品附加值，将资源优势、文化优势转化为经济优势。通过将创意产业和现代农业相结合，通过发展农业文化创意产业，以创业带动就业，用惠民催生富民。农业文化创意产业已经成为北京市郊区农民的增收产业、致富产业，是北京市统筹城乡发展的强大动力（章继刚，2010）。

3.1.2 北京市发展农业文化创意产业的优势

1. 丰富多样的农业资源是北京市农业文化创意产业发展的资源基础

农业文化创意产业以农业生产为基础，丰富的农业资源是发展农业文化创意产业的必要基础，北京共有山地面积10317.5平方公里，约占全市总面积的63%。从全市分布看，分布在山区、半山区的园地面积7.48万公顷，占全市园地面积的80%以上。共有各种草地29万公顷，占全市总土地面积的17.7%，其中主要分布在山区的天然草地为28.78万公顷，占牧草地的99.2%。[①] 与平原地区相比，北京山区的农业具有其特殊性，主要以小地形、小气候为主，多种多样的地貌类型决定了山区多样的资源类

---

① 北京市农委提供资料。

型、复杂的内部结构与功能，并集中体现为资源开发的利用优势，这些优势是山区发展的潜力和基础，为山区农、林、牧、渔业综合发展提供了有利条件，这样的地形地貌条件（见表3-1）决定农业格局和农业发展模式必然以小规模、特色、精品、高效农业为主。

表3-1　　　　　　北京山区主要自然条件与果树资源分布

地貌类型	海拔高度	气候类型	适宜果树
深低山—低山	800~400（长城以北）	平均温度9℃~10℃，过渡性凉湿和半湿润气候类型	喜凉果树生态环境。适于梨、山杏、红果、仁用杏、苹果等
低山—浅低山	400~250（长城以南）	平均温度10℃~11℃，蒸发较强，旱象较重，温暖的半湿润型气候	喜温果树生态环境。适于干果中板栗、核桃，鲜果中柿、红果、苹果等
丘陵—山麓	250~100	平均温度11℃~12℃，热量高，水分条件较好，属山前暖区气候类型	喜暖果树生态环境。适于柿、梨、红果、杏桃、苹果、核桃等

资料来源：杨作民，《北京市山区可持续发展研究》，首都师范大学出版社2010年版。

此外，北京具有丰富的特色农产品资源，山区独特的自然地理条件为特色农产品的生产提供了有利条件，有利于唯一性农产品或特色精品农产品的形成与发展，如房山的种子、平谷的大桃、怀柔的冷水鱼、昌平的苹果等。目前，北京7个山区共有60多个特色产品，成为北京重要的特色产品生产基地，这些优质特色农产品为农业文化创意产业发展提供了良好的物质载体（刘宏曼，2009）。

2. 丰富的自然历史文化资源是北京市农业文化创意产业发展的源泉

农业文化创意产业是以传统农业生产为基础，文化创意产业为核心，文化创意对农业文化创意产业的发展起着关键作用，特别是文化资源是农业文化创意产业的形成与发展的基础动力，在文化对经济发展有着深刻影响的知识经济时代，只有有了文化的渗透，创意产业才能得以迅速发展，只有创意产业的快速发展，将文化渗透入创意农产品，农产品才能提高其附加值。中国历史文化源远流长，高新技术的快速发展与深厚的文化底蕴相结合，将成为农业文化创意产业发展的强劲动力（陈宏毅、王刚清、刘杰，2008）。

作为历史文化名城，北京具有丰厚的历史文化底蕴，特别是北京山区，不仅具有独特的自然景致资源，而且具有丰富的历史文化和民俗文化资源，这些资源赋予山区旅游无穷的开发价值和发展潜力。因此，北京市农业文化创意产业的发展不仅要挖掘京郊和山区的文化内涵,更要注重农产品、自然、风景等资源要素与文化渊源相结合。目前,北京各区县举办以农业为主题的各种文化节,如西瓜节、草莓节等都融入了文化创意;各种创意农产品,如豆塑画、桃木工艺品等,极大满足了北京市城乡居民对乡村文化、民俗文化以及村落文化等方面的需求(刘军萍、王爱玲,2010)。

3. 多元化的消费市场需求是北京市农业文化创意产业发展的动力

作为全国的政治和文化中心,北京人才聚集,高收入水平人群比重较高,拥有大规模的消费群体,而且,北京消费群体文化层次和收入水平相对较高,对产品多样化需求强烈,特别是文化方面的需求尤为显著,而且对消费质量的要求也日益提高。随着收入水平的不断提高和城市生活压力不断增加,面对生活压力和都市生活的单调,他们日益青睐个性化、特色化以及艺术化的产品,这为北京市农业文化创意产业发展提供了广阔的市场空间。根据怀柔区旅游局调查显示,95%以上的北京市民希望到郊区旅游、观光、度假,近1/3的市民愿意在双休日到郊区旅游,其中25%的市民有在外住宿的意愿。巨大的市场需求为发展农业文化创意产业创造了广阔的发展空间。如表3-2所示,2012年,北京全市民俗旅游接待1695.8万人次,较2011年增长1.6%,总收入达到9.1亿元,较上年增长4.6%;同时,农业观光园2012年接待1939.9万人次,同比增长5.3%,总收入达到26.9亿元,较上年增长24.0%。

表3-2　　　　北京市民俗旅游与农业观光园基本情况(2011~2012年)

	项目	2012年	2011年	2010年
民俗旅游	从业户数(户)	8367	8396	7979
	从业人数(人)	18705	18232	16856
	接待人次(万人次)	1695.8	1668.9	1553.6
	经营总收入(亿元)	9.1	8.7	7.3
农业观光园	观光园个数(个)	1283	1300	1303
	生产高峰期从业人员(人)	48906	46038	42561
	接待人次(万人次)	1939.9	1842.9	1774.9
	经营总收入(亿元)	26.9	21.7	17.8
	其中:采摘收入(亿元)	8	5.1	3.9

资料来源:北京市统计局,《北京市统计年鉴》,2013年。

4. 文化创意产业优势是北京市农业文化创意产业发展的保障

2010 年，上海世博会的成功举办，为包括北京在内的全国文化创意产业的发展提供了难得的发展契机。北京的文化创意产业发展取得了长足进步。2013 年上半年，北京文化创意产业增加值达到 804.3 亿元，占全市 GDP 比重为 12.6%，成为仅次于金融业的全市第二支柱产业。2007～2012 年，北京文化创意产业分别实现产业增加值 613.6 亿元、700.4 亿元、812 亿元、992.6 亿元、1346 亿元和 1497.7 亿元，分别占当年全市 GDP 的 10.1%、10.2%、10.3%、10.6%、12.1% 和 12.6%，呈现逐年提高的态势，成为首都经济新增长点和重要引擎。同时，借助高校、科研机构、创意型企业，北京培养了大批适应农业现代化发展需要的较高水平的专门人才，为农业文化创意产业的发展提供了有力的人才与科技保障。2012 年，北京创意产业从业人数多达 140.9 万人，从事文化创意产业企业资产总额高达 12942.6 万元，行业收入高达 9012.2 万元，较 2011 年分别提高了 14.65%、15.91% 和 21.09%[①]。

文化创意产业的高速发展为北京市农业文化创意产业的发展提供了强劲动力。无论是民俗旅游、农业观光园还是设施农业创意，其从业人数、接待人数以及经营收入均得到迅速发展。如表 3-2 所示，与 2011 年相比较，北京市从事民俗旅游户数达到 1.9 万户，净增 2.6%；农业观光园从业人员达到 4.9 万人，同比增长 6.2%。在创意人才和科技发展的大力推动下，北京市出现了一批科技含量高、文化创意特色浓厚的农业文化创意产业形式，通过科技手段来突破自然条件限制，突出文化特色内涵，如北京昌平区的特菜大观园、怀柔中天潮海的茶园等等，南果北种让人足不出京就能亲手采摘到南方热带水果，而天潮海的茶园则让北京消费者品尝到北京自产的新茶（王爱玲、刘军萍，2010）。

3.2 北京农业文化创意产业发展现状

据不完全统计，北京目前有 6 大类型的创意农产品共 30 余种，2012

---

① 北京市农委提供资料。

年，产品产值达到 1013 万元，并形成了 7 种各有特色的发展模式。2012 年，北京市有一定规模的农业文化创意产业园达到 113 个（其中农业主题公园 50 多个），年接待游客 505.6 万人次，收入达 6.16 亿元；有一定影响力的农业节庆活动 60 多个，实现综合收入 16 亿元。[①]

以都市型现代农业发展为背景，基于浓厚文化熏陶和市场巨大需求拉动，通过科技创新和艺术创意，将文化内涵融入农业生产过程及产品，赋予农产品较高文化、生态、科技以及服务附加值，满足了周边农民和北京市民的精神和文化需求。经过近 6 年的发展，北京市农业文化创意产业已初步形成其独特创意产品，目前产品类型主要有 6 种，如表 3-3 所示。

表 3-3　北京市农业文化创意产业创意产品类型、案例及主要供给形式

创意产品类型	创意形式	典型创意实例	主要供给形式
农业文化创意产品	通过栽培、用途以及亲情创意等手段，改变农产品传统功能和用途，提高农副产品附加值	玻璃西瓜、盆栽果菜、五谷画、羽毛画、干花、干押花画、蛋壳工艺品、异型果、晒字果等	设施农业创意农业观光创意园
农业文化创意主题园	按照公园的经营思路，通过特定主题的整体设计，把农业生产、农产品消费和休闲旅游场所结合为一体，创造出特色鲜明的体验空间，兼有休闲娱乐和教育普及的双重功能	通过南瓜园、昌平天翼草莓园、房山磨盘柿主题公园、大兴庞各庄的御西瓜、怀柔的凤山百果园、密云的红香酥梨庄园、延庆里炮红苹果度假村等	设施农业创意农业观光创意园民俗旅游
创意节庆活动	将体验和消费相结合，在农业生产活动中开成和开发出的节庆活动，主要包括：（1）农作物类节庆；（2）动物类节庆；（3）民俗文化类节庆；（4）综合活动开发类节庆。兼具有吃、玩、赏、教等多项活动功能	（1）北京稻收割节，昌平草莓节，昌平农业嘉年华，平谷桃花节，大兴西瓜节等；（2）朝阳和通州螃蟹节，密云鱼王美食节，怀柔虹鳟鱼美食节等；（3）怀柔区长哨营满族乡举办的满族文化节等；（4）房山、密云、朝阳农耕文化节，大兴区的农民艺术节等	设施农业创意农业观光创意园民俗旅游

---

①　刘军萍、王爱玲：《北京农业文化创意产业发展的典型模式及主要做法》，载于《农产品加工·创新版》2010 年第 1 期。

续表

创意产品类型	创意形式	典型创意实例	主要供给形式
创意融合产业	以农业为基础，将之向第二、第三产业延伸，使之具有多个产业特征	农业与旅游业的融合（旅游农业），农业与动漫业的融合（农业动漫），农业与体育产业的融合（牲畜比赛）	民俗旅游 设施农业创意 农业创意观光园
创意农食文化	通过对饮食文化和饮食形式创意，将特色农产品与创意农村饮食文化相结合，提高农产品附加值	延庆"火盆锅豆腐宴"，大兴西瓜宴、平谷桃花宴、通州田桑宴、怀柔板栗宴等	设施农业创意 农业观光创意园 民俗旅游
创意医农同根开发	将特色农产品与健康饮食文化相结合，以健康饮食为基准，创意健康饮食文化，从而提高特色农产品附加值	桑瑞生态庄园的桑芽茶、桑叶茶等；海滨凤凰有机公社从健康饮食、中医养生等层面向会员提供健康管理和调整方案	民俗旅游 设施农业创意

资料来源：刘军萍、王爱玲：《北京农业文化创意产业发展的典型模式及主要做法》，载于《农产品加工·创新版》2010 年第 1 期，与本课题研究整理。

3.3 北京发展农业文化创意产业存在的主要问题

3.3.1 分散式发展制约了北京农业文化创意产业的可持续性

农业文化创意产业代表了农业发展的一种新趋势，因为提出的时间较短，北京农业文化创意产业的发展水平参差不齐。目前，北京农业文化创意产业供给多是农民或者中小企业自发型，特别是设施农业创意，据调研，北京约 76.43% 的设施农业创意为非政府行为。也正是其发起主体的无组织性和资金投入的间断性，同时由于政府在农业文化创意产业发展政策、资金以及技术等方面的支撑不足，影响了北京市农业文化创意产业发展的可持续性。

同时，由于发起主体的短期经济行为严重，往往做的是"一锤子"买卖，严重制约了北京农业文化创意产业的持续经济效益。随着农业文化创意产业需求不断增加，农业文化创意产业项目的急功近利性越发明显，特别是在创意农产品的食品卫生、加工技术等方面投入的技术和资金远远低于农业文化创意产业本身的要求,严重损害了消费者健康和消费权益,阻碍了农业文化创意产业快速发展。

3.3.2 功能定位需要转变

北京农业文化创意产业是围绕郊区农业服务于首都人民多样化的需求、提高农业收入而提出的,因此,北京郊区农业文化创意产业功能定位就是满足北京城里人的物质、文化和精神需求。这种定位目标具体,市场固定,短期内农业文化创意产业能取得较好的发展和收益,但是从长期来看,这会限制农业文化创意产业的发展水平,应该把思维和视野转向"市外""国外",国内、国外两手都抓,使农业文化创意产业焕发出新的生机。

3.3.3 缺少高层次人才和资金支持

农业文化创意产业的核心是创意,创意必须依靠人才。农业文化创意产业因为涉农,社会上对它存在一定的误解,高层次人才的引入比较困难,同时有些创意型农业手工工艺要求非常高,如顺义区的吉祥八宝葫芦火绘,一般完全掌握这门技艺可能需要3~5年的时间,导致满足要求的人才非常少。

农业文化创意产业虽然附加值较高,可能刚开始需要人、财、物的投入,但不能马上看到经济效益,风险较高,而农民经济实力较弱。根据《2009中国创意产业高成长企业发展报告》,国内创意产业的规模都较小,24.17%的资金来源靠自有和银行,采取其他融资方式的企业非常少,农业创意企业的融资规模就更少了。因此需要相关的政策扶持,保障资金来源。

3.3.4 区(县)特色不明显,管理不规范

北京山区丰富多样的地形地貌和小气候条件虽然有利于一些特色的农产品生产,但土地资源稀缺、分散,不利于农业文化创意产业规模化的发

展,加上农业基础设施薄弱,限制着山区农业文化创意产业的发展。北京郊区成型的农业文化创意产业虽然有大兴的西瓜、怀柔的板栗、平谷鲜桃等,但很多小型农业文化创意产业区县特色不明显,形成品牌的唯一性特色产品不多,创意不足。

3.4 解决北京发展农业文化创意产业制约因素的思路

借助发达的文化资源、创意产业优势和广阔的消费市场,通过科技创新和艺术创意,将文化内涵融入农业生产过程及其产品,赋予农产品较高文化、生态、科技以及服务附加值,形成了独特的创意特征,不仅创意形式各异,而且形成了自己独特的创意特色和创意品牌,满足了周边农民和北京市民的精神与文化需求。通过对北京市农业文化创意产业发展现状与存在问题分析,结合北京市自然资源与社会资源优势,对北京市今后农业文化创意产业发展提出以下发展思路及对策。

3.4.1 完善农业文化创意产业扶持体系,营造良好政策环境

对于农业文化创意产业的发展,北京市首先要完善相关扶持政策体系,确定政策导向,为农业文化创意产业发展搭建共赢平台,加强对农业文化创意产业的引导。针对农业文化创意产业的高新技术需求和文化创意需求,加大对农业文化创意产业的科技、资金以及资源投入,强化联动与协调机制。相关研究数据表明,约40.67%的消费者比较注重农业文化创意产业的消费环境和住行环境。所以政府要打破区域格局限制,在加强基础设施建设的同时,通过新农村建设,改善农业文化创意产业消费和体验环境,加强农村信息系统建设,提高农村环保、节能以及安全水平,通过基础设施建设规范农业文化创意产业发展环境。

农业文化创意产业要做大做强,还要走国际化路线。要在国际市场竞争中争得一席之地,必须大力实施农业标准化工程,制定与国际接轨的无

公害农产品、绿色食品和有机食品的行业标准，提高创意农产品的国际竞争力。同时要加强创意农产品的品牌建设，注册自己的商标，打造具有国际影响力的驰名商标、著名商标品牌和高新技术产品品牌。

3.4.2 鼓励农业文化创意产业投入，营造良好市场环境

中小企业是我国经济发展中的重要组成部分。对农民农业文化创意产业发展过程中的"一锤子"买卖行为，政府应将载体建设作为发展农业文化创意产业的重点工作，推进农业文化创意产业园区建设，鼓励创意农产品开发。

为鼓励农业文化创意产业载体建设，政府应将农业文化创意产业发展模式作为发展规划的重要内容之一，在扶持产业和行业发展的同时，积极吸引、鼓励中小企业参与农业文化创意产业开发与发展，成立行业组织或者区域行业联合体。

与此同时，政府还应该指定相关银行如邮政储蓄、北京农村商业银行等金融机构提供农业文化创意产业企业的绿色通道，尽最大可能消除北京农业文化创意产业企业和项目做大做强的障碍，并完善农业文化创意产业投资的管理、监督机制，加强农业科研与农业经济互动与联系，提高农业文化创意产业科技投入和综合生产能力，促进成果、资本的相互转化、投入和发展，放大农业文化创意产业的规模经济效应。

3.4.3 改善发展模式，充分发挥区域人文资源优势

作为全国政治、文化中心，北京市具有其独特的资源优势，包括创意人才优势、消费市场优势、科技创新优势等，这些优势为北京市农业文化创意产业发展提供了其他地区不可比拟的优越性。农业文化创意产业的区域特色就在于结合当地的文化特色，发挥创意，整合农村的"三生"（生产、生活、生态）资源，构建起较完善的产业系统，从而促进"三农"的发展。因此需要事先做好综合规划和具体项目的策划，避免各区（县）之间项目雷同，合理配置资源。

3.4.4 加大宣传力度，营造农业文化创意产业氛围

氛围对需求有直接的影响作用，营造好的农业文化创意产业氛围是促进北京市农业文化创意产业发展的基础。北京市农业文化创意产业消费者关于农业文化创意产业的信息主要来源于电视、报纸、网络等大众媒体。北京市农业文化创意产业市场的开发亟须加大对农业文化创意产业的宣传与普及，通过宣传扩大创意农产品或者民俗文化的影响力，刺激消费者对农业文化创意产业的消费需求。

同时，农业文化创意产业的发展也离不开群众的智慧，创意本身并无固定的发展模式，而是主客体之间互动的结果，通过定期举办民俗文化活动或者节庆活动，调动消费者与农民参与的主动性，在提高农业文化创意产业供给主体凝聚力和团队精神的同时，促进创意产品的销售，并通过消费者农业文化创意产业消费过程与供给主体的互动过程，了解消费者需求、学习创意思想。2013年北京市首届农业嘉年华活动，吸引了周边区县特色创意农产品及休闲服务的积极参与，在促进市民与农业文化创意产业供给主体交流的同时，促进了城乡互动，对树立农业文化创意产业品牌，促进农业文化创意产业发展起到了巨大的推动作用。

3.4.5 与会展相结合，扩大关联产业融合发展

尽管农业文化创意产业以传统农业生产为基础，但其本质是在提供相关创意产品的同时提供相关服务，从消费者角度分析，其本质属于服务业。调研结果表明，北京市创意农产品的销售与消费一半以上是借助民俗旅游或者文化节的形式开展，而且与传统的市场销售相比，民俗旅游与文化节活动中农业文化创意产业产品附加值更高，经济效益更为可观。

会展的本质是为双方提供信息交流的平台，2011年北京市会展活动总收入已超过2亿元，会展产业迅速发展，而且随着经济全球化速度加速，北京市会展产业经济全球化趋势越发明显。北京市会展产业的发展为北京市农业文化创意产业的发展提供了良好的外部契机，通过与会展产业相融

合，不仅能够扩大农业文化创意产业的创意产品的知名度，还能直接拓宽农业文化创意产业产品销售渠道并树立品牌。比如，北京市农业嘉年华活动的开展对昌平区草莓品牌树立的推动作用。

同时，会展活动还能够促进农业文化创意产业与其关联产业的融合发展，比如，通过会展活动与旅游产业相结合，借助会展信息交流平台，将更多的创新科技、创新技术与创新理念应用到农业文化创意产业生产与资源开发中去，扩大农业文化创意产业资源的开发效率与创意产品更新。

3.4.6 加强人才培育，引进专业技术人才

正如农业文化创意产业的定义，农业文化创意产业的基础是传统农业生产，发展依托则是文化创意理念和科学技术创新，本质上是一种产业新理念和新发明，无论是设施农业创意、农业节庆创意以及产业融合创意，与传统农业生产或农产品初加工相比较，农业文化创意产业要求从业人员有较高的知识水平和专业知识，特别是文化创意、艺术设计等知识。因此，农业文化创意产业的发展不仅仅是农业生产问题，更重要的是对农业生产过程、农产品以及饮食文化进行创意，通过增加农产品文化内涵，提高农产品附加值，促进农业文化创意产业发展。

因此，农业文化创意产业发展所需的人力资源不仅包含了管理、经营、创意策划人才，同时也包含了生产、加工、营销等人才，具有较强的广泛性和较高的综合性。然而，目前尚未出现专业的农业文化创意产业人力资源队伍。所以政府在鼓励中小企业农业文化创意产业投入和提高农业文化创意产业关联性的同时，应完善创意产业，特别是农业文化创意产业的人才培养机制，完善人才政策，鼓励农业文化创意产业企业或供给主体引进人才、培育人才，通过引进创意经营、技术创新等高级人才，并将企业与高校、科研院所相结合，造就一批学习型、知识型、创新型和创意型的农业文化创意产业人才，加大农业文化创意产业技术创新、创意等。同时加大对农业文化创意产业生产的农民致富带头人的素质和知识培训，进而带动其他农民的农业文化创意产业生产能力，全面提高农民的综合素质。

第 4 章

北京发展农业文化创意产业运行机制的分析

本章通过对北京市发展农业文化创意产业的机制研究，进一步明确农业文化创意产业发展的主要影响因素，正确处理北京市发展农业文化创意产业与农村经济社会发展过程中的各种关系。以创意为理念，提出促进北京市农业文化创意产业发展的协调机制和管理体系、科技支撑机制、融资机制、经营机制和人才开发机制，完善北京市农业文化创意产业发展服务体系，为政府发展农业文化创意产业提供科学的决策依据和参考方案。

4.1 促进北京农业文化创意产业发展的协调机制和管理体系

提高认识是做好任何工作的前提。北京市各级政府、产业发展主管部门，以及产业发展从业人员要转变观念，提高认识，树立发展农业文化创意产业的理念，认识到发展农业文化创意产业是深入发展都市型现代农业的需要，是特色产业再开发的需要，是农民增收的需要，是扩大农业就业空间的需要，是提高北京农业竞争力的需要，是建设文化中心的需要，是北京市打造中国"创意产业之都"的需要。同时，强化组织领导，建立健全科学的组织领导机制，充分发挥政府在景观农业项目规划、体系建设、优化环境和财政投入等方面的宏观指导和政策导向。

4.1.1 内涵

北京市农业文化创意产业在协调管理上,各级政府、产业发展主管部门,以及产业发展从业人员应该转变观念,提高认识,树立发展农业文化创意产业的六大基本理念,即市场理念、创新理念、融合理念、特色理念、文化理念和科技理念。紧紧围绕北京市都市型现代农业建设方向和农业文化创意产业的发展目标,针对目前农业文化创意产业缺乏顶层设计、区域产品雷同、农业用地的限制等情况,本着统筹规划的思想,实施综合开发战略,整合各区域有限的优势资源迅速形成竞争合力,实行差异化发展,实现"一区一品,一县一景"。在具体做法上,第一,应强化组织领导,把农业创意产业纳入全市文化创意产业发展的大盘子之中,享受相应发展政策。第二,建议成立农业文化创意产业基金会及产业发展办公室,由产业基金会筹集产业发展资金,用于支持首都农业文化创意产业相关作品的收集和产业化开发。第三,由北京市农村工作委员会牵头,联合产业发展办公室,根据《北京市"十一五"时期文化创意产业发展规划》,出台编制《2015—2020年首都农业文化创意产业发展总体规划》,做好具体项目的策划,明确各区县资源配置、主攻方向、重点项目,尤其做好土地流转工作,加强农业文化创意产业用地性质的认定,确保农用地与设施用地达到有效配置。

4.1.2 运行机制

农业文化创意产业的协调管理机制的基本框架(见图4-1)应包括组织管理体系和辅助协调发展体系两个方面的内容。

1. 组织管理体系建设

北京市(区、县)政府要重视农业文化创意产业发展,在组织管理方面予以创新。为保证农业文化创意产业发展,首先,纵向上要形成各区(县)政府农业文化创意产业管理体制基本与北京市政府农业文化创意产业管理体制相同。基本上上级政府有什么部门,下级政府就有什么部门,形成所谓的"对口"联结单位。例如,北京市政府(北京市农委)成立了

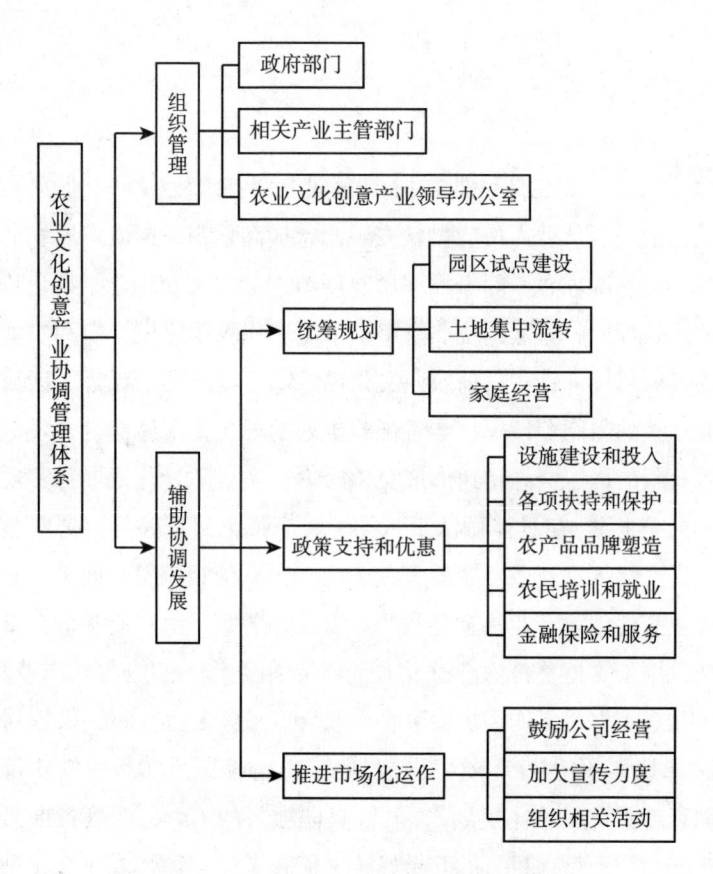

```
农业文化创意产业协调管理体系
├─ 组织管理
│   ├─ 政府部门
│   ├─ 相关产业主管部门
│   └─ 农业文化创意产业领导办公室
└─ 辅助协调发展
    ├─ 统筹规划
    │   ├─ 园区试点建设
    │   ├─ 土地集中流转
    │   └─ 家庭经营
    ├─ 政策支持和优惠
    │   ├─ 设施建设和投入
    │   ├─ 各项扶持和保护
    │   ├─ 农产品品牌塑造
    │   ├─ 农民培训和就业
    │   └─ 金融保险和服务
    └─ 推进市场化运作
        ├─ 鼓励公司经营
        ├─ 加大宣传力度
        └─ 组织相关活动
```

图 4-1 农业文化创意产业协调管理机制

农业文化创意产业主管部门、农业文化创意产业领导办公室，各区县为发展本地区农业文化创意产业的需要和配合北京市发展农业文化创意产业的需要，也应成立区（县）农业文化创意产业主管部门、农业文化创意产业领导办公室。在协调管理职能上做到上下一致。横向上要加强部门间的资源整合，建立农业文化创意产业主管部门与其他涉农部门的联席会议制度，形成在市政府统一领导下，农业文化创意产业主管部门组织实施，其他相关部门协调配合的组织协调管理体系，有益于集合各部门人力、物力，联合发展农业文化创意产业。

2. 辅助协调发展体系的建设

北京农业文化创意产业的发展前景巨大，在未来农业发展中的地位逐渐显现。第一，市政府需要认真做好规划部署，优化农业文化创意产业发展的空间布局，并逐渐将农业文化创意产业纳入本市（区、县）农业产业发展战略规划当中。明确各区县的资源配置、主攻方向、重点项目。通过规划引领、项目推动、技术支撑和体系保障，大力推进农业文化创意产业发展。第二，政府应该在土地使用、税费收取、资金支持、人才引进等方面给予优惠政策，为农业文化创意产业发展创造良好的宏观环境，保障土地、资本、技术、人才等要素自由流入农业文化创意产业，并为农业文化创意产业产品提供公平开放的资源市场，降低农业文化创意产业项目实施面临的自然风险和市场风险。第三，推进市场化运作，加大招商引资力度，引入社会资本进入农业文化创意产业。从各地农业文化创意产业的实践看，约有近一半的项目是外来投资者以有限责任公司的形式独立开展经营，他们的资金、技术、理念与农村的资源有机结合，开发了一批较高档次的农业文化创意产业项目。这些项目的投资规模少则几百万元，多则上亿元。从近期看，民营资本的进入，提高了农业文化创意产业项目开发建设的效率，缩短了建设周期，扩大了规模，并把在其他行业积累的企业管理经验移植过来，提高了农业文化创意产业的管理水平和服务质量，可以更好地满足不同层次消费者的需要。

4.1.3 建设内容

首都农业文化创意产业起步较晚，消费者认识仍十分有限，应该把载体建设作为工作重点，积极推进农业文化创意产业园区建设、创意农产品开发，使农业文化创意产业成为首都城市功能的一个新亮点。各区县在发展自己农业文化创意产业的同时，一定要注意协调发展，要有自己的特色和定位，改变追求数量忽视质量、强调规模忽视品牌的落后观念，努力培育有自己特色和创意的区域农业文化创意产业品牌。新创意会衍生出无穷的新产品、新市场和财富创造的新机会。要认真研究如何把创意转换成经济价值并形成规模。

在对农业文化创意产业宣传方面，可通过建立相关网站，为农业文化创意产业产销情况提供技术平台，也可通过电视台和报纸等相关媒体进行专栏宣传，定期举办农业文化创意产业新成果大赛和农业文化创意产业作品和技术拍卖会，提高社会的关注认知度和产业的市场竞争力，引导农业文化创意产业的健康发展。同时，借助政府、企业、科研单位以及学术机构等共同构建平台，促进农业文化创意产业专家学者广泛讨论，吸引公众对农业文化创意产业不同发展模式的关注及引导消费者对创意农产品的消费，推进农业文化创意产业的发展。品牌化是都市型现代农业发展追求的一个目标，也是促进农业文化创意产业更好发展的必由之路。

在加强品牌建设方面，北京的创意农产品和农业产业需要知名品牌，要注意与市场接轨，通过政策引导，结合绿色消费，定位中高收入人群和城市高端市场，鼓励农民、农业企业通过标准化、规范化建设，积极创建和培育自主品牌，加快创意农产品质量认证，提高创意农产品质量水平，通过产品地理标识，注入文化元素，创建区域农业文化创意产业品牌，推进区域农业文化创意产业带的发展。

在用地性质的认定方面，农业文化创意产业的展示性小品和农业生产必要设施占地，可视为农用地范畴，无须申报用途转变。农业文化创意产业园内部的道路、水利工程和温室占地，也是农业用途。政府可以通过组织深度调研和科学分析，制定有关条例，对农业文化创意产业园内部道路、水体、各类工程的可占地面积比例，给予明确的规定。

在促进北京市农业文化创意产业发展的协调管理机制方面，北京昌平国家农业科技园区作为国家农业科技城建设先行试点，园区管委会在昌平区委、区政府的领导下，本着"以现代服务业引领现代农业"的管理思路，对原有的管理职能和服务机制进行了梳理，积极稳妥地做好园区的管理与服务工作。一是建立核心区负责人制度，协助企业办理相关手续。二是协助企业申报科技项目。推荐入园企业向科技部申报"十二五"重大科技预备项目5个，星火项目6个，申报北京市科委重大项目5个以及其他部级、市级科研项目8个。三是做好重点工程、折子工程申报工作。每年年底，园区管委会对整个园区工作进行梳理，把重点企业的建设申请列入全区重点工程和折子工程，对企业建设过程中遇到的问题及"瓶颈"及时上报，形成政府督办、自上而下的发展环境。

房山区根据农业文化创意发展的需要，确定在城关、韩村河、长沟、十渡、青龙湖、张坊、河北等10个乡镇范围内，根据不同地域的资源禀赋、功能定位、产业基础和发展前景，重点打造"二带、两湖、三线、四园"，形成房山景观农业发展总体空间布局。各乡镇围绕区域自然资源、主导产品和产业布局，综合地域特点、农业资源和人文环境，按照"适度超前、统一规划、分期建设、持续发展"的思路，采取点、线、面相结合的方式，合理选点，特色引导，创新发展，确保全区景观农业规范有序推进。强化模式创新，推进差异发展。全区各乡镇依托良好的生态环境，立足自身特色和基础，结合镇域发展规划，加大景观农业建设和投入，通过近几年的打造，初步形成了"沟路林渠景观农业、山坡梯田景观农业、农田田园景观农业"等五大景观农业发展模式，推进景观农业快速发展，使农业资源和自然资源转变为农业景观，成为旅游资源，并形成新的经济增长点。

平谷区在发展农业文化创意产业过程中，本着统筹规划的思想，实施综合开发战略。第一，进行综合规划和开发，在保护和提高平谷桃综合生产能力的前提下，按照高产、优质、高效、生态、安全的要求，实现区域经济和谐发展。发展综合型农业园区，集生活、教育、生态、生产功能于一体，在农业园区中引入文化活动、农事体验活动、餐饮住宿、休闲娱乐、养生康复等产业，彰显个性，突出创意，吸引游客。如在桃花音乐节期间推出"田园公社"，建成囊括农事劳作、观光休闲、网络营销、采摘体验等多种活动的特色园区，满足游客畅游、观看、采摘和品尝的需求。第二，努力提升农业园区的经济效益。通过将文化元素融入园区建设，将特色休闲活动引入园区内部，并通过电子商务科技，开发高端客户，以农事体验为切入点，从整体上提升农业园区的经济效益。探索发展了诺亚农场、沱沱工社、京东绿谷农事体验园三种会员制农业园区。其中，诺亚农场已发展高级会员2000人，实现收入3000余万元；沱沱工社吸纳网络会员约7万人，实现年销售收入4000万元；京东绿谷农事体验园与汉民集团等30家企业和组织建立了稳定的供需关系，每栋日光温室可实现年销售收入20多万元。[①] 第三，加大农业文化创意产业园区发展力度。在原有农业

---

① 北京市农委提供资料。

园区的基础上,全面启动"双十工程",拟在全区范围内打造 20 个综合性的农业文化创意产业园区,并开展星级观光园评选活动,实现农业文化创意产业园区全面发展。

4.2 促进北京农业文化创意产业发展的科技支撑机制

随着经济的发展,规模经济可利用的程度不断衰减,取而代之的是技术创新推动产业竞争力提升。这时,谁能够拥有先进的技术、高效的技术创新能力等资源,谁就可以在市场上占据有利地位。也正是如此,人们纷纷把问题的焦点引向了技术创新能力的培育上。技术创新对经济发展的作用主要在于,通过提升产业劳动力生产率,达到降低企业成本、增加利润的目标。显然,技术创新是生产率导向型的,其直接的结果就是使产业内企业间的竞争形成了成本竞价型;与此不同,文化创意对经济发展的作用主要在于,文化创意自身充当着一种竞争要素直接加入到企业的产品之中,其直接结果就是使差别化竞争成为产业内、企业间争夺市场的主导方式。其实,本质上讲,技术创新所形成的生产工艺、加工流程具有可重复性、可复制性的特征,这种特征保证了它对产业内的所有企业的影响是相同的;与此不同,文化创意并不具备可重复性、可复制性的特征,它将会因国别、地域、甚至员工构成的不同而不同,这种差异性也将自然融入企业的产品、企业的管理方式、组织结构、甚至产业的运行态势之中。

4.2.1 内涵

农业文化创意产业是智力密集型产业,将一项农业创意变成一个农业文化创意产业,单靠农民的创意资源是远远不够的,还需更多的技术发明和科技创新。因此,发展农业文化创意产业必须重视技术变革,通过科技部门和农业科研部门联合,对农业科技进行科研立项、科技成果认定、实现科技成果转化。把一项农业创意变成一个农业文化创意产业，需要很多技术发明和技术秘诀。因此发展农业文化创意产业必须重视技术创新。

4.2.2 运行机制

完整的农业文化创意产业的科技支撑机制（见图4-2）主要包括农业文化创意平台（基地）、农业文化创意产业示范展示平台（基地）两部分。

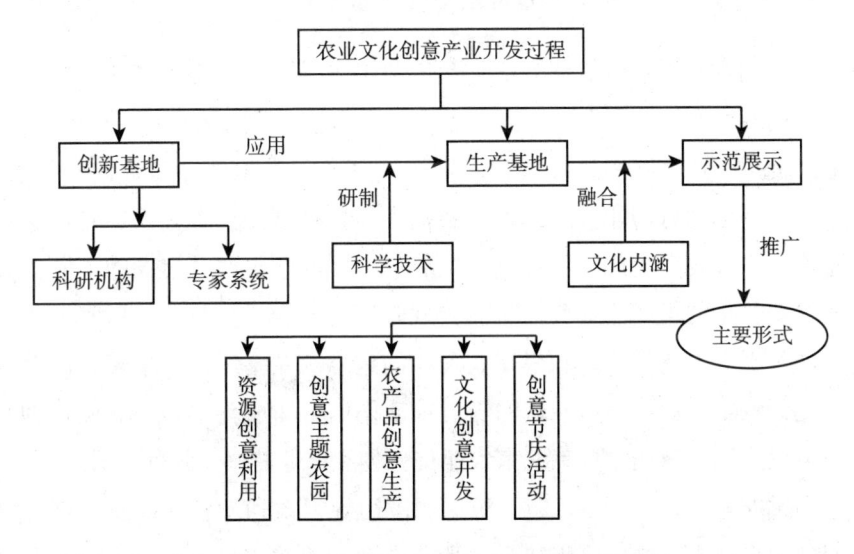

图4-2 北京农业文化创意产业科技支撑机制

1. 农业文化创意平台（基地）

农业文化创意平台或创意基地是推动农业文化创意产业科技创新、进步的前提和基础。这个创意平台（基地）的始端以国家农业科研机构、大中院校为主体，以各区域具有相对优势的农业科技创新分中心为支撑，以各乡镇农业科研试验站为基础，构建形成主攻方向明确、区域分工明确、资源优势互补、研究开发一体、具有较强竞争力的农业科技创新体系。以科研基地、教学基地、实习基地、创业基地和产业基地等为平台，与高等院校、科研单位、企业广泛开展合作，搭建产学研平台的末端。一方面，不仅使农业专家进入了这个系统，也使大量的科技人才、农业创意经营管理人才和有志于农业文化创意产业建设的创业人才进入了这个系统；另一方面，将农业文化创意产业科技中试试验、生产开发紧密地联结起来，农业科技在中试基地进行试验，成功后在生产基地进行生产，并且可以形成及时的反馈，实现了专家智库适时指导农业，科技文化元素融于农业迸发出农业文化创意产业新成果的目标，不断提升农业文化创意产业的发展水平。

2. 农业文化创意产业示范展示平台（基地）

好的创意必须借助示范展示平台传递出去，因此，必须搭建良好的农业文化创意产业展示平台，在此平台上，通过农业创意项目带动农业创意产业，创意产业链在周边具有相同资源禀赋条件的地区不断延伸和拓展，随着农业文化创意产业基地面积不断扩大，各种创意思潮集聚、农业文化创意产业生产技术集成、创意农产品汇集以及创意农产品市场的不断扩大形成农业文化创意产业集群，从而实现政策、资金、科技、信息等要素在示范展示平台上高效流动和集聚。农业创意思潮在基地区域集聚，诸多农业文化创意产业示范展示基地的辐射带动作用将构成首都的农业文化创意产业大生产、大市场，推动北京农业文化创意产业整体水平的上升。

通过农业科技试验、示范、推广、应用等一系列步骤，以及从创意平台到展示平台再到推广应用整个过程的带动扩散效应，大量先进的农业科学技术被采用，渗透到生产力系统的各要素，从而提高资本和土地等生产要素的边际收益，提高农民的财产性收入，最终达到农业科技转化为现实的生产力、促进农业增效、农民增收。

4.2.3 建设内容

第一，科技部门应把农业文化创意产业技术的研究开发和产权保护列入议事日程。在科研立项、科技成果认定、成果转化基地建设、创意人才的技术职称评定等方面予以关注。科技部门应将农业文化创意产业的研发工作列入科技计划项目支持范围。建议相关部门加强北京农业文化创意产业的立项研究工作，促进农业、科技和文化的有机融合，也使北京在农业文化创意产业方面保持领先全国的优势。应制定相关政策鼓励农业文化创意产业知识产权的申报与保护。建议政府对有关农业文化创意产业专利申请与保护费用予以补贴。

第二，利用北京市的科技人才与政策优势，与科研院所建立协同创新机制，建设现代农业技术集成创新和推广应用平台，聚集北京市园林设计、旅游创意、设施工程、园艺产业等领域专家，搞好园区规划论证、项目申报、引资引智、技术咨询、人员培训、对外宣传等工作。积极吸引高校、科研单位采取科技人才入股、建立试验基地等形式进入园区，吸收北京市相关农业协会等组织参与园区产品技术开发与推广，形成园区、科技部门、企业、农民组织等多方构成的技术支撑体系。

从各地实际来看，针对本地的农业条件，用充裕资源替代紧缺资源，或通过采用先进技术提高紧缺资源的利用效率，从而取得资源替代的生态效益和经济效益。这种创意理念，可以适用于任何地区。中国传统农业的精耕细作就是农业科技创意的精华。北京特菜大观园，丰台南宫温室公园的南果北种，怀柔中天潮海的茶园，就是运用科技手段，让北方人不出京城也能亲手采摘到南方的热带水果，品尝到北京自产的新茶。运用科技手段，创造人工小环境，世界各地的农作物几乎都可以在北京种植。昌平区小汤山农业园区利用科学技术将南方生长的水果引种到北京，呈现给北京市民北京产香蕉、火龙果；平谷区通过科技手段将桃树培育成盆景装点居室等。一个个新的农业产业闪亮登场，创造出了超出传统农业几倍、几十倍的价值。小汤山现代农业科技示范园自成立以来，引进包括北京林业大学的苹果枣扦插快繁项目、美国大花萱草球茎宿根花卉项目、玫瑰鲜切花项目、中国农科院的玉米良种繁育项目，北京农乐蔬菜研究中心的俄罗斯蔬菜籽种项目、中科院植物所的北方常绿植物及特殊色彩食物种苗引进、培育项目、中国原子能利用研究所的黄瓜、西红柿、茄子等航天育种项目，北京市农林科学院果林所的葡萄新品种项目，园区引进的紫花苜蓿草种植项目等各类科技项目207项，自主研发项目121个。其中，2006~2011年，园区共承担国家星火项目7项，包括完成验收3个，正在实施2个，待批复2个；园区共有5个重大项目，进入科技部"十二五"国家科技计划农村领域首批预备项目库；园区申报的"低碳农业先导技术集成研究与示范项目"等4个重大项目已获得市科委重大项目支持。[①]

4.3 促进北京农业文化创意产业发展的融资机制

作为新生事物，首都农业文化创意产业尚处于初步探索阶段，需要大量的资金支持和政府的正确引导。没有资金或资金缺乏，都会影响农业文化创意产业的发展，为了保证好的农业文化创意产业项目的实施，北京市（区、县）政府要通过各种渠道筹集一定数额的资金。良好的资金筹措机制是保证农业文化创意产业获得持续不断的资金支持而得以进一步发展的前提。

4.3.1 内涵

农业文化创意产业是高投入、高产出的产业，巧妙运用市场经济规律，按照谁投资、谁受益的原则，建立多层次、多渠道、多元化的融资机制，是一个好的农业文化创意产业项目有效运行的前提。北京市农业文化创意产业的融资机制的内涵，即北京市（区、县）政府通过完善政策法规体系和财政资金运用，对农业文化创意产业发展融资体系的建立发挥引导、杠杆作用。要通过税收优惠政策、资金信贷优惠政策、基本建设优惠政策、项目补贴、政府重点采购和后期奖励等优惠政策与直接的财政资金支持，对符合政府重点支持方向的创意产品、服务和项目予以扶持，保障北京市农业文化创意产业的健康发展和持续运行。

4.3.2 运行机制

作为新理念、新技术聚集的产业，农业文化创意产业需要大量的资

---

① 北京市农委提供资料。

金,用于研发、基础设施建设、引进人才等。为此,市(区、县)政府采用了多元化农业文化创意产业投融资机制(见图4-3)。具体而言,有政府投资、金融投入和社会资本投入三种模式。

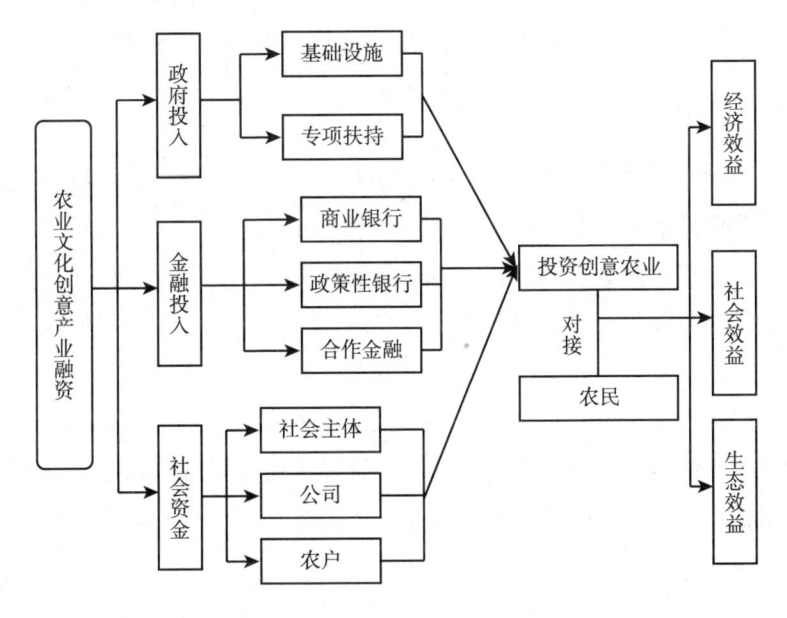

图4-3 农业文化创意产业融资机制

1. 政府投资

农业文化创意产业项目在建设初期,需要政府在创意园区的基础设施、知识产权保护和研发上给予一定的扶持。因此,北京市(区、县)政府可以通过设立农业文化创意产业发展专项资金,采取贷款贴息、项目补贴、政府重点采购和后期奖励等方式,对符合政府重点支持方向的产品、服务和项目予以扶持。按照突出重点、形成亮点、兼顾一般、推动全局的原则,用足用好专项资金,培育一批产业关联度大,带动能力强,与农民联系紧密,有较强市场竞争力的农业文化创意产业项目,确保做大规模,做出效益。同时探索建立以财政投入为导向,社会投入为主体,金融资本为依托的多元化农业文化创意产业投入机制,形成多种经济成分共同发展的农业文化创意产业格局。通过政府引导、政策支持、市场激励的方式,加快农业文化创意产业发展的资本市场建设。这种集资机制的核心是政府投资作引子、引导带动国内外的企业与个人进行多渠道集资。集资可以采取多种灵活的方式，例如通过承包、租赁、拍卖、股份合作等形式吸引农民和个人投资，或者允许农民或其他单位与个人以土地、技术、管理入股来扩大投资范围。

2. 金融投入

要充分发挥北京的金融中心和经济中心的优势，进一步拓宽投融资渠道，降低市场准入门槛，积极鼓励商业银行、政策性银行、农村信用社、小额农业贷款机构、农业合作银行等金融机构业务下沉，真正从投融资体系上支持农业文化创意产业的发展。在证券、债券、风险投资领域，为农业文化创意产业的企业给以更多的政策性支持。加大金融对农业文化创意产业的支持力度，是农业文化创意产业发展不可缺少的重要条件，也是促使弱质农业从落后走向发达，并最终实现现代化的客观要求。全面激活农业文化创意产业开发的投融资体系，才是真正激发农业生产"创意"革命的基础条件。

3. 社会资本投入

在以政府投资为主导，金融资本为依托的基础上，鼓励社会资本对文化创意产业进行投资经营，对国有资本和民营资本一视同仁，实现投资主体的多元化、社会化，并建立各种科技研发基金、文化创新基金、创业投资基金等，营造一个成本最低、信息最灵、效率最高的融资环境，以及宣传北京的人才、技术及市场等优势，吸引国内外更多的创意人才和机构来北京投融资。此外，还支持农业文化创意产业园区参加会展，举办会展。对农业文化创意产业链中非农环节的生产性收入和经营性收入，可在一定时期内享受农业环节的税费减免优惠政策。对农业文化创意产业领域有关人员知识产权的转让收入，视同于农业技术转让予以税费优惠。

例如，小汤山现代农业科技示范园针对资金投入不足问题，尽快探索农业发展银行设立都市型现代农业建设贷款专项，面向园区农业企业、专业合作社和种粮大户等建设主体，对资金需求规模大的农业项目特别是农业基础设施建设提供融资服务。形成政府项目为主导、政策性金融为基础、商业银行贷款为补充、广泛吸收工商资本和农民自筹的多层次多渠道的投融资模式，拓展资金来源，缓解资金压力。房山区积极筹措资金，支持创意农业发展。政府筹措资金，专项用于对景观农业项目的扶持和工作的考核奖励。2012年，全区景观农业总投资5000万元，其中，市区财政扶持资金1509万元、社会融资3491万元，共发放种子2.6万斤、育苗83.5万株，涉及向日葵、油菜、石竹等具有景观效果的经济作物10多种，种植面积近2万亩。①

4.3.3 建设内容

1. 明晰产权主体，合理界定由财政资金投入所形成资本的产权

将农业文化创意产业园由财政资金投入所形成资本界定为私有产权必须坚持兼顾公平和效率的原则。依据公平原则，可以考虑通过资产评估核定这些资产并纳入农业文化创意产业园的总股本，把其中大部分股份以赠予的方式转给类似"农民农业文化创意产业园持股会"等受益地农民组织成立的新型农村经济组织，让农民直接受益。这种做法，一方面可以吸引农民积极参与农业文化创意产业园的建设，增强农业文化创意产业园的活力；另一方面也符合政府财政资金转移支付的性质，达到公平分配的效果。农业文化创意产业园的产权真正得到解决，既能体现公平性，不损害农民利益，又能避免农民的小农意识阻碍农业文化创意产业园的发展。

由北京市（区、县）政府成立一个特殊法人，对政府辖区内的所有农业文化创意产业项目财政投入形成的资产行使管理权。所谓特殊法人是举办公共事业或公益事业时，依据特殊法律而设置的法人，直接对立法机关负责。这就避免了政府对经营直接的行政干预，部分消除了寻租产生的条件或增加了寻租的成本。同时鉴于特殊法人自身的激励成本和监督成本过高的缺点，可以采取长期合约（如20年的使用合同）的形式委托给企业

---

① 北京市农委提供资料。

经营，实际上把这部分经济资源的剩余索取权部分让渡给了经营者。一方面可以避免经营决策权利剩余索取权不一致造成的资产过度使用等外部性问题；另一方面又降低了激励和监督成本，减少了"所有者缺位"造成的效率损失。

2. 建立和培育农业文化创意产业投资主体机构

通过成立农业文化创意产业投资机构，发挥不同投资主体的作用，扩大农业文化创意产业发展基金的资金来源。一些有实力的农业高科技企业运用自有资金进行农业文化创意产业投资，市（区、县）政府制定政策，在税收和银行配套贷款等方面给予支持。积极扶持机构创业资本，尤其是吸引保险公司参与投资，同时吸引国外创业投资资本进入农业文化创意产业。对实力雄厚的金融机构，包括投资公司、退休基金、保险公司等基金适当放宽资金使用的限制，允许以一定比例直接投向创业基金。在条件适当时，证券公司、信托投资公司和商业银行等机构投资者，允许以一定比例的资金参股创业投资。鼓励高等院校、科研院所和普通企业用自有资金投资农业文化创意产业。富有居民投资也可以成为农业文化创意产业发展基金的重要组成部分。

3. 创新和建立多元化的投融资机制

拓宽投融资渠道，是加快农业文化创意产业发展的有效保障条件。一旦决定启动农业文化创意产业园项目，资金就成为其能否得以顺利建设的关键。由于农业文化创意产业园的建设周期相对较长，所需资金一般都较多，只有切实解决好资金筹集问题，广开融资渠道，才能保证农业文化创意产业园建设的顺利进行。农业文化创意产业园的兴建不仅靠政府投资，同时还必须形成并完善灵活的投资机制，这是保证农业文化创意产业园持续发展的前提和基础。在农业文化创意产业园的初建时期，政府投资是必要的，但政府投资只能作引子、作启动，这不仅是因为政府拿不出更多的钱用于此项投资，更因为实践证明，灵活的投资机制是农业文化创意产业不断发展的保证。必须形成"政府搭台、企业唱戏、多种所有制共同参与投资"的投融资机制。在发达市场经济国家，科技园投资主体尤其是科技投资主体是企业和社会，政府投资一般不占绝大部分，它保证了科技园和企业的竞争活力与市场化程度，因此，在农业文化创意产业园未来发展中，投资主体必须由政府转向企业和社会，形成合理的多元化投资主体结构，走企业社会化、资本大众化道路。

4.4 促进北京农业文化创意产业发展的经营机制

北京市农业文化创意产业刚刚起步，各类农业文化创意产业基地和聚集区建设初具规模，特色还不明显。未来北京农业文化创意产业发展需要加强对特色文化创意产业集群的培育，建设一批特色鲜明、优势突出的文化创意产业基地和园区，打造较为完整的文化创意产业链条，实现文化创意产业集群发展和产业规模效应的充分释放，使之成为文化创意产业的孵化器。培育特色产业链条，释放文化创意资源的整体经济效应，围绕"创意"这一核心环节，结合农业生产特点，延长农业文化创意产业链条，成为区域提升文化创意产业竞争力的重要措施之一。

4.4.1 内涵

农业文化创意产业在经营上，依据经营主体类型的不同使用不同的经营模式，例如以家庭为经营单位的实行家庭经营制，以合作社为经营单位的实行农户合作经营制，以龙头企业为经营单位的实行股份合作经营制，并且经营对象和经营范围不同，经营主体也不一样。例如，小规模的观光采摘、农家乐、餐饮住宿一般由家庭经营，而对于整村开发特色资源、文化和形象设计、旅游服务一体化、品牌的塑造则交由合作组织甚至创意龙头企业来经营，实施产业化运作，创造更大的效益。随着农业文化创意产业的不断发展，生产经营主体也应该从以家庭经营为主逐渐过渡到以合作社或创意龙头企业经营为主。目前，农业文化创意产业采用灵活多变的模式进行经营管理（见图4-4）。

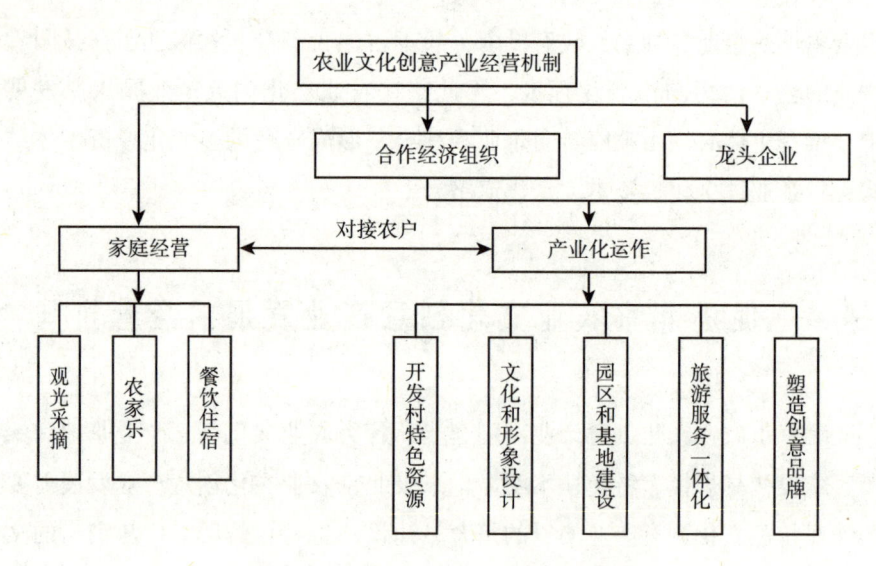

图4-4 农业文化创意产业发展经营机制

4.4.2 运行机制

一是农业文化创意产业家庭经营制。家庭经营是农业文化创意产业的最初经营模式,其在农村是最基本的经济制度。但为了适应市场经济发展和农业文化创意产业自身发展需要,必须对其进行制度创新和改革。基本取向是,在稳定农业文化创意产业项目(观光采摘、"农家乐"、餐饮住宿)家庭经营的基础上,为了深入挖掘各地的农业资源,提升农业文化创意产业的发展水平,逐渐组建合作组织和引进创意农业龙头企业等新的经营主体推动其产业化发展。因此,需要建立稳定的土地使用权流转、出让机制,加强农业文化创意产业用地性质的认定,确保农用地与设施用地达到有效配置。

二是农业文化创意产业农户合作制。在农业经营管理中,农村合作经济组织是我国农村先进生产关系的一种新的实现形式。同时它也是世界范围内比较成熟的一种农业经营制度。农业文化创意产业作为农业发展的一个新的方向,需要这种先进的生产关系与之配套。农村合作经济组织的组建有利于推动农民的集体行动,整合农村有限的资源,创造休闲、生态、美感体验的环境和生产出高经济价值的农作物,增加农民收入,推动农村新的生产力的形成。

三是农业文化创意产业企业经营制。支持农业文化创意产业产业化,帮助创意龙头企业建立健全现代企业制度,搞活经营机制,推广"龙头企业+个体农户"等新型组织模式,着力提高农业文化创意产业组织化程度。要着力发展龙头企业集群,在大龙头企业的带动下,使具有发展潜力、创新意识强的农户或者项目得到发展,逐步形成大、中、小型北京农业文化创意产业龙头企业共同发展的格局。另外,在从事农业文化创意产业经营的龙头企业和农户之间,要靠契约的形式来取代外部市场上的不稳定交易,以此来实现外部市场内部化。这样一来,既能保证大型龙头企业的利益,又可以使北京农业文化创意产业发展中的相对弱势群体得到扶持。

4.4.3 建设内容

第一,充分利用农产品,延长产业链条。开发引进精深加工技术,备置仓储运输设备,为农产品深加工提供技术和设施保证。发掘各种农业产品的功能,发展深加工、精加工产业。研发多种形式、多种功能的加工农产品,提高产品附加值。第二,发挥加工产业集群效应,提高经济效益。农业文化创意产业较强的产业融合性决定了其发展过程中需要整合各种资源,集群化发展是农业文化创意产业发展的必然趋势。各区发展农业文化创意产业,要发挥产业的关联效应,积极拓展产业链条,加强景观农业展示、创意产品研发、加工链条延伸及与周边服务商之间的紧密联系,形成核心层、外围层、相关层环环相扣,创意、耕作、开发衍生产品以及产品销售一条龙的循环系统,充分发挥产业集群所带来的集聚效应,带动地区经济发展,提高农民收入水平。第三,大力推广"龙头企业+个体农户"等新型组织模式,着力提高农业文化创意产业组织化程度。发展龙头企业集群,壮大龙头企业的带动力,使具有发展潜力、创新意识强的农户或者项目得到发展,逐步形成大、中、小型农业文化创意产业龙头企业共同发展的格局。另外,对于那些依靠政府创意进而投资拉动的项目,本身并不具备很强的市场竞争优势，若要其充分发挥示范效应，也必须依靠政府相关部门的作用，通过农业文化创意产业企业孵化器建设，提供一系列科技创业发展所需的代理支撑和创新资源，加速农业文化创意产业科技和创意成果商业化，帮助和促进有潜力的农业文化创意产业企业快速成长和发展，使北京农业文化创意产业得到整体发展。第四，农业园区是农业文化创意产业的核心圈层。首都发展农业文化创意产业，要鼓励各类农业园区在农业文化创意产业领域率先实践，摸索经验。政府对农业文化创意产业的投入可用来引导农业园区参与会展，并在农业文化创意产业技术创新上担任重要角色。通过农业园区与文化产业的对接，依托产业带发展布局及圈层资源，将现有的农业园区打造成富于创造性的农业文化创意产业园区，并将其与农产品优势产区、农产品加工物流区联合，积极开展农业文化创意产业试点。园区内加强对农业文化创意产业基地的培育，主要体现在民间工艺产业基地、研究教育培训产业基地以及原创性农业动漫产业基地，建成汇集农产品展示、交流、交易集散、人才集聚为一体的高科技农业文化创意产业示范园区产业聚集带。

　　农业文化创意产业是第一、第二、第三产业融合产业，只有突破工农业和服务业的界限，才能充分发挥农业的多种功能，转变农村经济的发展方式。通州区金福艺农园区在产业融合发展上做出了有益的探索。一方面，在园区内引入会所休闲馆，提高服务业占园区总产业的比重，实现了第一产业和第三产业的有机结合，提高了园区效益；另一方面，园区筹划建设一个直升机博物馆，并经营直升机特色餐厅，以园区良好的农业生态环境和产出的初级农产品为服务背景和来源，实现第一、第二、第三产业的有机融合，促进全产业链的互动发展。平谷区发展农业文化创意产业，注重创新经营体制，改变阻碍生产效益提高的原有经营体制，走出了一条以大桃为主导的生态果品富民之路。第一，实行集约化经营。峪口镇西营村采取"党支部＋专业合作社＋果农"的"三位一体"经营机制和统一实行技术培训、生产资料供应、植保防治措施、增甜集成技术、基地认证和品牌打造、订单收购销售的产前、产中、产后"六统一"管理模式，提高农户专业化生产水平。加强产品质量监管力度，推进有机种植、富硒种植，实行一家一户生产产品质量追溯模式。在保持果树承包性质不变的前提下，通过成立土地合作社、土地银行等形式，加快果树流转，实现一家一户小生产向集约化经营的大生产转变。第二，开展对接工程，实现定向销售。2011年，平谷以鲜桃采摘季为契机，开展"三百对接"城乡交流合作活动，将百家企业对接百个大桃专业村、百家超市对接百个合作社、百位名人对接百个科技示范户，借助企业、商超、名人的资本优势、信息优势、科技优势、人才优势，充分发挥农村的资源优势、产业优势、生态优势，实施城乡联手，拓展发展空间，实现互利双赢，加快推进城乡一体化。通过"三百对接"工程，带动30多家商超在平谷建立大桃直采基地，实现农超无缝对接，保证农民销路顺畅。

4.5 促进北京农业文化创意产业发展的人才开发机制

随着农业文化创意产业的发展以及人们对于创意创新概念的理解逐步深入，农业文化创意产业势必要向着智力密集型发展，最终形成智力密集型产业，仅仅凭借农民的创意资源是远远不够的，还要充分发挥社会资源，培养北京农业文化创意产业的开发团队，从项目策划、价值分析、市场定位、设计建造以及招商运营等诸多方面，多维度为北京农业文化创意产业的可持续发展提供智力支撑。人才是创意产业发展的核心资源，一大批具有国内外知名度的高层次、高素质人才的聚集不仅是北京创意产业发展的客观要求，更是其繁荣的标志之一，但与发展文化创意产业较先进的城市相比，目前北京在这方面仍有较大差距。因此大力引进和培养创意产业人才就显得非常重要。

4.5.1 内涵

舒尔茨的改造传统农业理论表明，突破传统农业封闭、自循环模式的关键是向农民提供包括新技术、新知识、实用技能、金融资本等在内的使农业获得新的收入流的生产要素。在农业经济学经典理论基础上，结合北京实际，将农业文化创意产业发展的人才开发机制的内涵定义为：立足于培养农业文化产业创意人才的目标,以创意人才引进和创意人才培养政策为基础,以建立有效的人才引进激励机制和利益分配机制为核心,以农业文化创意产业龙头企业、科研院所、农民合作组织及其他相关市场主体为平台,加大投入优化环境,积极引进和培育优秀创意人才和经营管理人才,为北京农业文化创意产业和新农村建设提供可持续发展的动力。

4.5.2 运行机制

发展农业文化创意产业就必须把农业文化创意产业人才队伍建设作为一个重大任务。政府应鼓励属地企业和事业单位,通过多种渠道柔性化地引进高层次的专业人才;另外也可以同一些大专院校、科研单位联合定向地培养农业文化创意产业高层次的人才。

加强北京农业文化创意产业人才培育机制构建,强化发展智力支撑,构建多主体、多渠道、多元化的北京农业文化创意产业人才培育机制(见图4-5)。第一,"多主体"指科研院所、农业文化创意产业龙头企业以及农民合作组织三位一体的供给主体模式。具体而言,科研院所作为整个社会智力培育和人力资本积累的主要供给主体,对于北京农业文化创意产业的智力支撑也必不可少,主要通过课题研究以及对于农业文化创意产业从业人员、农民合作组织的负责人以及少量个体农户的培育,主要包括整体农业文化创意产业发展方向的把握以及相关知识、政策的了解,全方位支持农业文化创意产业发展。另外,农业文化创意产业龙头企业的培育,主要是对与企业形成利益关系的农民合作组织负责人以及个体农民农户的培育,主要包括经营方式、具体技术的应用以及具体经营内容的协调和确定。同时,由于农民合作组织对其成员的信息对称,对经营能力有相对完全的了解,因此农民专业合作社等农民合作组织应针对其自身农业文化创意产业经营特点及内容,对个体农户在农业文化创意产业经营过程中的技术、方式方法等进行有针对性的培育。第二,"多渠道"指政府财政渠道、市场渠道以及其他渠道共同参与的融资新方式,主要包括政府对于北京农业文化创意产业人才培育的财政支付,还应利用市场渠道,由政府、企业以及社会个人等参与主体设立北京农业文化创意产业人才培育专项发展基金，充分发挥政府财政资金的引导作用，以财政资金聚合社会资金投入北京农业文化创意产业人才培育，形成多元化的投入格局。第三，在农业文化创意产业人才队伍建设方面，应当组建和培养农业文化创意产业开发专业团队，加强与大专院校、农业高校、科研院所、创意企业的合作，聘请相关的学者，从项目策划、价值分析、市场定位、设计建造、招商营运等方面，为农业文化创意产业的发展提供智力支撑。通过建立劳动、教育、农业、龙头企业、合作组织等多元培训机制，着力培训创新型人才。此外，还可通过定期举办"农业文化创意产业发展论坛""农业文化创意产业交流会"等，汇集社会各界人才，促进专业化创意人才队伍的建设。园区作为设施农业和休闲农业建设项目，要求生产经营管理者应具备较高的技术管理水平和综合素质能力。由总经理向社会公开招聘各部门负责人，由各部门负责人根据经营需要，实行层层招聘制度，择优竞争上岗，向社会公开招聘技能型农民；围绕设施园艺、水稻种植、休闲观光、科技服务等产业特点，开展农产品生产技能培训、创意技能培训和休闲服务能力培训，为园区发展提供人力支撑。

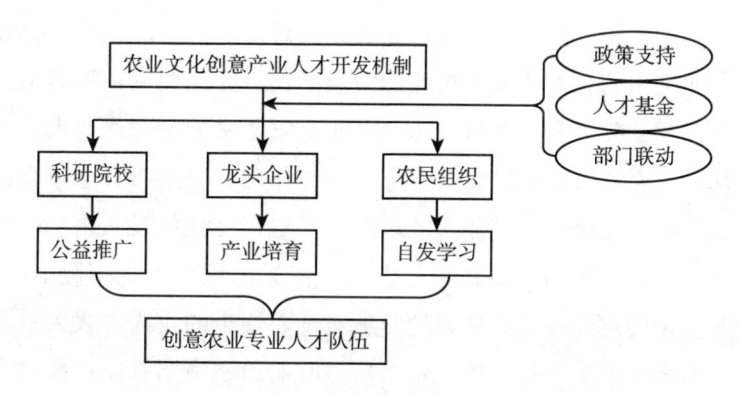

图4-5 北京农业文化创意产业人才开发机制

4.5.3 建设内容

1. 人才开发与培育的政策支持

北京各区县应因地制宜，制定各种有利于农业文化创意产业人才开发的政策，取消各种有形和无形的限制，创造良好的产业环境、技术环境和政策环境条件，提供各种优惠条件吸引有志之士投身于农业文化创意产业发展。一方面，充分发挥科研院所、农业文化创意产业龙头企业、农民专业合作组织等在聚集和吸引人才方面的作用，在注册登记、资金扶持、项目支持、税费收取、土地使用等方面出台优惠政策，推动各个创意农园、农业创意项目聚集人才的步伐。另一方面，从资金倾斜、技术服务等方面帮助、扶持、引领农业合作组织的发展，搭建科研院所专家、农业文化创意产业经营管理人才和合作组织进行沟通的平台及新型信息传播网络，加强对农业文化创意产业在经营管理、市场信息把握方面的教育和培训，推动合作组织走向专业化、企业化、市场化、社会化方向发展，成为各区域农业文化创意产业发展的一支主要力量。

2. 农业文化创意产业人才培育资金的投入

对于农业文化创意产业从业人员、农民合作组织的负责人以及少量个体农户的培育，主要包括整体农业文化创意产业发展方向的把握以及相关知识、政策的了解，全方位支持农业文化创意产业发展。主要包括政府对于北京农业文化创意产业人才培育的财政支付，还应利用市场渠道，由政府、企业以及社会个人等参与主体设立北京农业文化创意产业人才培育专项发展基金，充分发挥政府财政资金的引导作用，以财政资金聚合社会资金投入北京农业文化创意产业人才培育，形成多元化的投入格局。一是农业文化创意产业人才培养要在依托农民"阳光工程"培训资金的基础上，建立农业文化创意产业人才培育的专项资金。资金的投入方式采取以政府为主导，由培训人员自行承担一定费用，政府给予适当补贴；同时鼓励农业文化创意产业龙头企业、农民合作组织、科研院所、协会参与农业文化创意产业教育培训。二是设立农业文化创意产业经营主体发展专项资金，按照突出创意产业重点、推动主体发展的原则，通过政策优惠、贷款贴息、经营补贴和后期奖励等方式，出台相应的认定办法，对符合条件的农业文化创意产业经营者予以专门扶持，培育一大批发展潜力大、经济效益好、与农民联系紧密、带动能力强的农业文化创意产业经营主体，使他们成为农业文化创意产业发展的主力军。

3. 创意人才培育的途径

农业文化创意产业的人才培育必须坚持多元化、多样化和多层次的原则，根据不同的需求，采用不同的方式，提供相应的培训内容。首先，应当组建和培养农业文化创意产业开发专业团队，加强与北京市各大农业高校、大专院校、科研院所、创意企业的合作，在项目合作中相互交流学习农业文化创意产业的经营管理知识。其次，聘请相关的学者和在农业文化创意产业方面有所造诣的成功人士，从项目策划、价值分析、市场定位、设计建造、招商营运等方面，为农业文化创意产业的发展提供智力支撑。另外，也可通过定期举办"农业文化创意产业发展论坛""农业文化创意产业交流会"等，汇集社会各界人才，提供交流平台，促进专业化创意人才队伍的建设。

4. 配套服务体系建设

培育农业文化创意产业的经营主体，既要着眼于当前，又要立足于长远，注重后备人才资源积累，同步推进农村基础教育和农村劳动力培训。坚持"多予、少取、放活"的政策，深化体制改革，进一步调整国民收入分配和财政支出结构，加快公共财政覆盖农村农业的步伐。转变政府机构和有关事业单位职能，构建完善的公共服务体系，继续加大对农村教育、农村卫生、农村文化等事业经费和固定资产的投资，着力解决农民最急需解决的问题。

北京市应充分利用科技和教育优势，在有条件的高校设立专门的创意产业学院，以培养创意产业人才为核心内容，教学与科研相结合，以文化、工程、营销等复合知识传授为教学模式，并加强与海外一些相关的高校和研究机构的交流与合作，培养出既立足本土同时又有国际视野的创意产业人才。积极举办各种大型创意设计展览，打造设计师们互相交流、碰撞的平台，激发创意人才创造原创文化产品的激情和动力。例如，北京市通州区金福艺农园区在人才的引进上，强调专业技术人才和"农把式"的有机结合，在农业生产中注意开发人才的创意，形成从技术人员到销售部门的创意联合。另外，借助外界，与国内外有关农业科技、文化创意的企业和研究机构合作，并在合作中学习和培养出一批骨干，通过项目的辐射带动效应，提高了周边农民的整体素质。从创意的引导到创意的经营，实现建设的有条不紊，推动了农业文化创意产业的持续发展。总之，创意产业是知识经济的一个重要的组成部分。人的智慧创意是创意产业的主要资源，培养拥有创造性的人才，已经成为发展创意产业非常重要的一个关键。

第5章

北京农业文化创意产业发展的类型、途径与模式研究

随着以观光休闲农业为主要形式的都市型现代农业的深入发展，农业文化创意产业逐渐形成并成为北京都市型现代农业的重要途径之一。现代化、都市化、创意化的北京现代农业与北京深厚的农业文化底蕴相结合，形成了独具特色、具有典型代表性的北京市农业文化创意产业。本章在充分调研并参考现有研究成果的基础上，对北京市农业文化创意产业发展的类型、途径和典型模式进行分析，对北京市农业文化创意产业发展的做法、经验进行总结。

5.1 北京农业文化创意产业发展的类型

农业文化创意产业是技术、经济和文化相互融合，以发展现代农业、创新农业发展方式、丰富农业文化内涵为目标的新型产业，是多知识、多学科、多文化和多种技术的交叉、渗透、辐射和融合。北京市发展农业文化创意产业以来，通过整合农村各类社会文化资源，开发了多种形式的农业文化创意产业产品，总结起来有 4 种主要类型，即农业文化创意产业之主题公园、农业文化创意产业之节庆活动、农业文化创意产业之农食文化、农业文化创意产业融合产业。这 4 种类型的农业文化创意产业形式有效整合了北京农村资源，都是在实践中探索出来、符合北京都市型现代农业发展方向的有效方式。

5.1.1 农业文化创意产业主题公园

农业文化创意产业以想象力为源头、以创新力为引擎、以创造力为核心，要突出创意，首先是发展形式的创新。北京市借鉴主题公园的设计理念，将农业发展规律、农业发展特点作为理论指导，以此发展并形成了具有休闲功能、娱乐功能及教育功能的农业文化主题公园，成为北京市探索农业文化创意产业的主要发展类型之一。

1. 农业文化创意产业主题公园的内涵

农业文化创意产业主题公园是以农业为主题的公园式设计，其创造理念的源头是主题公园。主题公园是以满足消费者多样化的旅游需求为目的建造的一种具有创意性活动方式的现代旅游场所。它以特定的创意主题为主线，主要以文化复制、文化移植、文化陈列以及高新技术等为手段、以塑造园林环境为载体，以主题情节贯穿整个游乐项目，以满足消费者的好奇心，通过塑造虚拟环境而设计的休闲娱乐活动空间。

借鉴主题公园的设计理念，并结合北京市农业发展的特点和实际情况，北京市探索出符合都市型现代农业发展的农业文化主题公园发展类型。通过对特定主题的整体设计，按照公园的经营思路，把农业生产场所、农产品消费场所和休闲旅游场所结合为一体，将具有相似功能的农作物、动物和农事活动进行集中展现，创造出特色鲜明的体验空间，为游客提供休闲娱乐的场所，即农业文化创意产业主题公园。

2. 农业文化创意产业主题公园的特点

农业文化创意产业主题公园兼有休闲娱乐和教育普及的双重功能，是适应现代化都市生活的农业文化创意产业形式，通过构筑乡村与城市一体化桥梁，体现农业主题公园的生态价值、教育价值、旅游价值、文化价值、科技价值等。农业主题公园最主要的特点就是利用农作物丰富多彩的自然形态和文化形象，对其进行多层次、全方位的设计和文化开发，充分体现特定的农业文化主题。农业主题公园以基础设施和植物配置为基础，以挖掘、深化农业文化专题为核心，以满足消费者旅游需求、吸引消费群体为最终形式。

3. 农业文化创意产业主题公园的发展

主题公园类型的农业文化创意产业，首先要确立一个定位准确的农业文化主题，这是一个主题公园能否生存、能否成功的先决条件，主题的确定要深入挖掘农作物的生态特点、自然规律和技术手段，要充分利用农作物的遗传多样性、形态多样性、色泽多样性、生物学特征、植物学特性等。一般主题公园要设置若干主题区，设计出具有观赏性、科普性、艺术性、时尚性的小品或建筑，配以参与性强的活动内容，以充分体现主题的文化内涵。

在京郊，以某一种农作物为文化开发主题，建立专题公园，已有成功的案例，如丰台的花卉大观园，通州的南瓜公园，昌平的苹果主题公园、天翼草莓园，房山的磨盘柿主题公园、琉璃河秋子梨大家族主题公园，门头沟妙峰山玫瑰园、樱桃园，大兴庞各庄的御瓜园、安定古桑园、采育的葡萄园，怀柔的凤山百果园，密云的红香酥梨庄园，延庆里炮红苹果度假村等。

5.1.2 农业文化创意产业节庆活动

节庆活动在我国有悠久的历史，形成的文化沉淀成为我国的特色和财富。城市节庆活动是现代化城市发展中的产物，是一种特殊的旅游产品，是一种有主题的公众庆典，是兼有经济效益和社会效益的产业新形态。农业文化创意产业节庆活动就是城市节庆活动的一种，是北京市探索农业文化创意产业发展过程中形成的基本类型，是一种农业文化与节庆文化结合，具有旅游价值、文化价值的农业文化创意产业形式，对于感知区域历史、区域文化，带动区域经济发展与文化开发具有积极作用。

1. 农业文化创意产业节庆活动的内涵

农业文化创意产业节庆活动是将传统的农业文化与现代科技、创意文化相结合，依据区域农业发展特点、周期规律，在现有农业文化的基础上，进行包装、设计，以节庆、庆典的方式在特色农产品产地举办的活动。在节庆期间同时进行文化宣传、娱乐活动、农产品展卖、乡村旅游等，发挥提升区域农业文化内涵、新农村建设、区域经济发展的作用。

2. 农业文化创意产业节庆活动的特点

这种类型的农业文化创意产业是在农业生产活动中形成的节庆活动，是一种"农业搭台、文化表演、经济唱戏"的经济发展方式，属于体验式和消费式结合的农业创意文化产品，常常兼具吃、玩、赏、教等多项功能。与都市工艺展活动相比，农业节庆活动的吃、玩休闲娱乐功能更为突出。北京市农业节庆活动具有以下几个特点：一是大致从旅游类、文化类、民俗类三个角度出发进行设计，其中旅游类节庆活动居多；二是活动内容丰富，文化底蕴较深，注重活动前后的宣传工作；三是举办时期较短，并且在春季和金秋期间容易形成高峰期；四是区县级的节庆活动较多；五是农业节庆活动数量呈增多趋势，范围也逐渐在京郊区县覆盖。

3. 农业文化创意产业节庆活动的发展

京郊经过几年的探索，农业节庆活动数量逐渐增多，以各类农业文化为主题的农业节庆活动不断增多，为市民带来新的旅游与文化体验的机会，形成了文化内涵丰富、带动能力强的农业文化创意产业发展类型。目前，京郊的农业节庆活动主要有4种，包括农作物类节庆、动物类节庆、民俗文化类节庆和综合活动开发类节庆。

农作物类节庆活动一般在某种农作物的花期或收获期举行，是根据农作物的自然特性所设计的农业节庆活动。表现为各类花卉节庆、水果节庆、蔬菜节庆、谷物节庆等，典型案例如海淀公园的京西稻收割节、昌平的苹果节、草莓节，平谷的桃花节、红杏节，大兴的西瓜节、梨花节，顺义的西甜瓜节，怀柔的栗花节，海淀的樱桃节等。

动物类节庆活动是以某种动物为主题开展农业节庆活动，目前较多的是以动物的食用价值为主题而开展的活动，如朝阳和通州的螃蟹节，密云的鱼王美食节，怀柔的虹鳟鱼美食节等。

民俗文化类节庆活动是根据少数民族和汉族的一些特色节日而开展的

农业节庆活动，包括传统的二十四节气演变的农业节庆和部分传统民俗节庆。如怀柔区长哨营满族乡举办的满族文化节，将特色山货、满族传统实物、民间剪纸、手工编织等农业文化产品进行展览，还进行彩带秧歌、双扇舞、舞龙、花会、服装展示等满族传统节目展演，此外还有传统美食展示以及提供民宿服务。

综合活动开发类节庆活动是将农业与其他产业进行联合开发，以提升农业附加值、丰富农业功能为主要目的的活动。如房山、密云、朝阳的农耕文化节，大兴区的农民艺术节，丰台的种子交易会，顺义的农博会等。

5.1.3 农业文化创意产业农食文化

农业一直以来就是一个与饮食密切相关的产业，农业文化的初始形态就是为人类提供食物的饮食文化。农食文化作为农业文化的基础和重要组成部分，为现代农业和农业文化创意产业的发展提供了文化平台，以此为出发点，形成了具有新时代的新理念、新阶段的新形式的农业文化创意产业农食文化。

1. 农业文化创意产业农食文化的内涵

农食文化体现的是农业的基本功能，是农业文化的基础。农食文化是以农业的食用价值、食用方式、营养价值、营养搭配等为依据，并突出农食文化的地域特性，以创意的理念、创意的方式和新型的服务方式形成具有经济效益和文化价值的农业文化创意产业形态。农食文化与餐饮业、服务业结合，极具地域文化特色。

2. 农业文化创意产业农食文化的特点

中国的饮食文化内容十分丰富，悠久的历史为农食文化带来深厚的文化积淀。随着城市居民经济水平的提高以及生活、工作压力较大，健康养生、康体保健成为人们的生活目标，饮食越来越倾向于健康饮食。因此，目前具有创意形式和文化特点的农食文化，不仅倾向于色味俱佳，更加注重食物的合理搭配、营养健康，具有保健养生作用的食物附加值逐渐提升。都市型现代农业发展方向下的创意农食文化,具有新的特点:精深加工食品不再成为主流,而原生态的五谷杂粮、野草野菜成为餐饮的最佳原料,未受污染的原料、清净的环境、热情的服务、浓郁的文化背景为食品食物带来更高的附加值,成为农食文化的重要趋势。

3. 农业文化创意产业农食文化的发展

在北京郊区,富有创意的饮食文化得到逐步开发和欢迎,目前典型的农食文化有延庆柳沟村的"火盆锅豆腐宴",怀柔的虹鳟鱼宴、南瓜宴,大兴的西瓜宴、平谷的桃花宴,通州的田桑宴,以及房山以野猪为主的药膳和怀柔的板栗宴、以鹿为主的药膳等,都极具地域文化特色,在为市民提供丰富多样、营养健康的饮食的同时,大大提高了区县、乡镇的知名度,为区域发展带来较好的经济效益,为农民带来新的增收致富的途径。

5.1.4 农业文化创意产业融合产业

农业文化创意产业融合产业是产业化程度高、农业农村资源整合度高、经济效益好、可持续性好的农业文化创意产业发展类型之一。北京市发展农业文化创意产业,绝非仅仅局限于农业这一单一产业层面上,融合产业的发展形式注重对全产业链的整合。相关的第一、第二、第三产业要互融互动,传统产业和现代产业要有效嫁接,并发挥农业龙头企业的带动作用,发挥引领新型消费潮流的多功能。融合产业的农业文化创意产业类型,是北京市未来发展的主要探索方向。

1. 农业文化创意产业融合产业的内涵

融合产业是指以农业为基础产业,向第二产业或第三产业延伸,形成第一、第二、第三产业共同发展的格局,使其具有多个产业的特征,发挥多个产业的优势形成联合优势,从而提高农业的加工附加值、服务附加值、文化附加值和科技附加值的农业文化创意产业发展类型。随着北京市观光农业、民俗旅游业的发展,农业文化创意产业作为都市型现代农业的最新形式,逐渐向融合度高、资源聚集性强、综合效益明显的融合产业形式发展。

2. 农业文化创意产业融合产业的特点

农业文化创意产业融合产业表现出产业之间高度的融合性，农业与第二、第三产业的渗透性加强，三次产业之间界限越来越模糊。农业与其他产业的融合发展，能够创造满足个性化需求的唯一性产品，能够通过科学技术的手段，并与现代化的服务业相配套，从而达到文化和经济的交融。农业文化创意产业融合产业的产品并非单属某一种产业，而是多学科、多知识、多技术交叉、渗透、辐射的物化形式，具有强烈的融合性，呈现出个性化、特色化、艺术化、智能化的特点。

3. 农业文化创意产业融合产业的发展

农业与其他产业的融合发展，一般有旅游农业、加工农业、农产品物流配送业、农业动漫、农业赛事等形式。旅游农业是农业与旅游业的融合，加工农业是农业与加工业的融合，农产品物流配送业是农业与物流业的融合，农业动漫是农业与动漫业的融合，农业赛事是农业与体育产业的融合。北京市发展农业文化创意产业过程中，通过区域化、规模化、品牌化、文化化的发展战略，逐步探索融合产业发展方式。较成功的有通州的宠物犬比赛，带动了宠物犬养殖业的发展；长沟的花田长跑节带动了当地的民俗旅游业发展；一些动漫公司通过对农业形象文化的开发，成功制作了国产动画片等。

5.2 北京农业文化创意产业发展的途径

农业文化创意产业是充分利用农村的生产、生活、生态资源，发挥创意、创新构思，研发设计出具有独特性的创意农产品或活动。发展农业文化创意产业，要探索出适合区域农业经济发展的有效途径，通过创意途径，达到提高现代农业产值和价值的创意农产品。原北京市委常委牛有成同志在《北京都市型现代农业发展的思路、内涵与途径》中明确指出，要大力发展创意型农业，要搞好农产品的文化注入，面对高端消费群，完成农产品的工艺化过程，提高农产品的观赏性和附加值。提高农业文化创意产业附加值、提升农业文化创意产业文化价值的方式或手段，也即发展农业文化创意产业的途径，就是要充分利用现代农业生产要素和农村资源，注重科技、文化、服务产业与农业的有效融合，探索适合北京农业实际情况的农业文化创意产业发展途径。目前，发展农业文化创意产业的途径主要有农业耕作文化创新的创意产业、农业科技文化创新的创意产业、农业品牌文化创新的创意产业、农业物流文化创新的创意产业、农业会展文化创新的创意产业。

5.2.1 农业耕作文化创新的创意产业

1. 农耕文化

我国是农业大国，农耕文化是中国文化的重要组成部分，底蕴醇厚，具有发展农业文化创意产业的显著优势。农耕文化是指由农民在长期农业生产中形成的一种风俗文化，以为农业服务和农民自身娱乐为中心，是中国存在最为广泛的文化类型。中原农耕文化，是中国农耕文化的一个重要发源地，是中国农业文化的基础。农耕文化融合儒家文化、宗教文化，形成了自己独特的文化内容和特征，是劳动人民几千年生产生活智慧的结晶，主体包括语言、戏剧、民歌、风俗及各类祭祀活动等。农耕文化包含了众多特色耕作技术、科学发明、耕作经验，主要形式有有形农耕文化与无形农耕文化，它体现和反映了传统农业的思想理念、生产技术、耕作制度以及中华文明的内涵，是发展现代农业及农业文化创意产业的文化基础和创意源泉。北京市拥有八百多年的悠久历史，农耕文化底蕴深厚，发展文化创意产业的优势尤为突出。农耕文化的发展是以逐步满足和增加人民基本的生活需要为目的的，是民族发展的基础，也决定着民族的生存方式。

2. 农业文化创意产业中的农耕文化因素

农耕文化丰富的内容为现代农业发展提供了广阔的空间，是农业创意产业发展的文化基础。北京市发展农业文化创意产业，要充分利用农耕文化资源，挖掘农耕文化发挥创意的方式与途径，探索如何将农耕文化转化为农业文化创意产业的现实生产力。

（1）乡土文化活动。

传承上千年的乡土文化活动，蕴含着人类发展和社会进步过程中的重要元素，如民间的秧歌会、民歌会、民俗节庆，为发展农业文化创意产业提供了广阔的创意空间。通过对这些文化因素的挖掘，可以有效丰富农业文化创意产业的新理念，乡土文化活动与创意理念相结合，成为农业文化创意产业发展的路径之一。

（2）农耕文化遗存。

从新石器时代的农业活动到现在，留下了丰富的农耕遗存，包括物质文化和精神文化方面，对这些遗存的挖掘和利用也是发展农业文化创意产业的一种路径。比如，农耕方式本身就是一种文化展示方式，通过对农耕器具和农耕活动的重新展示，并辅以现代化的文化解读，成为农耕创意园的基本方式。

（3）传统的庭院文化。

北京的庭院文化展示出独有的特性，以四合院为代表的北京庭院文化已经成为一笔宝贵的文化财富，是进行农业文化创意开发的重要因素。安定、宁静、和睦、整齐、舒展的生活环境和文化历史气息成为许多游客的向往与追求，通过挖掘其深远的文化内涵，并与现代的创意理念相结合，对于发挥农业的旅游价值和文化价值是一种很好的路径。

（4）朴实、勤劳的乡土精神。

在现代化的生活环境和工作压力下，人们对勤劳、朴实、憨厚的乡土精神更加推崇。安静、悠闲、和睦的农村生活加上朴实、勤劳的农民所构成的乡土精神，为农业文化创意产业发展提供了创意素材，是挖掘农业深厚文化和精神理念、实现农业文化价值和科普价值的新思路。

5.2.2 农业科技文化创新的创意产业

1. 农业科技

科技要素是现代农业的重要标志，在改变传统农业生产方式、提高农业生产效率上具有重要作用。发展农业文化创意产业离不开现代科技的运用，只有通过科技手段才能开发出具有创意的农业发展新方式。农业科技主要就是用于农业生产方面的科学技术以及专门针对农村生活方面的一些简单的农产品加工技术，包括种植、养殖、化肥农药的用法，各种生产资料的鉴别，高效农业生产模式等。现代科技改变了支持农业发展的方式和途径，提高了农业发展综合效益，为农业文化创意产业提供了有效的发展途径。农业科技为农业、农村、农民服务，为农产品增产提供可靠的技术保障，为调整农业和农村经济结构、提高农业整体效益、增加农民收入提供强有力的技术支撑，为生态环境建设提供全面的技术服务，为提高我国农业国际竞争力提供坚实的技术基础。

2. 农业科技在农业文化创意产业中的作用

农业科技创意既包括有形的科技创意，也包括无形的科技创意。中国传统农业的精耕细作就是农业科技创意的精华，现代农业的科技创意更加丰富。科技作为催动农业的利器，为现代农业创意提供了平台，发展农业文化创意产业，要立足于最新科学技术的应用，创造高品质农业，包括品种与数量、基础设施与生产环境、生产过程与营销方式等。农业科技在为农业文化创意产业提供新的发展途径方面发挥的作用主要表现为：一是使农业产品多样化、生态化、抗灾化、丰产化，从提供优质多样产品的角度有所突破创新；二是使农业文化与无形的知识财富可以有效转化成形象的物质产品，达到文化传承与科普教育的目的，如农业小品等；三是通过技术手段形成农业创意新产品，如大兴的玻璃西瓜。

3. 农业科技在农业文化创意产业中的实践

农业科技创意古代就有雏形，一物多用的农具就是农业科技的物化创意。现代农业的科技创意更加丰富，如精准农业、智能温室等。北京市农业科技优势明显，在农业科技创新方面走在全国前列。北京特菜大观园、丰台南宫温室公园的南果北种、怀柔中天潮海的茶园，创新了树式栽培、空中白薯的农业生产方式。运用科技手段创造人工小环境，配以农业文化宣传，农业科技文化创意在北京得到较好的实践。

5.2.3 农业品牌文化创新的创意产业

品牌价值和品牌效应是农业文化创意产业的特征之一,农业文化创意产业需要品牌力量的推动,才能发挥农业的综合价值,通过提高农业附加值展现农业文化创意产业的活力。

1. 农业品牌文化

品牌文化是指通过赋予品牌深刻而丰富的文化内涵,建立鲜明的品牌定位,并充分利用各种强有效的内外部传播途径形成消费者对品牌在精神上的高度认同,从而创造品牌信仰,最终形成强烈的品牌忠诚。品牌文化是一种提高竞争力、实现产品价值的重要途径。同样,现代农业尤其是农业文化创意产业更加需要品牌的力量,只有走品牌化的道路,打造内涵深刻、文化积极的农业文化创意产业品牌,才能实现创意的价值。品牌文化的重点是通过品牌形象塑造达到拥有消费者品牌忠诚度的目的,才能赢得稳定的市场,为品牌战略的成功实施提供强有力的保障。

2. 品牌文化是农业文化创意产业的核心

农业文化创意产业的核心是品牌,品牌的核心是文化内涵,品牌文化蕴含的深刻价值内涵和人文情感内涵本身就是一种精神产品,具有市场价值。培育和创造农业文化创意产业品牌的过程本身就是一种创意,农业品牌文化的创新与深化为农业带来可持续发展的动力和争取更高附加值的机会,品牌文化越深刻,越能与现代文化的积极的价值观相结合,就越能在竞争中处于优势地位,继而巩固品牌资产,多层次、多角度、多领域地参与竞争。品牌文化是农业文化创意产业的核心体现,一种具有文化含量的农业创意产品只有形成了品牌,通过品牌展示出这种产品的特色、品质、文化内涵,以品牌文化的形式与社会的主流文化与价值观相契合、互相促进,才能称之为真正具有创新性,真正是创意型的农业新形式。

3. 北京市农业文化创意产业品牌发展实践

北京市重视农业文化创意产业发展,依托北京郊区农业资源基础及科技、文化、市场优势，积极转变农业发展方式，在农业文化创意产业品牌建设方面取得了一些成绩。京郊一些区县依托资源优势，突破传统思维模式，以创意为理念，通过打造品牌，发挥特色资源优势，建设了一批深受消费者欢迎的区域农业品牌。如，怀柔板栗、门头沟樱桃、大兴西瓜、平谷鲜桃、通州花卉、昌平苹果、房山磨盘柿等品牌，在北京市场赢得一席之地，取得了很好的美誉度和知名度。通过发展农业文化创意产业、建设农业品牌，使得一些企业的知名度和竞争力得到提升，如北京三元公司、百年栗园公司、德清源公司、天翼草莓园等。

5.2.4 农业物流文化创新的创意产业

1. 现代化物流

现代农业不再局限于传统的种养殖业，而是包括了生产资料生产工业、食品加工业等第二产业和交通运输、技术和信息服务等第三产业的内容，其中物流技术就已经成为现代农业发展的重要因素。物流是以最低的成本，通过运输、保管、配送等方式，实现原材料、半成品、成品或相关信息从商品的产地到商品的消费地的计划、实施和管理的全过程，主要包括运输、储存、装卸、搬运、包装、流通加工、配送、信息处理等环节。现代物流是经济全球化的产物，也是推动经济全球化的重要服务业。随着农业现代化进程的推进，农产品商品率逐渐提高，农业越来越依靠物流服务业。农产品物流可以分为农业供应物流、农业生产物流、农业销售物流，按物流客体划分可以分为农业生产资料物流和农产品物流。

2. 依托物流服务业的农业文化创意产业

农业文化创意产业的创新点有很多，依托现代化物流服务平台的农业文化创意产业，就是引入现代化物流技术、物流服务，形成聚合力量，以此为现代化农业生产服务，进行农产品销售、包装、配送，从提高流通效率、保证农产品质量、方便人们生活的角度发展产业、发挥创意。农业物流文化创意产业更加注重农产品质量安全，以生产绿色农产品或有机农产品为主，通过配送等方式减少流通风险，保证农产品质量安全，这是农业物流文化创意产业发展的基本方式和途径。

5.2.5 农业会展文化创新的创意产业

1. 会展文化

会展是围绕特定主题集合多人在特定时空的集聚交流活动，一般指的是会议、展览、大型活动等集体性的商业或非商业活动的简称。会展活动具有地域性、群众性、时效性，其概念的外延包括各种类型的博览会、展销活动、大中小型会议、文化活动、节庆活动等。会展具有强大的经济功能，包括联系和交易功能、整合营销功能、调节供需功能、技术扩散功能、产业联动功能、促进经济一体化等。

2. 农业会展文化创新的创意产业

农业会展是以打造现代农业展示平台、优质农产品交易平台、农业项目合作平台、农业高新科技发布平台为目标的农业活动。农业会展已成为行业发展的风向标，很多农业企业以此为平台打开市场，走向国际化道路，尤其在新品推广、业务往来、技术洽谈等诸方面起到不可替代的作用。中国国际农业博览会是农业会展文化的最高层次，它是以国内外农、牧、渔、农垦、农机、乡镇企业等为主要内容，集科技交流、项目洽谈、名牌认定、产品展示、贸易订货和商品销售于一体的大型综合性国际农业博览会。

农业会展是进行农业文化及产品宣传的有效平台，是农业文化创意产业发展的重要途径，在市场化、信息化的现代农业发展背景下，通过农业会展的形式有利于更好更快地宣传农业文化创意的理念，提高农产品品牌知名度，促进农业信息传递交流，并从一定程度上调节市场供需、引导农业资源流动。农业会展文化创新的创意产业可以采取农业展览会和农业会议的形式，农业展览会是以农产品、农资产品等的展示、营销和交易为目的，农业会议则是就农业相关问题举办的论坛和洽谈会等，它通常与展览会同时举行。根据实际情况，可以选择综合性农业会展形式或专题性农业会展。

5.3 北京农业文化创意产业的典型模式

源自创意产业的农业文化创意产业在北京得到了较快的发展，成为引领现代都市农业发展的新亮点和经济增长点。北京市发展农业文化创意产业具有成熟的条件和明显的优势，消费群体规模大，消费者需求层次多，消费者追求高质量，科技、资本、人才方面都具有绝对的优势，再加上沉淀下来的深厚文化更是为北京农业文化创意产业注入动力和活力。北京市大力发展农业文化创意产业，有效利用自然、文化、科技等资源，将传统农业向融生产、生活、生态为一体的现代农业延伸，通过丰富农业文化创意产业形式和内涵，为北京都市型现代农业发展注入新的活力，为首都郊区建设新农村提供了一条新途径。在北京市建设农业文化创意产业过程中，因地制宜，根据各地区实际情况，探索适合不同区域类型的发展模式。新的发展模式或创意产品都会成为经济增长的原动力，最终形成农业新的发展极。

5.3.1 现代农业文化产业园模式

城市要想在文化创意产业领域获得成功，就必须找到适合自己的切入点。农业产业园区以农业在空间上形成的聚集区，成为现代农业发展的有效切入点，在具有一定资源、产业和区位等优势的农区内划定相对较大的地域范围优先发展现代农业，由政府引导、企业运作，用工业园区的理念来建设和管理，在推进农业现代化进程、增加农民收入方面发挥了重要作用。北京市发展农业文化创意产业，充分利用产业园区的形式，成功探索出现代农业文化产业园发展模式。

现代农业文化产业园模式是农业文化创意产业与现代农业园区的成功结合，将具有创意亮点、文化内涵、农业元素的创新思维进行整合，用产业园区的形式予以表现，充分利用园区的产业集聚功能，以现代科技和物质装备为基础，实施集约化生产和企业化经营，建立集农业生产、科技、生态、观光等多种功能为一体的综合性园区，是一种现代农业文化内涵与服务业相互结合、相互促进的农业文化创意产业发展模式。现代农业文化产业园强调产业孵化与集聚效应，立足于延伸产业价值链，增强辐射力，注重可持续性发展及文旅结合。根据产业立园的不同定位，具体还可以分为理念主导型、文化创意型、产品导向型、市场拓展型、产业融合型的农业文化产业园。

5.3.2 多元创意组合式模式

创意的方式有多种，任何一种对现实存在事物的理解、认知基础上所衍生出的新的抽象思维和行为潜能都可以称之为创意。现代农业是融合度较高的产业，农业文化创意产业也不是单一角度的创新，更需要多个角度、多个环节、多个层面的创新，才能有效整合现代农业要素资源，达到提升附加值、凸显亮点的作用。农业文化创意产业的一种典型模式就是巧妙利用组合创意的技巧达到良好的综合效果，旨在将多个创意点进行组合，形成多元创意组合式的发展模式。多元创意组合式模式就是全方位设计、多层面创新，从不同的角度进行创意理念的延伸，注重农业社会效益、经济效益和生态效益的平衡，从生产、管理、营销等多个角度进行创新和突破，通过多元化的创意组合，打造全新的整体创意形象，形成多位一体的农业文化创意模式。

多元创意组合模式的典型代表就是北京密云县的"紫海香堤香草艺术庄园"，是北京市规模最大、品种最全的香草种植园，种植的香草种类有200余种，通过多元创意设计与组合，建成一个集养生、度假、休闲、体验、艺术创作、婚纱摄影、影视拍摄为一体的综合性农业文化创意园，在主题创意、经营创意和营销创意上都做到了有所创新，创造了农业文化创意产业发展的一个新模式。

5.3.3 特色农产品文化节模式

文化节是以宣传某种文化为主题的活动，而农业文化节就是在农业生产活动中形成和开发出的以农业文化为主题的活动。北京市依托郊区特色农产品资源，运用农业文化节庆的方式进行农产品展销，推介农业特色农产品文化及品质，取得了显著的经济效益和社会效益，这种发展农业文化创意产业的模式称之为特色农产品文化节模式。特色农产品文化节模式就是以展示特色农产品、宣传特色农产品的文化、品质为主要目的，以文化节庆活动为主要形式，以创建当地特色的文化节事活动为载体，以提升文化吸引力、实现经济增长为战略措施，将特色农产品与当地文化融合，打造区域特色农业文化形象的发展模式。

这种模式按照"依节造市、因节发展、以节兴市"的思路，与招商宣传活动同时进行，体现出激发文化娱乐休闲体验消费市场、增加区域经济实力的重要价值，成为创建区域品牌的有效途径。平谷区立足市场需求和产业优势，以"平谷大桃"品牌开发为指导，创新农业文化创意形式，以农业节庆活动为平台，开发其文化内涵，举办桃花文化节，并举办文艺演出、互动赛事、农业展览与交易等活动，通过这些活动将文化创意产业和大桃产业融合，实现农旅结合新发展，体现大桃文化内涵更加丰富，进一步提升大桃品牌形象，提高大桃的市场知名度。

5.3.4　产业融合创意发展模式

农业文化创意产业既是产业融合的产物，也是产业融合的表现形式。随着北京市观光农业、民俗旅游业的发展，农业文化创意产业作为都市型现代农业的最新形式，逐渐向融合度高、资源聚集性强、综合效益明显的融合产业形式发展。在各地政府推动下、各方力量配合下，北京市农业文化创意产业得到新发展，探索出产业融合创意发展模式。

产业融合发展模式，是指在发展现代农业、建设农业文化创意产业建设过程中，坚持从实际出发，充分发挥区域比较优势，集聚优势要素，用现代化的企业经营理念发展农业文化创意产业，深度挖掘当地农业文化资源，在产业链的纵向延伸和横向拓展的基础上，将农业文化创意融入其中，实现三次产业联动发展的模式。该模式以拓展农民增收空间和渠道、拉动区域经济快速高效发展、丰富市民文化和业余生活为目标，把经济效益、生态效益和社会效益统一起来，从而实现农业的可持续发展。北京波龙堡葡萄酒庄、北京张裕爱斐堡国际酒庄、通州桑瑞生态园、密云县蔡家洼新农村等就是产业融合创意模式的成功案例，集第一产业种植、第二产业加工、第三产业旅游和服务为一体，通过产业融合，不断提升产品的附加值，从而放大利润，获得三产综合收益。

5.3.5 区域品牌开发模式

区域品牌开发模式，是以区域农业品牌建设为核心，以创新和协作为主线，抓住本地特有的资源环境培育特有农产品的优势，将品质好、口感好、外形好的优势农产品做大做强，使其具有相当规模、较强的生产力、较高的市场占有率和较好的知名美誉度，打造地理标志区域品牌，提高区域竞争力。区域品牌的建设还要注重产业集群区域品牌和公共品牌的发展，将区域品牌与经济的可持续发展作为重要战略目标，通过品牌建设、维护、提升的过程，逐步实现区域内产业协作贯穿全产业链，最大程度提高产品附加值。

平谷区发展桃产业就是区域品牌开发模式的典型代表。平谷区发展农业文化创意产业以大桃产业为核心，以打造"平谷大桃"品牌形象为主要任务，用大桃品牌优势为各种形式的农业文化创意产业打基础、增动力，农业文化创意产业发展仅仅抓住大桃产业做文章，将产品创意、文化创意、产业创意、园区创意、功能创意等元素转化为现实生产力，形成创意农产品、节庆文化、深度开发的产业链、特色园区和沟域功能开发等农业文化创意形式，促进大桃产业发展，进一步提升大桃的品牌形象。

5.3.6 乡村旅游文化模式

乡村旅游产业符合构建以人为本的资源节约、环境友好型的和谐社会的国策取向，被国家列为国民经济的一个重要产业来培育。依托开发乡村旅游的发展趋势，并结合北京市乡村文化的优越资源，深层次开发，大胆尝试，探索出农业文化创意产业的另一种发展模式——乡村旅游文化模式。乡村旅游文化模式是以保护环境和资源可持续利用为前提，以提高农村资源、文化资源、旅游资源利用率为目的，将农村文化资源开发、包装成旅游产品的发展模式。乡村旅游文化开发强调先规划后开发，避免造成乡村旅游的破坏，重点在于乡村文化资源与旅游的融合，重视农业的可持续发展，尽可能提高乡村文化的利用率，以推动农村产业结构优化，实现农村经济发展和环境保护双赢的良好效果。

古北口镇文化旅游产业就是这种模式的成功探索，古北口镇以重点生态示范镇建设为总抓手，以古镇文化旅游为核心，以沟域经济和农业文化创意产业为载体，以提升民俗旅游档次为切入点，按照发展与规划相结合、发展与文化相结合、发展与政策相结合、发展与富民相结合、发展与稳定相结合的工作原则，整合资源，发挥优势，全力推进重点工程和重点工作，在充分发挥古镇文化优势的同时，加快农业景观建设，使古文化与景观文化呼应，共同提高古北口镇旅游文化内涵，努力打造北京文化旅游特色镇。

5.3.7 主题农业公园发展模式

借鉴主题公园的设计理念，并结合北京市农业发展的特点和实际情况，北京市探索出农业文化创意产业发展的一种典型模式——农业文化主题公园发展模式。主题农业公园发展模式就是按照主题公园的形式进行创意的模式，通过对特定主题的整体设计，按照公园的经营思路，把农业生产场所、农产品消费场所和休闲旅游场所结合为一体，将具有相似功能的农作物、动物和农事活动进行集中展现，创造出特色鲜明的体验空间，为游客提供休闲娱乐场所的发展模式。农业主题公园的经营范围是多种多样的，更加注重文化氛围的营造、注重休闲体验式的消费、注重旅游产品的开发，公园的整体设计要注重集现代化的经营管理、绿色生活理念、农业科普教育等于一体，增强互动参与性，更好地满足体验经济时代的旅游消费需求。

通州区的南瓜主题公园便是这种模式的成功实践，以占地500亩的规模，种植了南瓜、西瓜、蛇瓜等上千个品种的各类瓜果，将南瓜主题观光、南瓜特色餐饮、商务会议、旅游休闲、科普示范串联起来，设南瓜研发、加工、示范、展示主题区、南瓜饮食文化区，南瓜旅游文化创意产业区三个主题区，通过综合生态主题园的形式，将南瓜的文化在体验式消费中得到宣传，并取得了较好的综合效益。

第6章 北京发展农业文化创意产业的案例分析研究

原北京市委常委牛有成同志在《北京都市型现代农业发展的思路、内涵与途径》中明确指出，要大力发展创意型农业，要搞好农产品的文化注入，面对高端消费群，完成农产品的工艺化过程，提高农产品的观赏性和附加值。在各地政府和相关部门的领导下，北京市各区县积极探索农业文化创意产业的新模式，整合各方资源和力量，不断丰富农业文化创意产业的内涵和形式，拓展农业发展空间，取得了较好的成效，对郊区经济社会发展产生了一定的辐射和带动作用。本章在总结北京市农业文化创意产业发展现状、运行机制和发展模式的基础上，结合实地调研情况，总结了北京市农业文化创意产业发展的十一大成功案例，对各案例的具体发展模式、主要做法及经验、成效、存在的问题进行了梳理。通过案例的总结，为北京市更好地发展农业文化创意产业提供经验借鉴和模式参考。

6.1 "金福艺农现代农业园区"的创意模式

金福艺农农业科技集团有限公司在发展农业文化创意产业方面进行了积极探索，也取得了显著的成效，按照现代农业文化产业园的发展模式，建成了"番茄联合国"和"外郎营农业文化创意产业生态园"等创意农业园区，在现代农业创意示范、创意成果展示、体制和机制创新实验、农业功能拓展先行、引领周边农村发展、高效设施种植、观光采摘、创意业态形式、创意功能等方面，做出了积极的探索和实践，成为京郊发展农业文化创意产业的成功代表（见图6－1）。

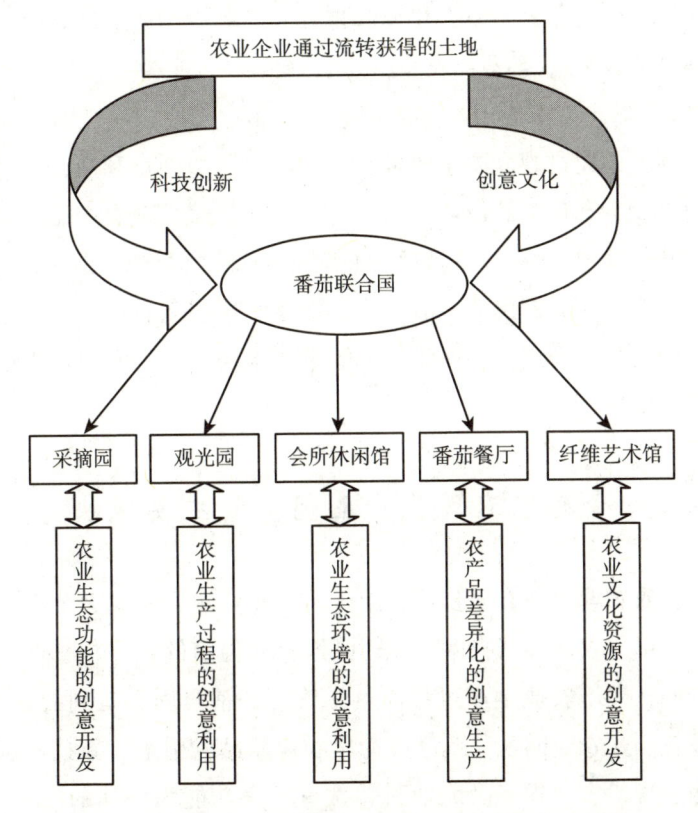

图6－1 "金福艺农现代农业园区"创意模式运行示意

6.1.1 金福艺农发展概况

金福艺农农业科技集团有限公司创建于2006年，是生产和经营农业产品的现代化高科技的农业企业，位于北京市通州区台湖镇，拥有约5000亩现代农业园区，集高效设施种植、观光采摘、科技示范、科普教育、生产、生活、生态、文化、艺术、休闲娱乐于一体。金福艺农农业科技集团有限公司以台湖镇胡家堡村主园区"番茄联合国"和台湖镇外郎营村的"外郎营创意农业生态园"为主要创意产业园，经过多年的探索实践，已经初步形成了全景产业链。

金福艺农立足丰富的农业资源，以从农民手里流转过来的土地为基础，以"融艺术于农业，享健康快乐生活"为办园理念，以科技创新和文化创意作物为两大驱动引擎，建设起集农业新品种引进、新技术示范、农产品采摘、现代农业观光及农业科普教育等多功能为一体的"番茄联合国"。其运行模式集中表现在五个创意，即通过采摘园实现对农业生态功能的创意开发，通过观光园实现对农业生产过程的创意利用，通过会所休闲馆实现农业生态环境的创意利用，通过番茄餐厅实现农产品差异化的创意生产，通过纤维艺术馆实现对农业文化资源的创意开发。以改村容村貌、管理方式和广大农民的生活方式，最终实现创意农村、创意农民和创意生活，成为都市型现代农业建设中的重要组成部分，实现对周边地区农民增收的带动。

6.1.2 金福艺农现代农业园区的主要做法

金福艺农农业科技有限公司利用优质农业资源，实现无公害农产品的优质高产；引进农业高新技术，实现园区日光温室的数字化管理；依靠专业人才资源，实施农业生产过程的科学管理；整合周围有利的自然环境，发展形成花园式农业园区。现已成为集农业新品种引进、新技术示范、农产品采摘、现代农业观光及农业科普教育等多功能为一体的综合性企业，金福艺农在发展农业文化创意产业方面的主要做法有以下几点。

1. 走特色化农业发展道路，创新农业发展新方式

金福艺农以番茄为主要特色农作物，打造"番茄联合国"。园区依托中国农业大学、中国农业科学院、北京农林科学院、北京市农业技术推广站等科研院所，通过利用现代化植保绿色防控、智能数字控制、残体循环利用、省力化农机配套等高新技术，生产多类番茄主打品种，并且通过了无公害认证和有机认证，实现了从观光品尝、采摘购买、番茄餐厅烹饪体验的全产业链发展。同时，园区进行了番茄文化的创意开发，金福艺农以消费者对饮食的过程和感官重视为入手，打造了一个番茄为主题的番茄餐厅，不仅提供各种番茄美食，还可以体验到运用番茄元素进行创意设计的番茄餐具，全面提升了农产品的附加值，达到了第一产业和第二产业的自然融合。另外，园区定期举办"番茄文化节"，园区除了为游客提供番茄采摘活动外，还创办了"小番茄、微摄影""番茄王国、我是国王"科普知识互动讲堂、"番茄昵称大征集"等活动，可以品尝园区特制的番茄宴。

2. 走差异化农业发展道路，实现园区的可持续发展

金福艺农坚持通过提供特色化农产品和服务，满足不同群体的消费需求。第一，金福艺农打造番茄主题农园"番茄联合国"从"特"字上做文章，紧抓游客来乡间农庄渴望释放与解脱的心理追求，打造番茄观光、采摘、创意番茄餐饮、会馆休息一条龙服务，实现园区核心竞争力的提升；第二，金福艺农探索新的发展方式，着手打造外郎营创意农业园，融合"军事农业、研发农业、艺术农业、休闲农业"等多种创意业态形式，力图打造北京市农业文化创意产业发展高端项目；第三，金福艺农突出农业发展的艺术性，以规避市场激烈竞争的压力。金福艺农紧抓"融艺术于农业，享健康快乐生活"的办园理念，不仅在园区农产品的布置与选择上突出其艺术美感，还通过引进艺术家的形式，实现与其他园区的差异化发展。

3. 走标准化农业生产道路，提高农产品价格竞争力

金福艺农以中高端收入群体为主要消费对象，通过农业标准化生产，提高农产品附加值。第一，金福艺农把实施农业标准化作为转化科技成果的载体。以京内各大农业院所和院校为技术依托，选择优良品种和先进适用技术。通过计算机及网络技术的数据采集、显示及视频监控系统的引入，大大提高了园区的数字化管理水平，实现精准农业。第二，金福艺农积极进行无公害产品认证和有机农产品认证，实现无公害产品和有机农产品的标准化生产，满足消费者对食品安全的偏好型需求。目前，全部产品获得无公害认证，西红柿、西瓜等产品获得有机认证。第三，为透明园区无公害和有机农产品的生产情况，观光园温室安装了视频监测系统和温室数据自动采集系统，在便于工作人员进行标准化生产监控的同时，提供了消费者监督的平台。多种渠道实现金福艺农农产品的优质化，提高了农产品价格的竞争力。

6.1.3 取得的成效

金福艺农实施了以农业高新技术带动产业链条多元化发展的战略，已经成长为生产和经营农业产品的现代化高科技农业企业，是集高效设施种植、观光采摘、科技示范、科普教育、生产、生活、生态、文化、艺术、休闲娱乐于一体的综合配套大型现代都市生态农业企业。

目前，园区已进入以"番茄联合国"为主园提供采摘、休闲观光、科普教育等休闲服务，"外郎营创意农业园"持续建设的发展阶段。"番茄联合国"除种植国内的优秀品种外，还引进了国外十多个国家的近百种番茄。经过中国农业大学、中国农业科学院、北京市农林科学院、北京市农业技术推广站等单位引进、改良、品种杂交，以"五彩番茄""西甜瓜""水果黄瓜""彩色甜椒"等为主打产品，年产优质有机蔬菜近1500万斤，已经形成品牌效应，园区打造的"金福艺农"品牌市场竞争力强，在一定程度上保障了北京市民的菜篮子供应。园区年接收游客3万~4万人，"五一"黄金周达到5000多人次，年营业收入达5500万元，[①] 通过提供土地租金、园区工作岗位等形式，大大提高了周边地区农民的收入。

6.1.4 借鉴与启示

1. 发展理念的创新是农业文化创意产业发展的核心

文化具有强辐射性、高渗透性等特征，这决定了文化要素能够与科技、产业和市场紧密结合，能够推动各行各业的发展，并提高它们的价值。金福艺农以"融艺术于农业，享健康快乐生活"为办园理念，将农业未曾被发掘的艺术性开发出来，强力渗透到农业生产中去，并参与农业经济循环。全面挖掘农业的生产潜能，把科技、文化、产业、市场和生态环境有机结合起来，创新了农业业态、拓展了新的市场空间，实现了农业的

---

① 北京市农委提供资料。

高附加值、高效益。

2. 项目的合理规划是农业文化创意产业发展的前提

发展农业文化创意产业的关键在于结合当地的文化特色，发挥创意，整合农村的"三生"（生产、生活、生态）资源，构建起较完善的产业系统，从而促进"三农"的发展。因此好的综合规划和具体项目的策划是发展的前提。金福艺农拥有一批懂技术、懂农业的人才队伍，在园区内部吸取建议。在进行建设前，园区结合当地自然条件引进良种和先进农业设施，选好主题，也进行了广泛的园区外部征求创意。在发展过程中，邀请中国农业大学、中国农科院等科研院所作进一步的规划指导，实现了园区的高效发展。

3. 人才的合理引进是农业文化创意产业发展的保障

农业文化创意产业的发展不仅需要科技和文化方面的人才，还需要创意引导和经营方面的人才。金福艺农一方面在人才的引进上，强调专业技术人才和"农把式"的有机结合，在农业生产中注意开发人才的创意，形成从技术人员到销售部门的创意联合；另一方面借助外界，与国内外有关农业科技、文化创意的企业和研究机构合作，并在合作中学习和培养起一批骨干，通过项目的辐射带动效应，提高了周边农民的整体素质。从创意的引导，到创意的经营，实现建设的有条不紊，推动了农业文化创意产业的持续发展。

4. 各产业的融合发展是农业文化创意产业发展的活力体现

创意产业是无边界产业，只有突破工农业和服务业的界限，才能充分发挥农业的多种功能，转变农村经济的发展方式。金福艺农在产业融合发展上做出了有益的探索。一方面，在园区内引入会所休闲馆，提高服务业占园区总产业的比重，实现了第一产业和第三产业的有机结合，提高了园区效益；另一方面，园区筹划建设一个直升机博物馆，并经营直升机特色餐厅，以园区良好的农业生态环境和产出的初级农产品为服务背景和来源，实现三次产业的有机融合，促进全产业链的互动发展。

6.1.5 存在的问题

1. 品牌影响力有待提高

金福艺农对保障好北京市民的菜篮子供应、提供休闲观光场所做出了重要贡献，但品牌影响范围有限，国际市场竞争力弱。在立足本地市场的基础上，有待推进园区的国际化程度。随着北京市疏散"非首都"功能，和"北京建设世界城市"，或将为企业品牌国际化提供良好发展机遇。

2. 土地流转不畅通

发展农业文化创意产业需要适度的土地规模，需要有头脑、有技术、有创意的新型农民或农业组织。随着区域农业劳动力转移，农业劳动者老龄化，土地流转面积有增加的趋势，但是部分土地流转遇到困难，流转途径并不通畅。一方面由于流转费用低，农民对土地的特殊感情使他们不愿放弃土地；另一方面，土地对他们来讲仍然起着养老保障的作用，使农民不敢放弃拥有的土地。土地流转的不通畅，制约着农业文化创意产业上规模、提水平。

6.1.6 政策建议

1. 立足"北京建设世界城市"，推进园区品牌国际化

培育一批优势明显、发展潜力较大的新型农业经营主体，使之成为一支进军国际市场的先锋。以科技创新为依托，以国外市场需求为主导，积极引导企业进一步加大农业科技研发力度，构建一个从农业生产、农产品加工到农业休闲观光的"旗舰计划"，加快开拓国外市场的步伐。

2. 完善土地流转制度，健全农村保障体系

建议完善土地流转制度，促进市场化的农地产权交易。细化土地流转制度，规范土地流转行为，保护农民利益，鼓励农民以土地作为要素参股。完善土地流转中介组织，为土地流转提供服务，逐步建立完善的土地流转服务平台，让农民充分了解现有的土地流转政策和土地流转的相关细节，按照自愿、平等、有偿的原则推行土地流转稳步进行。健全农村社会保障体系，用土地流转后的保障措施提高农民流转土地的积极性，解除失地农民的后顾之忧，从根本上疏通土地流转过程。

6.2 "房山景观农业"的创意模式

房山位于北京西南，区位优势突出。近几年，房山区积极发展农业文化创意产业，形成农委带头、乡镇政府配合、农民真抓实干的农业文化创意产业建设团队，充分吸纳各级领导、专家的新思维、新意见，参考其他地区农业文化创意产业建设的成功经验，积极打造农业文化创意产业新局面。房山区以传统农业为基础，实现产业转型，注重多层面、多角度的设计和创新理念，整合地区优势资源，依托深厚的农业文化底蕴，发展以景观农业为主，以休闲采摘、民俗旅游为辅的农业文化创意产业，通过开展农业节庆活动、科普教育活动、农业文化宣传等将创意融入农业发展过程，实现农业增效、农民增收。

6.2.1 房山区景观农业发展概况

房山处于华北平原与太行山的交界地带，是进出北京的西南大门，西部和北部是山地、丘陵，东部和南部为沃野平原。房山历史悠久，是人类文明的重要发祥地，以"龙的故乡"饮誉华夏。富有人文资源、矿产资源、旅游资源、地热资源丰富，是京郊著名的"建材之乡""建筑之乡""煤炭之乡""林果之乡"和"旅游胜地"。总面积2019平方公里，2010年总人口为94.5万人。2009年农业总产值412630.2万元，农村居民人均纯收入11314.6元。截至2012年4月，房山区辖8个街道，11个镇，4个地区，6个乡。①

---

① 北京市农委提供资料。

房山区发展农业文化创意产业，在积极探索和实践中，摸索出"花田花海"景观农业创意模式，根据不同地域的不同地势和经济发展情况，将农业产业形成的自然景观加以包装，或将难以发挥经济效益的河道、水库干涸区、落后村庄进行综合整治，开辟出具有良好生态效益、较高经济效益的花田、花海等景观农业，打造以农村旅游为依托，以服务业为支撑，以加工业为提升的农业文化创意产业发展格局，实现传统农业升级换代、带动农村就业、农民增收的社会发展目标，提升房山区既有创意又有效益的整体农业形象。

6.2.2 具体做法

1. 依托资源优势，大力发展特色景观农业，打造观光休闲产业带

房山区以传统农业为基础，依托地理环境优势，以打造"四季房山、最美田园"为目标，按照"产业互动、融合发展"的思路，在景观农业发展方面积极探索，成为房山区文化创意产业的主要形式。2010年，长沟镇种植了千亩油菜花、油葵，并成功举办了第一届长沟花田节，拉开了全区景观农业建设的序幕。为不断满足市民休闲观光消费需求，房山区通过创新理念、整合资源、融入文化、包装活动等，形成了长沟"水岸花田"、韩村河"天开花海"、周口店"应风花谷"、十渡"婚纱摄影"、蒲洼"高山菊花"等一批景观农业新亮点，引领农业创意化发展，形成景观田园建设新格局。为推进休闲观光产业发展，房山区将农业优势产业资源整合提升，融入创意新理念，打造特色景观农业产业带。第一，琉璃河镇以举办梨花文化周为契机，加大农业休闲产业发展，不断完善基础设施建设，目前已形成一条东起沙生植物园、途经好还方舟观光园、万亩梨园，西至波峰绿岛生态观光园的全长25公里的农业旅游观光休闲产业带。第二，长沟镇以举办春季北京国际长走大会为契机，以龙泉湖为中心加大长走路线周边的农业景观建设，打造"城市之外、水岸花田"景观品牌，目前已经形成以延村千亩油菜花、葵花为龙头，环绕龙泉湖，遍布周边三座庵、北良、甘池等几个村的景观农业带。第三，韩村河镇以"天开花海"项目为核心，利用天开村依山傍水、山地多的优势，大面积种植油菜花，同时进行配套设施建设，形成"特色生态农业、生态休闲农业、现代农业服务业"三大领域融合、协调发展的景观农业产业带。另外，还形成了周口店镇黄山店登山赏叶观光产业带、张坊镇磨盘柿观光休闲产业带等具有区域特色的休闲观光产业模式，推进了区域经济发展。

2. 紧抓文化资源，举办特色农业节庆活动，促进产业深度发展

房山区依托其悠久丰富的历史文化资源，并借助农业景观优势，将文化与景观相融合，在景观农业的基础上拓展产业发展内涵，促进产业深度融合发展。第一，充分利用文化资源优势。琉璃河镇贾河村充分利用本地京白梨悠久的历史，在百年梨树的基础上，引进现代嫁接技术，打造"金门御梨"的文化品牌。张坊镇充分利用世界上最优良的涩柿品种磨盘柿，将大峪沟村"凌霜侯"的故事打造为柿子的文化形象，形成"中国磨盘柿之乡"的经济产业。长沟镇依托"稻米文件"的故事，沿袭"喜开秧门"的民间习俗，再加上品质上乘，以此打造长沟稻米"御塘米"的文化品牌。第二，举办特色农业节庆活动，促进产业深度融合发展。长沟镇借助于农业景观优势，把花田与音乐有机结合起来，每年6月份举办"花田音乐节"，将美景与音乐文化融合，使景观农业内涵丰富，拓展花田农业的文化内涵，创意中促进产业开发。琉璃河梨花文化节从2007年开办以来，每年4月中旬举行启动仪式，活动内容丰富，从观赏万亩梨花到梨产品展卖，带动农家院接待等第三产业的发展。

3. 强化规划指导，创新发展模式，推进有序化、差异化发展

第一，强化规划指导，推进有序发展。根据农业文化创意发展的需要，全区确定在城关、韩村河、长沟、十渡、青龙湖、张坊等十个乡镇范围内，重点打造"二带、两湖、三线、四园"，形成房山景观农业发展总体空间布局。各乡镇围绕区域自然资源、主导产品和产业布局，综合地域特点、农业资源和人文环境，按照"适度超前、统一规划、分期建设、持续发展"的思路，采取点、线、面相结合的方式，合理选点、特色引导、创新发展，确保全区景观农业规范有序推进。第二，强化模式创新，推进差异发展。全区各乡镇依托良好的生态环境，立足自身特色和基础，结合镇域发展规划，加大景观农业建设和投入，通过近几年的打造，初步形成了"沟路林渠景观农业、山坡梯田景观农业、农田田园景观农业"等景观农业发展模式，推进景观农业快速发展，使农业资源和自然资源转变为农业景观，成为旅游资源，并形成新的经济增长点。

4. 政府发挥引导作用，为发展文化创意产业搭建平台

政府重视文化创意产业的发展，在景观农业发展过程中，政府强化引导作用，强化政策扶持，加大资金投入，为文化创意产业搭建良好的平台。第一，强化政府引导，推进统筹发展。为推进全区景观农业发展，成立了房山区景观农业发展工作领导小组，建立健全科学的组织领导机制，充分发挥政府在景观农业项目规划、体系建设、优化环境和财政投入等方面的宏观指导和政策导向作用，把景观农业建设列入《房山区都市型现代农业发展总体规划（2011～2015年）》，出台了《关于推进房山区景观农业发展的指导意见》，确保全区景观农业建设有序开展。第二，强化政策扶持，推进快速发展。按照依法、自愿、有偿的原则，积极探索租赁经营、土地入股等多种形式，建立健全土地承包经营权的流转机制，促进景观农业规模开发、集约发展。第三，积极筹措资金，支持创意农业发展。政府积极筹措资金，专项用于对景观农业项目的扶持和工作的考核奖励。2012年，全区景观农业总投资5000万元，其中，市区财政扶持资金1509万元、社会融资3491万元，共发放种子2.6万斤、育苗83.5万株，涉及向日葵、油菜、石竹等具有景观效果的经济作物10多种，种植面积近2万亩。①

5. 发展多种形式的农业文化创意产业，为解决农民就业提供有效渠道

房山区在发展农业文化创意产业方面积极探索，在政府的重视和各方力量的配合下，形成了初具规模、富有特色的景观农业格局，同时发展各种形式的农业文化创意产业，打破传统农业的限制，从形式到内容上积极

---

① 北京市农委提供资料。

创新，从而使农业和农产品附加值有所提升，并帮助解决部分农民就业问题，促进农民增收。积极探索多种形式的农业文化创意产业。琉璃河镇除了举办"梨花文化周"，还举办"生态采摘节"，同时依托丰富的林果资源和不断攀升的知名度，逐步发展民俗接待，两节年均接待游客总量在15万人次以上，旅游消费和出售农产品收入900万元。其他镇域也不断创新形式，形成各具特色的农业文化创意产业，长沟以水乡文化为依托打造休闲宜居小镇、举办国际长走大会，张坊的沟域经济、葡萄酒庄园、科普画廊、文化创意产业园，十渡的田园超市和农耕文化展示，佛子庄乡的第三空间，史家营的老子文化活动节，大安山的特色养殖、民俗旅游等。房山区还积极推进食用菌工厂化、食用菌文化宣传、食用菌科普教育、食用菌深加工等创意产业发展。

6.2.3 创新之处

房山区发展农业文化创意产业，在积极探索和实践中，摸索出"花田花海"景观农业创意模式，根据不同地域的不同地势和经济发展情况，将主导产业形成的自然景观加以包装，或将难以发挥经济效益的河道、水库干涸区、落后村庄进行综合整治，开辟出具有良好生态效益、较高经济效益的花田、花海等景观农业，打造以农村旅游为依托、以服务业为支撑、以加工业为提升的农业文化创意产业发展格局，实现传统农业升级换代、带动农村就业、农民增收的社会发展目标，提升房山区既有创意又有效益的整体农业形象。经过实际调研和总结，归纳出以下三种典型模式。

1. 模式之一："优势产业+政府+合作社"

贾河村依靠悠久的种梨历史，发挥其独有的万亩梨园优势，在政府搭台的基础上，发挥集体经济的引导作用，形成具有景观优势的万亩梨园，并借助节庆农业的形式，将贾河村打造成"梨花美、梨果甜"的旅游景村，成为优势产业为依托、政府为推手、村集体为主体的景观农业创意模式。

贾河村位于房山区琉璃河镇东部，现有200户共870人。贾河村种梨历史悠久，拥有数千亩的百年果树，形成明显的梨产业优势，近年来大力推广科技项目和优良品种，嫁接改良品种128种，提高了果品种类和质量。产业优势形成天然的自然景观，每年春季贾河村成为一片"万亩梨花海"，具有很好的观赏价值。镇政府和村委会以此为契机，将梨树形成的"花海"进行包装打造，形成以"梨花节"为中心的多种形式的活动，将贾河村梨产业的优势和品牌做大做强。贾河村紧紧依托"万亩梨花海"形成的景观，以此为亮点开展"梨花文化节"和"生态采摘季"。梨花节始办于2008年，4月中旬由政府统筹举行启动仪式，在持续两周左右的时间里举办各种文艺活动，如戏曲表演、梨花飞歌、舞蹈大赛、书法展示等，农民以此为销售展示平台，推出地龙鸡蛋、铁棍山药、葱花饼等农家特色美食，同时依托丰富的林果资源和不断攀升的知名度，逐步发展民俗旅游接待，充分发挥乡村建筑、饮食、起居、劳作文化优势，同时为农民带来增收致富的新渠道。同时，组织农民成立"贾河村果品专业合作社"等三个合作组织，主要合作社现有会员250余人，注册了果品商标，打出自己的品牌，使产、供、销相容互补，年销果品1500万公斤。在梨花海景观的带动和梨花文化节的影响下，贾河村已经形成观光、接待、餐饮、住宿为一体的旅游产业链，2011年获得北京市旅游新业态"生态梨园"授牌。

2. 模式之二："河道农田 + 政府 + 农户"

琉璃荷塘是充分利用大石河河道内基本农田，在镇政府的指导和农民的支持下形成的"荷田"景观。大石河河道内原有农田存在低产、易受灾、风险高等问题，镇政府更新理念，转变发展思路，发挥河道地理优势和水源优势，对原有农田进行改造，通过土方整理、疏挖灌渠、培土作埂，打造成集观赏价值和经济价值于一身的高产荷塘。荷塘面积共计有1500亩左右，种植具有景观效果的花藕共200亩，包括藕莲、籽莲、花莲三大系十余种，同时引进经济效益较好的菜藕共1300亩左右，聘请专业管理和种植人员进行指导，雇用当地村民参与荷塘日常工作。荷塘依托其优美的花田景观，吸引城区和外地的游客，为游人提供观光、摄影、写生的机会和活动场所，与周边的西周燕都遗址、明代大石桥、湿地公园、天香牡丹园等文物古迹和旅游景点互补互利，成为房山区旅游黄金线沿线的生态休闲景观。另外，荷塘种植的菜藕具有较好的经济价值，每亩产藕3500斤左右，每斤市场价格3元左右，每亩纯收入在5000元左右，为农民提供新的增收渠道和就业机会。

3. 模式之三："山坡沟地+政府+村委会"

"天开花海"油菜花田位于房山区韩村河镇天开村西，天开村油菜种植在天开水库库区，属于半山坡沟地，地势起伏，四周高中间低。镇政府积极筹划沟域山坡改造利用，村委会大胆尝试，将水库库区内大片山坡荒地进行开发利用，作为景观花田用地，共种植油菜花4000余亩，其间利用二月兰精心点缀，形成独特造型，并陆续种植油葵、芍药、牡丹、鸢尾等品种，从规模到品种，创意形式灵活多变，打造景观农业新亮点。天开花海集中打造"花花世界，意象天开"的舒适生活文化主题，以自然壮观的田园景象为表现形式，充分利用水库荒地，通过油菜花海形成旅游景点，带动乡村旅游和民俗文化发展，推动生态型社会主义新农村建设。

6.2.4 取得的成效

1. 解决贫困地区农民就业

景观农业的建设推动了长沟镇农产品加工业和旅游服务业的发展，解决就业500余人，同时带动了旅游周边产业发展，为本地区农民就业提供了宽广的渠道。

2. 提高农民收入水平

房山区适应市民回归田园、体验乡村生活的需求，建设景观农业，吸引了大批游客，带动观光休闲、度假消费，打破了以往农民春种秋收、打粮卖钱的传统做法，从播种到收割期间，多环节、多角度增加产值，多季节、多轮次增加收入，给农民带来农产品以外的二次收入。据测算，景观农业收入是农业自身收入的3~4倍。如琉璃河镇在梨文化节和京白梨品牌的推动下，京白梨知名度提高，价格提升。市场每斤4元的京白梨，进园采摘后价格上升到 15 元左右，除了梨，还推广桃、大白杏、草莓等，丰富采摘品种，吸引更多游客，贾河村 2012 年实现农民人均纯收入 1.4 万元。[①]

6.2.5 借鉴和启示

1. 运用市场化运作的方式

景观农业建设是农业发展方式转变的一种模式和有效载体，景观农业的核心生命力在于企业化运作、产业化经营。政府前期建设结束后，要及时引进相关企业，将投资、管理、宣传、经营权交给企业，实行企业化运作、市场化经营。只有发挥市场经济的作用，才能提高竞争力，提高利润率，才能真正带动一方经济的发展，带动农民增收致富。同时，推进政资分开、政企分开、政事分开、政府与市场中介组织分开，转变政府职能，强化市场主体地位，积极营造有利于农业文化创意产业发展的公开、公平、公正的市场环境。

2. 要注重基础设施建设

发展农业文化创意产业，创意是灵魂，设施是基础。景观农业旨在依托优美的生态环境和植物景观，营造田园风光，给人休闲观赏、舒缓身心、亲近自然的视觉盛宴和精神享受。良好的基础设施是景观农业发挥创意的根本保证，是提升品质的基本要求，是吸引游客、满足游客需求的必备条件。要建立专项资金，用于支持文化创意产业的基础设施建设，主要包括道路、停车场、长廊、凉亭、景观小品、创意模型等，给游客提供方便的旅游环境和休息场所。同时，要规范民俗接待户、农家院的营业标准，提高餐饮卫生标准和住宿环境标准。

3. 要突出创意功能，必须与农业科技相结合

农业发展离不开科技，没有科技支撑的农业就没有生命力和竞争力。

---

① 北京市农委提供资料。

要依托现代农业技术，不断丰富景观作物品种，打破结构单一、花色单一、季节单一的现状，把景观农业做活、做强、做出创意来。充分利用美学、艺术学、生态学等学科原理和方法，将农业与农耕文化、景观与造型艺术相结合，使其成为具有高品位、特色化、艺术化、文化型的新型创意农产品，促进农产品由使用功能型消费向文化审美型消费转变。

4. 推广文化消费观念，激发文化消费需求

发展农业文化创意产业，要用需求促发展，推进农业文化创意产品生产与农业文化创意产品消费的有机结合。倡导"创意产品、创意服务、创意生活"的新时代理念，用创意吸引游客，使农业文化直接融入生活，促进农业文化的创新、宣传和消费，形成创意引导消费、消费触发创意的良性循环，不断丰富农业文化产品的创意形式，扩大消费群体，拓展市场空间。

6.2.6 存在的问题

1. 品牌化范围较小，知名度不高，缺乏创意，结构单一

第一，农产品品牌化范围小，知名度不高。房山区农业品种丰富，梨、柿子、桃、草莓、葡萄、核桃、莲藕、蘑菇、食用菌、油葵、金银花、菊花、柴鸡、生态猪、地龙鸡等，除了张坊磨盘柿于2001年申请了地理标志，贾河京白梨品牌化外，大部分农产品未注册商标，品牌化范围小，品牌效应低。如十渡的北石门村种植麻核桃历史较长，但未注册商标，没有形成品牌，知名度不高，核桃种植户销售渠道受限，收入并不可观。第二，景观农业结构单一，缺乏创意。景观农作物种植品种较少，种植形式单一，规模大但精度低，景观农业建设在品种搭配、图案设计等方面有所欠缺。

2. 产业链开发不足，经济效益不高

房山区发展农业文化创意产业经济效益不高，产业链条相对较短，旅游产品不够丰富。第一，产业链开发不足，农产品加工深度小。很多农业采摘园没有加工程序，还停留在销售初级农产品的层次。张坊磨盘柿脱涩工艺比较成熟，但是柿子深加工程序不多，初级产品销售占大部分，柿子深加工产品种类少，产业链条较短，经济效益难以获得大幅度提升。景观农业带来了良好的生态效益，但是大量的产品，如菊花、金银花、葵花并未发挥多少经济效益，政府未能充分利用和开发产品的食用、医疗功能，重观赏价值而忽略产品价值。第二，景观农业生态效益和经济效益不协调，景观农业本身经济效益较低。就景观农业本身而言，投入和收获不对等，经济效益还是主要依靠餐饮、住宿等消费项目产生。花海、花田、梨园、柿园、水景、山景等都处于开放式的环境，本身没有门票收入，游客停留时间短，经济效益很低。

6.2.7 房山区发展文化创意产业的政策建议

1. 实行品牌化发展，提高知名度

品牌化发展可以提高产品知名度，扩大产品市场，提高产品价格，提高农民收入，企业品牌和农产品品牌可以形成较强的竞争力。第一，打造农业文化创意产品品牌。房山区应该树立品牌意识，对于特色突出、品质良好的农产品，政府要鼓励申请地理标志，形成一批具有自主知识产权的农业产业集体。开发现有农产品的多种功能，发掘农产品新型功能，形成区域特色优势，申请注册商标，采用独特包装，打造精品，走高品质、高质量、高名气的品牌化发展道路。第二，打造文化创意企业品牌和聚集区品牌，发挥品牌集聚效应。品牌竞争力是企业综合素质和能力的体现，品牌价值对于产业发展和区域发展的地位也日益凸显。政府引导，设立知名品牌专项资金，奖励品牌建设取得重要成果的企业，促进企业提高品牌意识；企业参与，形成打造知名品牌乃至世界级品牌的战略思维，从企业发展战略的高度进行品牌的规划、建设与管理。第三，加强多元化经营模式下的品牌管理，加强品牌整合，建立企业品牌与产品品牌，以及不同产品品牌之间的适当联系。通过企业品牌形象策划、品牌宣传，充分发挥品牌整合的优势，实现品牌带动下企业建立良好形象和提高竞争力的目的。

2. 丰富农业创意形式，激发文化消费需求

第一，要突出创意功能，必须与农业科技相结合。农业发展离不开科技，没有科技支撑的农业就没有生命力和竞争力，要依托现代农业技术，不断丰富景观作物品种，打破结构单一、花色单一、季节单一的现状，把景观农业做活、做强、做出创意来。充分利用美学、艺术学、生态学等学科原理和方法，将农业与农耕文化、景观与造型艺术相结合，使其成为具有高品位、特色化、艺术化、文化型的新型创意农产品，促进农产品由使用功能型消费向文化审美型消费转变。第二，推广文化消费观念，激发文化消费需求，用需求促发展。推进农业文化创意产品生产与农业文化创意产品消费的有机结合。倡导"创意产品、创意服务、创意生活"的新时代理念，用创意吸引游客，使农业文化直接融入生活，促进农业文化的创新、宣传和消费，形成创意引导消费、消费促发创意的良性循环，不断丰富农业文化产品的创意形式，扩大消费群体，拓展市场空间。

3. 延伸产业链，提高经济效益

培育特色产业链条，释放文化创意资源的整体经济效应，围绕"创意"这一核心环节，结合农业生产特点，延长农业文化创意产业链条，已经成为区域提升文化创意产业竞争力的重要措施之一。第一，充分利用农产品，延长产业链条。开发引进精深加工技术，配置仓储运输设施，为农产品深加工提供技术和设施保证。发掘各种农业产品的功能，发展深加工、精加工产业。研发多种形式、多种功能的加工农产品，提高产品附加值。第二，发挥加工产业集群效应，提高经济效益。房山区发展农业文化创意产业，要发挥产业的关联效应，积极拓展产业链条，加强景观农业展示、创意产品研发、加工链条延伸及与周边服务商之间的紧密联系，形成核心层、外围层、相关层环环相扣，创意、耕作、开发衍生产品以及产品销售一条龙的循环系统，充分发挥产业集群所带来的集聚效应，带动地区经济发展，提高农民收入水平。

6.3 "大兴西瓜节"的创意模式

大兴区立足西瓜产业发展优势,积极开展以"西瓜文化节"为主的农业文化创意产业,发展并丰富了特色农产品文化节发展模式,成为京郊农业文化创意产业的典型成功案例,为其他地区发展优势农业产业与特色农产品文化节结合的农业文化创意产业提供了经验参考。"大兴西瓜节"创意发展模式是在稳定粮食生产和确保农副产品供应的基础上,以大兴西瓜节为主要创意形式,大力发展集观光旅游、农耕体验、农业文化和农业现代化成果展示于一体的乡村旅游系列,在生态观光农业与当地文化创意产业融合发展方面,探索出了一条提升大兴农业、文化产业、旅游业整体水平及竞争力,促进大兴农业"走出去"的发展途径。

6.3.1 大兴西瓜产业发展概况

1. 大兴西瓜的农业文化背景[①]

大兴西瓜的历史背景:西瓜原产非洲赤道附近,后传至西亚地区,经西域传入中国,这种瓜传入内地便称为西瓜。到了宋代,西瓜已在我国广为种植。大兴西瓜的历史可以追溯到公元一千多年,据《北京通史》记载,大兴在辽太平年间就已经开始栽培西瓜,但当时仅为皇家果园中的珍品。明朝万历二十一年(公元1543年),据宛平县令沈榜编著的《宛署杂记》记载"农历六月,太庙所供之瓜,亦庞各庄莫属",当时庞各庄属宛平县管辖,大兴西瓜作为宫廷贡瓜的历史延续到清代。

(1)种植品种背景。

大兴西瓜主要栽培品种20多个,包括挂果期长、耐裂性好、适合市民观光采摘的航兴天秀2(L600)、超越梦想、京颖、全美2K、京玲无籽等,外观漂亮、皮薄、含糖量高、口感酥脆的京欣三号、天骄二号等,皮薄、

---

① 北京市农委提供资料。

大小如苹果、可削皮食用的京雅、双色冰激凌西瓜京雪品种,还有富含高番茄红素的中兴红1号、富含高瓜氨酸的金兰等功能性西瓜品种。如今,科研工作者和瓜农又研制出许多优良的品种,诸如耐贮西瓜、酒味西瓜、香味西瓜、方形西瓜、晚熟西瓜、什锦西瓜等,为发展西瓜品类的观光旅游、农耕体验的乡村旅游,奠定了基础。

(2) 西瓜礼制背景。

切西瓜有特定的礼仪。大约在西周时期,就已经有严格的礼制规定,传至清代时,已经更加讲究,民族文化底蕴深厚。在清代宫廷的御膳房里,要先切掉瓜的两头,使瓜呈鼓状,再用特制的铜质长筒插入瓜里,取出瓜瓤,去籽切片放在瓜碟中,呈给皇上和妃子们使用。清代的百姓切西瓜也以切成"莲瓣"状或"驼峰"状为美。吃瓜方面,有冷吃、熟吃,专吃瓜瓤、专吃瓜皮,加糖、放盐、加奶、撒辣椒末等吃法,在甘肃河西走廊地区还有"西瓜泡馍"的吃法,当地用此招待客人表示欢迎。

(3) 西瓜艺术背景。

西瓜的艺术文化内涵主要包括以下两个方面。一是以西瓜雕刻为代表的造型艺术文化。早在宋代林洪《山家清供》、宋代孟元老《东京梦华录》等古籍中就有瓜刻的记录。清代初年瓜雕艺术逐渐完善,以扬州瓜雕最有名,瓜雕作品主题多样,造型生动。比如有观赏价值的西瓜灯,融观赏和食用于一体的西瓜盅等。二是以西瓜诗词为代表的文学艺术文化。最早吟咏西瓜的是南朝梁诗人沈约的《行园诗》:"寒瓜(西瓜)方卧垄,秋蔬已满坡",后来北宋范成大的《咏西瓜园》、唐代韩愈的《咏灯花同侯十一》、明代杨载的《留别杨公辅》等诗词等,对西瓜的味道、样貌进行了生动的描述。

(4) 西瓜营养学背景。

西瓜富含营养物质,瓜瓤中和汁水中的磷酸、苹果酸、氨基酸以及丰富的维生素C都是人体中不可缺少的物质。同时,西瓜还有药用价值,西瓜中的糖和酶等,有治疗肾炎和降血压的作用,兼有药用价值。

2. 大兴农业文化创意产业发展背景[①]

大兴区地处北京南郊,素有"京南门户""绿海甜园"之称。辖区总

---

① 北京市农委提供资料。

面积1036平方公里。2012年底，新区常住人口147万人，其中城镇人口101.6万人。受地质条件与气候特征影响，大兴的自然条件恶劣，制约农业生产力水平的提高，中华人民共和国成立后，尤其是改革开放以来，大兴区通过加强基础设施建设、调整农业结构等一系列举措，提高了大兴农业发展水平，逐渐成为北京市农副产品生产的重要基地和"菜篮子"工程的重要供应基地。但是，大兴尽管盛产果菜，但功能单一，农业基本上也以发挥简单的生产功能为主，更高一级的生态和生活功能未能得到开发，农业综合生产能力有待进一步提升。1988年初，依托悠久的西瓜历史文化、特殊的西瓜品种资源优势以及突出的区位优势，大兴区开始实施利用西瓜优势发展西瓜产业的开发战略，并于当年6月28日至7月2日举办了首届"北京大兴西瓜节"。2012年，实现农林牧渔业总产值54.8亿元，位列全市第二。其中，设施农业占地面积11.8万亩，超过全市设施农业面积的40%，收入13.6亿元，居全市首位。西甜瓜作为大兴区重要的经济作物，其生产在面积、产量和质量等方面，都居北京各区县之首。2012年，大兴区西甜瓜总面积为7.11万亩，其中非设施栽培6.25万亩，设施栽培0.86万亩，总产量达到21.2亿吨，总产值达到33.9万元。近些年，大兴区围绕西瓜这一产业优势，通过农业多功能的拓展以及农产品创意的开发和产业链的纵向延伸和横向放宽，大兴区农业文化创意产业整体发展状况良好，已经形成了以大兴西瓜节为主体，以西瓜主体观光园、西瓜主题采摘活动等为配套的一体化农业文化创意产业发展模式。大兴以西瓜产业为主导的农业文化创意产业发展形式，极大地拓展了农业的多功能性，有力地促进了区域经济的振兴。

3. 大兴农业文化创意产业分类建设情况

大兴区农业文化创意产业按创意内容分为农业节庆创意、农产品创意、农业主体公园创意、农业品牌创意和农业旅游创意几个方面，现分类型对大兴区农业文化创意产业建设情况进行概述。

（1）农业节庆创意方面。

农业节庆创意是大兴区农业文化创意产业的主要创意类型。大兴区依托主导产业，以农业节庆为载体进行农业文化的开发，自1988年开始举办大兴西瓜节以来，大兴西瓜节已经成为国内外知名的节庆品牌，成为助推经济发展、扩大文化交流、提升区域形象的重要推手，极大促进了大兴区域农业品牌的建设。

（2）农产品创意方面。

大兴区积极创新农产品生产和设计，将西瓜等农产品以艺术形象制成工艺品，积极开发西瓜系列产品、民俗美食等。例如，开发的"玻璃艺术西瓜"采用现代保鲜技术可以保存10年以上，具有较强的艺术观赏价值，成为大兴西瓜这一品牌的标志性产品，获得2006年北京乡村旅游商品设计大奖赛金奖。

（3）农业主体公园创意方面。

根据区域农业发展现有条件，大兴区已经建立了多处农业观光园。典型的以西瓜为主体的观光园有御瓜园、老宋瓜园等。御瓜园内建有6000平方米的现代化联动温室，种植西瓜品种60多个，融入20多项农业科技成果。中心园以600年悠久的西瓜文化栽培史和西瓜典故为主线，以西瓜的自然生产形态特征布局，选用经典造型的牌匾向游客展示了西瓜文化，是集科普教育、休闲观光、农耕体验于一体的农业旅游基地，实现了对生产功能和示范功能开发的同时，整合了环境改造、都市休闲等多种生态服务功能。

（4）农业品牌创意方面。

2005年开始，大兴区依托资源优势、区位优势和产业基础优势，设计并创立了具有区域特点的"大兴农业"品牌，品牌标志设计视觉特征突出，应用和创意空间广阔。在2008年第六届中国农交会上，北京市农委进行的农产品品牌知名度调查结果显示，"大兴西瓜"品牌的知名度居京郊之首。

（5）农业旅游创意方面。

大兴区依托农业特色产业，发展乡村旅游，提高农民收入。近两年，大兴区注重提高农业的科技、文化附加值，将农业优势产业资源整合的同时，与观光旅游服务业融合，打造西瓜小镇和刘礼路、庞安路、魏永路、民安路等一批都市型现代农业观光休闲产业带，推出西瓜体验游，吸引广大市民观光采摘，带动当地餐饮住宿、文化服务等相关产业发展（见图6-2）。

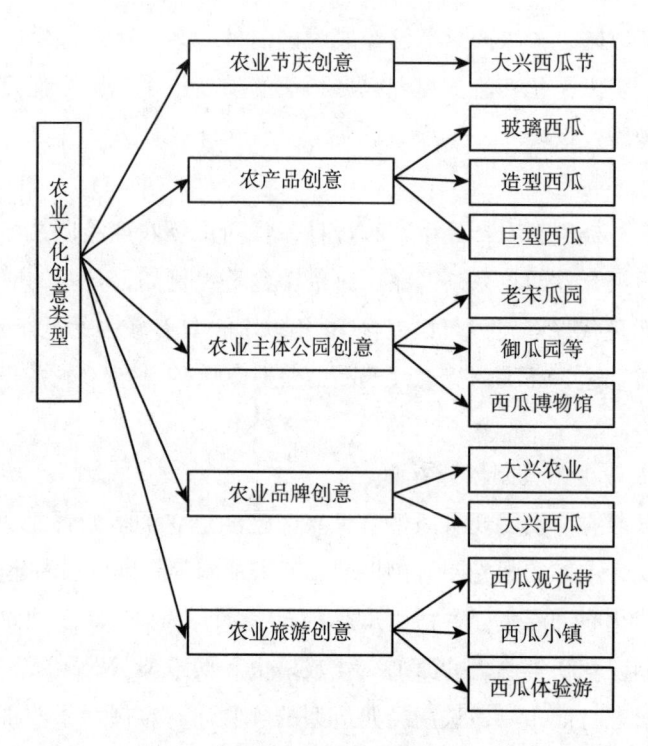

```
                                    ┌─── 农业节庆创意 ───→ 大兴西瓜节
                                    │
                                    │                    ┌─ 玻璃西瓜
                                    ├─── 农产品创意 ─────┼─ 造型西瓜
                                    │                    └─ 巨型西瓜
                                    │
农业文化创意类型 ────┤                    ┌─ 老宋瓜园
                                    ├─── 农业主体公园创意 ┼─ 御瓜园等
                                    │                    └─ 西瓜博物馆
                                    │
                                    ├─── 农业品牌创意 ───┬─ 大兴农业
                                    │                    └─ 大兴西瓜
                                    │
                                    │                    ┌─ 西瓜观光带
                                    └─── 农业旅游创意 ───┼─ 西瓜小镇
                                                         └─ 西瓜体验游
```

图 6-2　大兴西瓜产业建设情况示意

6.3.2　主要做法

1. 以西瓜节文化为主，积极创新农业发展方式

第一，连续举办了多届北京大兴西瓜节。自 1988 年以来已举办 25 届北京大兴西瓜节。西瓜节传承"以瓜为媒，广交朋友；宣传大兴，发展经济"的办节宗旨，在西瓜节期间，举办全国西甜瓜擂台赛，开展瓜乡一日游、观光采摘、经贸洽谈、商品展销等活动。尤其是全国西甜瓜擂台赛的举办，对大兴及周边地区西甜瓜新优品种的应用，起到了很好的推动作用。第二，2008 年大兴区政府筹资金 1 亿元打造了一条都市型观光型"瓜乡大道"，即庞安路都市型西瓜休闲观光产业带，全长 13.5 公里，沿途经过庞各庄镇、魏善庄镇和安定镇。"瓜乡大道"两侧 1.5 万亩设施保护地西瓜成方连片，建有展现瓜乡风情、人性化设计、造型新颖的销售港湾

6处，面积从2500平方米到12000平方米。港湾内设有停车场、销售厅、管理中心、餐饮等设施，方便游客观光、采摘、购买瓜果；还设有高科技精品展厅和设有走廊的日光温室，便于游人现场洽谈购买。第三，建成了一批农业文化创意产业观光园区。大兴区建设了一批以西瓜为主题的农业观光园区。典型的有"御瓜园""老宋瓜园""西瓜博物馆"。典型的"御瓜园"于2009年由政府扶持乐平公司投资1000万元建成，占地6000平方米，主体是一栋集观光采摘、品种展示、科技示范为一体的现代化连栋温室。园中有中外各种西瓜品种，有从法国引进的迷你小西瓜，有皮、瓤、籽都接近白色的三白瓜，有北京的老品种黑蹦筋儿等。由政府扶持老宋合作社建设的瓜趣园占地50亩，园内建有连栋展厅和日光温室，展示了西瓜树、西瓜袋式栽培、水培甜瓜等多种观光、采摘栽培模式。2004年由瓜乡——庞各庄镇投资建设的中国西瓜博物馆，建筑面积4600平方米，坐落在大兴区庞各庄镇，馆内展出图片近900幅，西瓜模型140余个，种子标本200余种。[1]

2. 政府扶持，打造区域农业文化创意品牌

一是以政府为主体，兴办"北京大兴西瓜节"，提高品牌辨识度。大兴区委、区政府着眼于大兴的西瓜资源优势，实行西瓜产业化发展战略。连续举办25届西瓜节。通过举办全国范围内的擂台赛等形式，吸引全国各地的瓜农带着品类各异的西瓜参赛。一方面，通过邀请国内著名的西瓜专家参加西瓜评比，促进了西瓜生产水平的提高和品种的更新；另一方面，吸引了大批市民前往大兴购瓜、品瓜，带动餐饮、住宿等服务业的发展。二是政府牵头，创建区域农业品牌。2005年开始，大兴区委托专业策划公司以区域农业为对象进行统一的大兴品牌的策划，确定了以"大""兴"和"X"组成的一个似花、似叶、似果的抽象图形为统一的"大兴农业"品牌标志，为区域内农产品的销售建立了一个区域形象平台，提升了区域内农产品的核心竞争力。

---

[1] 北京市农委提供资料。

3. 科技推进，发展适合观光采摘的品种和技术

大兴区依托京郊便利的区位优势和发展观光旅游良好的市场前景，以提高区域文化创意品牌的科技内涵为抓手，以提高游客观光体验满意度为目的，加大对农业文化创意产业的科技支撑力度。通过实行院区合作和城乡统筹科技对接活动，聘请中国农科院和北京市农科院的博士、专家深入田间地头对农民进行培训和指导。在品种的选择上，优先选择挂果期长、耐裂性好的品种，延长采摘期，便于市民观光采摘。引进苹果西瓜、双色冰激凌西瓜，进行特色西瓜展示。为了方便市民采摘，提高西瓜的品质和产量，采用小型西瓜采立架栽培技术，双行种植、双蔓或三蔓整枝。密植栽培技术，单行种植，单蔓整枝，两蔓一绳每亩定植3000株。并对授粉日期进行标记，便于游客进行观光采摘。

4. 改造环境，提高游客休闲观光满意度

大兴区从多个方面改造环境，提高游客休闲观光的满意度。一是加强大兴西瓜休闲观光旅游的硬件建设，主要是改善采摘设施。大兴区加大对基础设施建设的投入，制定了关于扶持西瓜保护地建设的政策，即连片实施规模在公顷以上，每建1栋日光温室（667平方米）补贴1500元；每建1个竹木结构的大棚（667平方米）补贴1000元；二是建设"瓜乡大道"的同时，对观光点周边环境进行改造。大兴区政府筹资金1亿元建成"瓜乡大道"。配备展现瓜乡风情、人性化设计、造型新颖的销售港湾6处。港湾内设有停车场、销售厅、管理中心、餐饮等设施，方便游客观光、采摘、购买瓜果。还设有高科技精品展厅和设有走廊的日光温室，便于游人现场洽谈购买。观光环境的便利，大大提高了游客的休闲观光满意度。

5. 多措并举，增加大兴西瓜市场辨识度

北京及周边地区的市民前往大兴观光采摘的首要原因是大兴西瓜的品质突出。几年来，大兴在努力提高西瓜市场辨识度上做出了有效探索。第一，以项目招标的形式，开展对西瓜品种、品质及栽培技术等方面的试验示范，通过选育、引进、推广了京欣2号、京秀、航兴3号、黄小凤、红

小玉、早春红玉等一批新优品种，在丰富了西瓜品种的同时，也提高了西瓜的品质，所开发的小型西瓜栽培面积逐渐扩大，市民采摘热情度高，市场效益良好。第二，进行标准化生产，发展优质、无公害西瓜。迎合市场优质、安全农产品的旺盛需求，大兴区通过开展农业标准化生产，提高大兴西瓜的生产水平和安全性。大兴西瓜通过标准化栽培技术的试验示范与推广，在降低瓜农投入的同时，使西瓜的品质和产量都获得提升，产品中的硝酸盐、有机磷等有害物质残留量达到绿色食品要求，游客通过观光体验，进一步提高了安全西瓜的附加值，增加大兴西瓜的市场辨识度。

6. 培育新型经营主体，增强农业文化创意产业发展后劲

大兴区重视新型经营主体的培育，加大对以农民专业合作社为代表的新型农业经营主体的扶持。大兴区先后投入逾千万元，在科技推广、标准化基地建设、农业项目实施、基础设施建设、市场建设和信息化建设等多个方面对合作组织进行了扶持（见表6-1）。并依据《农民专业合作社法》等相关法律法规，对区级农民专业合作组织规范化建设试点进行验收，采取"以奖代补"的形式，对通过验收的合作社给予5万~15万元的政策扶持资金。目前，大兴农民专业合作社及其他新型农业经营主体在西瓜产业的发展中，从具体的产前和产中的生产，到产后的包装与销售，都发挥了重要作用。以老宋为代表的新型职业农民，通过创意形式培育起来的玻璃艺术瓜、造型瓜、贴图瓜等创意农产品，受到广大游客的好评，大大激发了周边农民发挥创意、投身农业文化创意产业的积极性，为大兴农业文化创意产业发展注入新的活力。

表6-1　2008年大兴区西瓜专业合作社示范社扶持资金统计

序号	专业合作社名称	扶持资金（万元）
1	北京乐平西甜瓜专业合作社	40
2	北京老宋瓜果专业合作社	30
3	北京庞各庄西瓜专业合作社	65
4	北京庞安路西瓜专业合作社	15
5	北京情系农家农产品产销专业合作社	15
6	北京李家巷西瓜产销专业合作社	15

续表

序号	专业合作社名称	扶持资金（万元）
7	北京广霞西甜瓜产销专业合作社	15
8	北京爱农农产品产销专业合作社	15
9	北京赵家场春华西甜瓜产销专业合作社	63
10	北京绿海家园农产品产销专业合作社	15

资料来源：北京市农委提供资料。

6.3.3 取得的成效

1. 促进区域农产品品牌的打造

截至2013年7月底，大兴区已经成功举办了25届西瓜节，并成功举办了23届西瓜擂台赛，通过这一系列富含趣味性、参与性和竞技性的农业创意开发项目，全面宣传了大兴农业，在提高大兴整体形象的同时，促进了区域农产品品牌的建设。配合区域内的农产品质量管理建设，大兴区已经有123个产品通过了有机或绿色农产品认证，先后有104个基地获得标准化生产认证，20余家农业产业化龙头企业和农民专业合作组织建立起农产品质量追溯平台，以西甜瓜为主的8类50余种农产品实现了全程质量可追溯，大兴区注册了"大兴西瓜"产地证明商标，"大兴西瓜"成为国家地理标志产品，"大兴农业"也成为区域农产品品牌，获得社会和市场的认可。

2. 加快三次产业的融合发展

通过发展农业文化创意产业，大兴区的农业发展方式已经由简单的农业生产向加工、销售、观光、实验、展示和科普教育的方向转变，实现了三次产业的融合，促进了区域农业向更高层次发展。西瓜节期间，大兴在开展西瓜主题旅游活动的同时与中青旅合作，开通了从市区到北京野生动物园、安定古桑园两条线路的旅游大巴，推出了品类各异的"西瓜宴"，带动周边地区农民办起"农家乐"，辅助打造了"全鱼宴""全鹿宴"和伊斯兰特色烧烤等10个农家特色美食。"瓜乡大道"沿线的龙熙顺景温泉度假酒店、东方绿洲生态园等餐饮住宿娱乐设施成为游客休闲的理想去处。

3. 带动农民收入水平的提高

农业文化创意产业的发展拓宽了农民增收渠道，提高了农民的收入水平。一方面，在继续原有生产功能的基础上开展的西瓜采摘活动，西瓜采摘单价高于正常销售单价30%以上，直接提高农民收入。同时，伴随游客采摘的"农家乐"等服务业的开展，拓宽了农民增收渠道，西瓜节开放的十多天就能带给农民数万元的收入。另一方面，依托大兴西瓜这个品牌，在合作社的组织带动下，通过农超对接等销售形式，实现了农民卖瓜收入的大幅增加。2012年，在合作社统一组织下的农产品销售达到227.5万吨，实现销售收入11.8亿元；农业观光园区达到112个，观光休闲农业收入达到2.1亿元，比上年增长15.4%。①

4. 丰富了北京市民的业余文化生活

形式多样的农业文化创意产业建设开发了农业多功能性的同时，也丰富了北京及周边地区市民的业余文化生活。市民可以从庞各庄的西甜瓜示范园里，能够在采摘、观光的同时体验瓜农劳作的辛苦；青少年可以在西瓜博物馆里了解到西瓜的起源和传播、西瓜的品种培育和栽培管理技术、西瓜的研发和利用、西瓜文化的发展情况，学习西瓜文化；走累了，还可以在生活设施齐全的小木屋中休闲、住宿，住农家院，吃农家饭，干农家活，感受农家生活的乐趣和田间风光的恬美。据统计，自2011年以来，每年西瓜节期间，仅"瓜乡大道"一处接待休闲、观光、采摘的市民人数就达到了30万人以上②。

6.3.4 借鉴与启示

1. 发展农业文化创意产业是发展都市型现代农业的重要途径

农业文化创意产业能够在以发展农业生产为核心，以满足大中城市消费需求，建设区域内可持续发展的农村产业体系的基础上，为都市型现代

---

①② 北京市农委提供资料。

农业的发展提供新视角和新途径。创意产业具有很强的渗透能力，能够促进三次产业的融合，实现传统产业和现代产业的有效嫁接，完成文化要素和科技要素的互融互动，传统的功能单一的农产品能成为农业文化、艺术美学的载体，开辟新市场，乘数效应明显。

2. 发展农业文化创意产业要以当地的比较优势为基础

农业文化创意产业作为现代农业建设的一个重要方面，在其发展过程中，必须以区域内的比较优势为基础，因地制宜，充分开发自有条件资源，实现产业结构的升级改造。大兴区没有名冠一方的山川，也没有碧波荡漾的水域，名胜古迹也不多，但是大兴区能够开发其特有的西瓜历史文化，以成片的西瓜地为基础，充分利用京郊优越的交通优势，农业优势资源通过农业文化创意提升，实现农产品附加值的倍增，这对于其他地区发展都市型现代农业具有很强的借鉴意义。

3. 发展农业文化创意产业要紧抓"回访率"

发展农业文化创意产业要重视提高游客的"回访率"，而非仅仅重视"到访率"。很多地区的农业旅游景点通过宣传吸引了大量游客的前往，但由于配套设施的落后、相关管理的不配套以及休闲主题的陈旧，往往出现游客去了就走、不再回访的不良局面，这些景点和游客之间的关系往往是"一锤子买卖"的关系，造成当地农业旅游产业发展后劲不足。大兴区西瓜节年年举办，吸纳游客连年增多的主要原因就是大兴对"回访率"的重视。西瓜节每年都办，这是一个长期的主旋律，已经成为大兴招牌，吸引从未来过的游客到访；每年活动内容不尽相同，因此吸引大量游客回访，"到访率"和"回访率"同步提高，使得大兴农业文化创意产业发展潜力巨大。

4. 发展农业文化创意产业要重视品牌创意的集聚效应

品牌创意是农业文化创意产业的一种重要形式，是区域农业文化创意产业竞争力的集中体现。大兴区在农业文化创意产业品牌的创建与维护上，花费了大量的时间和人力、物力。连续25年举办的西瓜节，使大兴从最初的无人知晓到现在的人人皆知，使大兴西瓜成为大兴区的区域农业品牌的重要组成部分。近年来，通过建立和完善"大兴农业"品牌形象和品牌管理机制，融合新的农业文化创意产业元素以及标准化管理、质量追溯等现代农业管理方式，以"大兴农业"为品牌的区域农业文化创意产业新型模式，进一步扩大了社会的广泛认可，区域经济带动明显。

6.3.5 存在的问题

1. 信息沟通不畅，市场信息传递效率较低

目前，大兴区大多数瓜农已经初步创建了以销售和采摘信息为主的农业信息网站，但其信息资源服务水平与旺盛的农业休闲旅游需求相比，还存在较大的发展空间。信息发布常常晚于市场信息，更新速度慢，据世同瓜园总经理张世同介绍，目前通过网络进行预约采摘的游客量仅占游客总量的10%，市场信息传递效率有待提高。

2. 配套设施缺位，游客承载力不足

大兴区大部分的农业休闲观光旅游项目内容偏重于农业观光，在基础设施的配套与改善上也以交通线路的加固与修缮和采摘基础设施的完善为主，游客的餐饮、停车等服务缺位，采摘旺季经常出现游客无处停车、没法吃饭的情况。在鲜见的餐饮场所也存在着卫生防疫不到位、住宿条件简陋等问题，阻碍了农业文化创意产业的发展。

3. 人工成本高，制约产业发展

西瓜属于劳动密集型作物，机械化程度很低，对劳动力需求量大；大兴位于北京南郊，本身劳动力成本就高于其他地区水平，加之农村青壮年大部分外出打工，农村劳动力的减少更加剧了这一矛盾，使得西瓜生产的成本不断提高，制约产业的发展。

4. 部分农民采用新品种、新技术的积极性低

农业新成果的应用取决于实际分散的劳动者的自我决策，与劳动者的认知能力、管理水平以及当时的生态条件等多种因素相关，加之西瓜新品种和新技术的效果不一定表现在当季或当年，一些瓜农盲目追求一时短期效益、忽视长远效益，采用新品种、新技术的积极性低，阻碍了区域品牌竞争力的提高。

6.3.6 对策建议

1. 加大资源的整合力度，进一步提高农业文化创意产业的整体实力

制定鼓励农业文化创意产业发展的战略，并配套相关政策，加大政府投入力度，设立专项资金，扶持农业文化创意产业的发展。进一步提高创意农产品的产业化规模，使其产品形成大兴独具特色的旅游产品，改变现在小而散的局面。同时，在原有农业园区发展的基础上，加大对农业园区向农业文化创意产业型观光园区发展的引导，使农业园区成为京郊休闲、观光、采摘的农业旅游景点，在改变农业园区产能低下的同时，充实区域农业文化创意产业的内涵，提高农业文化创意产业的整体实力。

2. 加强农业信息网站的建设，进一步提高市场信息传递效率

加强农业信息网站的建设，提高农业文化创意农产品的网络营销能力。一方面，政府加快农业信息资源的开发，尽快让创意农产品的生产商、经销商和瓜农上网，并建立农业内部信息网，利用网络信息进行农业生产和网络营销活动。另一方面，政府引导，将各采摘园、观光园主联合起来，成立较为统一的农业信息营销网站，增强单个网站的整体影响力，通过百度推广等方式，提高游客搜索的可获得性，提高市场信息的传递效率。

3. 加大资金的投入，进一步建立和完善与市场需求配套的基础设施

科学计算出旅游旺季大兴区域内的游客量，从而推算出与其相适应的停车场容量、餐饮住宿量，在此基础上进行合理规划，建立和完善与之配套的基础设施。一方面，加大政府对基础设施的投入，通过设立农业文化创意产业专项资金，加大对农业文化创意产业的扶持。另一方面，建立和完善卫生防疫标准，并在区域内严格执行，提高大兴农业文化创意产业的服务水平，在给游客更好体验的同时，为产业的后续发展提供支持。

4. 提高创意农产品的科技含量，进一步增加农民收入

在西瓜品种和技术的选择上，优先选择省时、省力的适用技术和观赏价值高的新优品种，尽可能节省工时的使用，降低人工成本的耗费。加大瓜农和技术人员的培训力度，使先进的设施、优质的资源与先进的技术相配套，发展整体综合效应，从降低投入和增加产出两个方面实现对农民收入的提高，从而进一步带动周边地区农业文化创意相关产业的快速发展。

6.4 "蔡家洼新农村建设"的创意模式

蔡家洼村地处北京市密云县县城东部，全村共有人口2460人，是北京远郊区13个旧村改造试点村之一。近年来，蔡家洼村以北京市旧村改造试点为有利契机，创新并发展了"产业融合型"农业文化创意产业模式，探索了城郊山区县、生态涵养发展区创新转变农业发展方式，通过开发农业多功能性拓展农民增收渠道和空间，三次产业融合发展的现代农业发展新模式。目前，蔡家洼村已经由昔日封闭落后、拖欠外债的后进村，转变成为三次产业联动发展的先进模范村。

蔡家洼以旧村改造为契机，按照"产业融合型"创意发展模式进行新农村建设，充分发挥区域比较优势，集聚优势要素，用现代化的企业经营理念发展农业文化创意产业，深度挖掘当地农业文化资源，在将产业链纵向延伸和横向拓展的基础上，把农业文化创意融入其中，实现三次产业联动发展。该模式以拓展农民增收空间和渠道、拉动区域经济快速高效发展、丰富市民文化和业余生活为目标，把经济效益、生态效益和社会效益

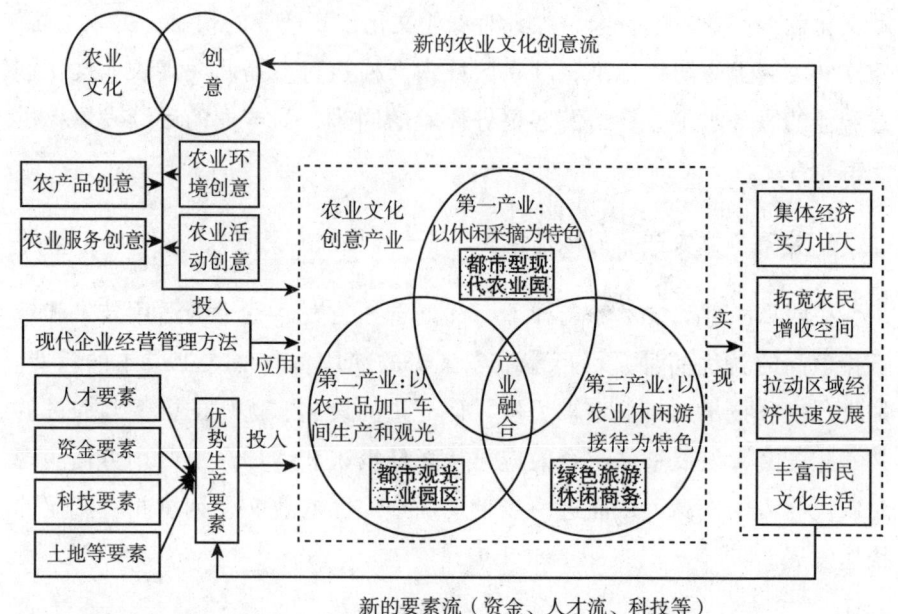

统一起来，从而实现农业的可持续发展（见图6-3）。

图6-3 蔡家洼"产业融合发展型"农业文化创意产业模式运行机理

6.4.1 "蔡家洼新农村建设"的运行机理分析

1. 优势资源的高效配置

蔡家洼产业融合发展模式涉及的优势资源可以分为基础优势资源和发展要素资源。基础优势资源是指现有的、无须进一步延伸和拓展的资源，主要包括两个方面：一是优越的区位优势。地处首都郊县，交通便捷，市场需求旺盛。二是优越的生态环境优势。生态涵养发展区和饮用水源基地的功能定位，使得蔡家洼拥有北京周边"无出其右"的自然资源优势，为发展农业文化创意产业提供了广阔的空间。发展要素资源是指在基础优势资源之上，通过其他要素的整合与利用，形成的后发优势资源。主要包括四个方面：一是流转过来的统一规划管理的集约化土地，为发展农业文化创意产业，形成规模效应打下基础；二是招商引资来的农业龙头企业，为农业文化创意产业资金投入、科技投入和人才投入注入工商资本，其逐利性在一定程度上降低了发展农业文化创意产业的机会成本；三是建立起来的科技协作机制，以首都优势科技资源为依托，将科技作为创意融入农产品生产中，提高了农业文化创意产业的竞争能力；四是培育和引进的一批新型农业经营主体。能力强、经验足的村党委书记王大林，创新意识强、管理经营理念新、资金实力强的产业园区管理者以及热爱农业文化创意产业的村民、设计师等，这些资源的高效配置以及各种生产要素的集聚，为农业文化创意产业快速发展提供了持续动力（见图6-4）。

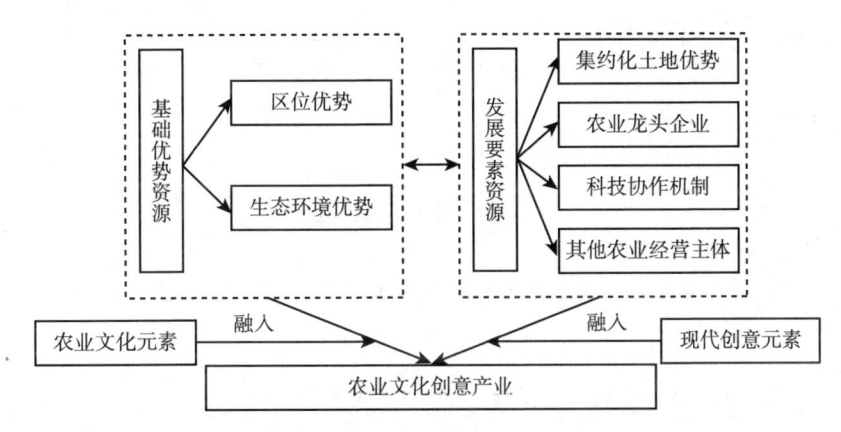

图6-4 优势资源的高效配置运行机理分析

2. 现代企业经营管理理念的应用

蔡家洼在发展农业文化创意产业过程中，积极引进了一批大中型农业龙头企业，各个企业在进行农业文化创意产业建设过程中，采用现代企业经营管理理念，以满足游客和消费者的需求为目标，综合采用工业上的定额管理、按技术规程操作、核算成本利润的办法经营农业，提高了蔡家洼农业文化创意产业的管理水平。同时，蔡家洼村也应用现代企业管理理念经营农业。蔡家洼探索"资产量化型"农村集体经济产权制度改革，成立了蔡家洼股份经济合作社，以改制时享有集体资产所有权的集体经济组织成员为对象，确权量股，实现全员量化分配股权，将从农民手中流转来的土地和村集体土地以土地股份的形式，参与农业企业的经营，实现了资源资产化、资产资本化和资本股份化，进而实现了农民和集团经济组织经济利益的最大化（见图6-5）。农业龙头企业和蔡家洼村集体的现代企业经营管理方式，极大地带动了当地农业文化创意产业的发展，拉动了区域农业经济发展水平的提高。

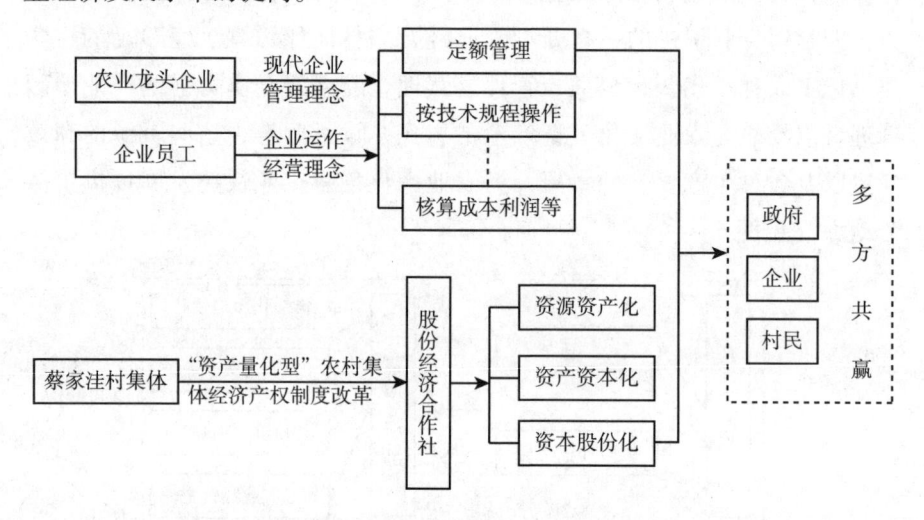

图6-5 现代企业经营管理理念的应用运行机理分析

6.4.2 主要做法

1. 集聚优势要素，促进传统农业向农业文化创意产业升级

蔡家洼村依托良好的生态优势和资源优势等有利条件，对资本、土地、技术、劳动力等优势生产要素进行空间上的组合叠加，并积极将文化、人文等元素融入产业发展中，实现传统农业向以农业文化创意产业为主的现代农业升级。通过旧村改造试点工程和新农村建设整体推进工程，将土地流转归集体统一规划经营。在争取政府投资的基础上，通过招商引资的方式，引进中石油、中石化、杜邦等大型企业，开展绿色商务乡村旅游。依托中国农科院、北京农林科学院等科研院所，将科技融入观光农业、设施农业的诸多环境，实现旅游观光与科普相结合的休闲模式。引进管理理念新、创新能力强、懂经营、会管理的创意人才，开发蝴蝶谷、药膳药浴产业，打造都市型现代农业。

2. 创新土地流转方式，推动农业文化创意产业项目规模扩大

蔡家洼村依托旧村改造工程，按照县委县政府提出的保护生态环境、发展生态经济、促进生态富民的总体要求，创新土地流转方式，以流转合同形式把2500亩土地、3400亩山坡地从农民手中全部有偿流转到村股份经济合作社中，经由村集体统一规划和集约化经营。目前，全村的土地、山坡地已全部流转到村股份经济合作社。合作社统一规划经营的土地、山坡地近6000亩，并整理出1800亩建设用地，以土地入股的形式投入到发展农产品加工区和绿色旅游商务区建设中，实现了土地资源的集中利用。在统一的规划下，蔡家洼村的居住区和三大产业园区格局已经形成。

3. 产业联动，推动三产融合型创意产业发展

蔡家洼村积极将农业文化创意产业的发展融入到其他产业的建设中，通过产业链的纵向延伸和横向拓展，实现了第一、第二、第三产业联动发展。规划建设三大产业区。一是建设了以休闲采摘为特色的都市型现代农业园区，即蔡家洼聚陇山农业园区，建设华北地区最大的樱桃采摘基地、蝴蝶谷、药膳药浴产业园和集休闲旅游、观光采摘、餐饮住宿、农耕体验等多位一体的休闲观光园；二是投资建成了发展农产品加工的现代观光工业园区，农产品加工厂房设有观光走廊，游客可观赏车间生产全过程，并可品尝和购买生产出来的农产品；三是依托良好的生态资源，打造了占地1300多亩的绿色旅游休闲商务区，融居住、旅游、休闲养生于一体，构建高端服务业平台，对其他两个园区的功能进行了外延和拓展。

4. 实施差异化发展战略，提高区域农业文化创意产业品牌核心竞争力

一是跳出农业发展农业，大力发展以第二、第三产业为龙头的立体经营模式。发挥交通便利和浅山资源丰富的优势，引进了一批国际、国内知名企业和先进生产要素，吸引大型知名企业发展庭院经济、休闲养生产业和休闲观光产业；二是有别于多数农业园区土地转包的形式，将土地以集体资产入股的形式与企业合作，以参与投资、参与管理、参与分红的形式，将企业、农民、政府组成利益联合体；三是综合运用产品创意、文化创意、形式创意等创意形式，应对京郊农业文化创意产业同质化竞争局面。例如，区别于其他区域以薰衣草为主的花卉主体观光园，蔡家洼重点开发建设了蝴蝶谷，通过花卉蝴蝶造型、上千种蝴蝶养殖，并配套发展以药膳药浴为产业形式的中草药种植业，打造了区域识别度高的蔡家洼品牌。

6.4.3 取得的成效

1. 集体经济实力不断壮大，综合效益明显

目前，蔡家洼已经引进和入驻了北京燕云国际置业有限公司、北京鑫记伟业食品集团有限公司等16家企业，总投资11亿元建成了都市型现代农业园区、观光工业园区和绿色旅游休闲商务区，产业结构由以传统的农业生产为主转为以农业文化创意、观光工业、现代旅游服务产业为主，三次产业得到融合发展，发展后劲明显增强。截至2009年底，蔡家洼村经济总收入达到1.5亿元，比2005年增长了120%。村集体净资产达到2亿元，比2005年增长了560%，集体资产收益为7800万元，比2005年增长了875%。[1]

2. 拓宽了农民增收渠道，促进了农民持续增收

三大园区提供了大量的就业机会。仅农业园区一项就安排了村民就业560余人，许多出去打工的农民也都返乡工作。2009年，全村实现人均纯收入20000元，比2005年增长了150%，居密云县之首。如今，村民每年都有4份稳定收入：土地补偿款，每亩每年1000元；工资性收入，有劳动能力的农民人均月工资1000~2000元；土地入股分红，2009年人均分红1000多元，最多的户分到7000元；房租收入，年收租金6000~8000元（见表6-2）。此外，村民每户分得2套精装修楼房，人均住房面积达到60平方米。居民区的垃圾清运、绿化、供暖、用水等费用全部由村集体经营收益中支出，农民的居住条件和生活环境得到了极大的改善。

---

[1] 北京市农委提供资料。

表6-2　　　　　　　　　　蔡家洼农民收入构成

收入类型	金额
土地补偿款	每亩每年1000元
工资性收入	有劳动能力的农民人均月工资1000~2000元
土地入股收入	1000~7000元
房租收入	年收租金6000~8000元

资料来源：北京市农委提供资料。

3. 增加农产品附加值，拉动区域经济快速发展

蔡家洼村通过将农产品和文化、艺术、体验、休闲创意结合，提高了农产品的文化品位，使其具有高营利性、高附加值，富于智能化、个性化和特色化、艺术化。以"豆腐体验"项目设计为例，蔡家洼将大豆种植、特色卤水豆腐加工及加工过程观光融为一体，为游客提供了全流程的体验豆腐产品机会。将"豆腐工程"划分为体验区、销售区、品尝区和工业区，游客能够从大豆的种植到豆腐的加工全程参与，提高了旅游参与度和满意度。同时，通过引进真空包装生产线，创造了"豆腐塞进塑料袋"的创意，打开了豆腐的销路，直接带动全村种植大豆666.67亩，400余户生产豆腐，就业人数达5000人，拉动了区域经济的快速发展。[①]

4. 丰富了市民生活，拓展了市民生活空间

蔡家洼村农业文化创意产业的发展极大地丰富了北京及周边县市居民的日常生活，成为市民短期旅游的首选地。日本三得利茶饮料、台湾大磬速食品、正林瓜子等农产品加工车间的开放，透明化生产，全生产线展示，提高了游客对食品安全的信任度；"四季有花、四季有果"的蔡家洼农业休闲观光园，能够为游客提供一年四季的观光采摘服务，并开辟科普专区和认领单元，让孩子们学习和体验农耕文化；占地1300亩的绿色旅游商务区为市民提供了会议、展示、交流的商务活动场所，并为市民提供农业休闲旅游服务。2012年，蔡家洼累计接待游客20万人次，农民年人均

① 北京市农委提供资料。

收入增加 2000 多元。①

6.4.4 借鉴和启示

1. 培育新型农业经营主体是农业文化创意产业建设的关键

蔡家洼村发展模式中所涉及的新型农业经营主体以村支书王××为典型代表，他带领村党委和村委会的班子成员以推动集体经济发展、富裕村民为目标，立足密云生态涵养发展区的功能定位，紧扣新农村建设主题，用现代企业经营的理念，整合自有优势资源，积极引入外部资本和经营实体，通过创新体制机制，实现了蔡家洼村整体经济实力的提升。他积极推动土地流转，将全村土地、山林全部流转归村集体，由村集体统一规划和集约化经营的方式，成为蔡家洼传统农业改造升级的关键。蔡家洼村的发展实践表明，新型农业经营主体的培育是发展现代农业的关键。

2. 优势资源的整合与利用是农业文化创意产业建设的重要举措

农业文化创意产业建设必须以产业发展为基础，应该积极整合土地、资金、技术、人才、管理等先进生产要素，加快产业协同发展步伐。蔡家洼将土地流转归集体所有，统一规划和配置，为发展产业打下基础；在资金的整合上，利用京郊区位优势、市场优势和"无出其右"的生态环境优势，吸引大中型农业产业化龙头企业和农业文化创意产业实体带资金入村搞农业文化创意产业建设，村集体通过土地入股得到的收益又能作为产业发展资金继续投入生产；在人才的引进和培育上，引进台湾企业家、管理人才，培育自有村民为产业工人，为产业发展提供持续动力；在科技要素的引进和使用上，集聚了中国农科院、北京农林科学院等科研院所的科技资源。

3. 以项目带发展是农业文化创意产业建设的重要途径

项目是投资的载体，是形成投资的重要手段。蔡家洼树立了以抓项目促发展的理念，通过项目带动的形式，吸引大批工商资本入村发展农业文

---

① 北京市农委提供资料。

化创意产业。全面提高财政保障农业文化创意产业基础设施建设水平，加大招商引资力度鼓励企业带资金、带项目来村；引进鑫记伟业等龙头企业，发展观光农业，建成华北地区最大的樱桃采摘地。规划建设810亩的智能化阳光温室大棚，栽植10多个品种的热带果树、蔬菜、南方花卉等。

4. 多方主体受益是农业文化创意产业建设的最终目标

农业文化创意产业的发展不仅能够实现三产联动发展，还能够带动多方主体受益。蔡家洼通过进行一些外部性较强的配套设施建设，实现了对农业文化资源的开发和利用，打造了区域品牌，促进了区域经济的全方位发展；蔡家洼村民将土地流转给村委会，成为产业工人，拓宽了增收渠道。目前，蔡家洼村民有劳动能力的都安排了就业，没有劳动能力的村民每月都有补贴，幼儿园免费，大学生有资助，医疗保障齐全，社会服务周到，农业文化创意产业的收益来自农民服务农民，大大提高了农民的生活水平；政府、农民、企业多方共赢又为农业文化创意产业的继续发展提供制动力，促进了区域农业产业进一步向高层次发展。

6.4.5 存在的问题

1. 基础设施落后，阻碍文化创意产业进一步发展

落后的基础设施与日益增长的游客需求不匹配，阻碍文化创意产业进一步发展。第一，道路设施差，停车位紧缺。景观农业的面积不断扩大，道路铺设速度相对较慢，停车场所数量少。在文化节开展期间，自驾游乘客较多，没有足够的停车场导致主道路交通堵塞，部分偏远的农家院因为道路设施落后被游客拒绝。第二，景观设施少，休闲场所不配套。景观沿途缺少凉亭等休息场所，游客难以驻足。第三，环境和安全工作不到位。盛大的节庆活动举办期间，客流量大，缺少科学的管理和相应的管理人员，存在安全隐患。垃圾箱覆盖范围小，环境卫生难以维护，活动过后清理工作量大。

2. 服务水平有待提升

随着蔡家洼经济的快速发展以及各种项目的落地，部分旅游接待水平和旅游从业人员的素质与旅游文化发展的定位不协调，民俗户知识水平的限制使得服务接待水平与日益增长的需求相矛盾，制约了民俗旅游的进一步发展，有待进一步完善和提高。

6.4.6 对策建议

1. 加强基础设施建设，提供良好的发展平台

发展农业文化创意产业，创意是灵魂，设施是基础。景观农业旨在依托优美的生态环境和植物景观，营造田园风光，给人休闲观赏、舒缓身心、亲近自然的视觉盛宴和精神享受。良好的基础设施是景观农业发挥创意的基础保证，是提升品质的基本要求，是吸引游客、满足游客需求的必须。第一，建立专项资金，用于支持文化创意产业基础设施建设。主要包括道路、停车场、长廊、凉亭和景观小品、创意模型等，给游客提供方便的旅游环境和休息场所。第二，规范民俗接待户、农家院的营业标准，提高餐饮卫生标准和住宿环境标准。组织对农户的专业培训，统一指导，提高经营者的综合素质，提高游客消费环境的整体水平。

2. 不断提升民俗旅游业服务水平

虽然蔡家洼的民俗旅游业得到较快发展，而且随着进一步建设，知名度也在不断提升，再加上市场需求的膨胀，民俗旅游业发展势头正旺，但是蔡家洼目前的民俗接待水平有限，与消费者的高端需求不相称。因此，要统一规范旅游服务行为，努力提高组织化程度和管理服务水平。通过合作社或协会的形式，逐步引导民俗旅游户提高服务水平，聘请专家、企业经营者对民俗户进行培训，从消费者需求、服务业知识、具体实践等角度对民俗户进行系统培训，并通过宣传先进民俗户的成功经验强化民俗户对服务水平和从业水平的重视；鼓励区域内的民俗旅游户加强沟通，互相交流经验，找出差距，发挥行业带头人的积极带动作用，鼓励民俗户之间相互督促，相互帮助，提高蔡家洼民俗旅游业的层次和水平。

6.5 "平谷大桃产业"的创意模式

平谷区位于北京市东北部，属北京市辖区，总面积1075平方公里，山区面积占59.7%，耕地面积11.51万亩，辖14镇、2乡、2个办事处，275个行政村。[①] 平谷依托资源和地理优势，发展成全国面积最大、产量最多的大桃基地，成为全国大桃生产第一区和北京市的重要大桃生产基地，先后被国家林业局授予"中国名特优经济林桃之乡"，被农业部授予"中国桃乡"，被国家质量技术监督检验检疫总局确定为"全国大桃标准化生产示范区"。平谷发展农业文化创意产业，紧紧抓住"平谷大桃"的品牌优势，促进大桃产业更好地发展，形成了以大桃为主、多种水果共同发展的产业格局，桃花文化节、大桃采摘季、民俗旅游和沟域经济成为主要的形式，特色鲜明，是区域品牌开发模式的成功实践和大胆尝试。平谷将大桃产业与文化创意产业融合，对大桃生产经营的过程、形式、工具、方法、产品等多方面进行创意和设计，从而增加大桃文化内涵，更好地满足人们的生活需要，同时提高农民收入，提升产品价值，促进区域经济发展。

6.5.1 平谷大桃产业发展概况

1. 平谷大桃产业发展概况

目前，平谷大桃以面积最大、产量最多、品种最齐全和上市时间最长而领跑于全国区县级。2012年，平谷区以大桃为主的果树面积有40.8万亩，大桃面积达到22万亩，产量超过2.5亿公斤，拥有黄桃、白桃、蟠桃、油桃四大系列共218个品种，从3月底至11月底均有鲜桃销售。[②] 京郊平谷大桃以个大、色艳、甜度高而享有较高的知名度，这主要源于平谷区特殊的自然环境优势、生产技术优势、科学管理优势。平谷区立足实际，发挥自身优势，积极实施大桃品牌战略，提高大桃知名度、提高桃农

---

①② 北京市农委提供资料。

收入。2009~2011年三年累计建立大桃增甜示范园1.3万亩，2010年平谷区果品总产达到3.6亿公斤，其中大桃产量2.8亿公斤，大桃收入9.4亿元。2012年，平谷区全年实现农林牧渔业总产值39.7亿元。平谷大桃品牌化战略，以优质果品为基础，以地理标志保护为契机，向精品化、高端化方向发展，给农业文化创意产业的发展提供了条件。

2. "平谷大桃"的创意模式

平谷区发展农业文化创意产业以大桃产业为核心，以打造"平谷大桃"品牌形象为主要任务，用大桃品牌优势为各种形式的农业文化创意产业打基础、增动力，农业文化创意产业发展紧紧抓住大桃产业做文章，将产品创意、文化创意、产业创意、园区创意、功能创意等元素转化为现实生产力，形成创意农产品、节庆文化、深度开发的产业链、特色园区和沟域功能开发等农业文化创意形式，促进大桃产业发展，进一步提升大桃的品牌形象（见图6-6）。

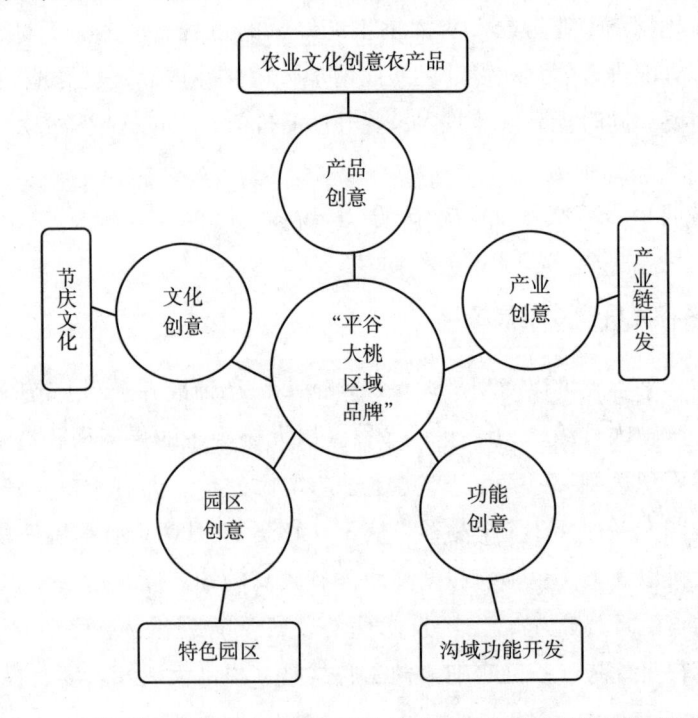

图6-6 "平谷大桃"区域品牌开发与农业文化创意产业发展模式运行

6.5.2 主要做法

1. 区域品牌+基地建设，实施大桃增甜工程

基地建设是保证果树产业进一步做大做强的保证，通过建立特色果品基地，促进特色果品长足发展，优化果树品种结构。一方面，推广果树新品种。2007~2011年，共推广果树新品种106个。在大桃品种上推出美国红蟠、美国黄蟠等优质蟠桃品种3万多亩，瑞光18号、瑞光19号等优质油桃品种2万多亩，晚九号、白凤、清水白桃等优质水蜜桃品种1万多亩。在其他果树品种上，引进三优苹果、玉露香梨、樱桃、薄皮核桃、大枣、日本甜柿等优新果树品种及枇杷、火龙果、木瓜等热带果树品种。另一方面，建立特色果品基地。2007~2011年，共建成特色果品基地2万多亩，其中2011年特色果品基地建设3000亩，以金海湖镇茅山后村为重点，完成日本甜柿高接换优面积485.9亩。除了基地建设，还实施大桃增甜工程，进一步提升果品质量，提高竞争力。紧紧围绕大桃增甜这一核心，大力推广高光效树体结构调整、增施发酵腐熟有机肥、倒拉枝、高培垅整地、覆盖黑地膜、果实套袋、病虫害联防联治等综合配套技术。2009~2011年三年累计建成大桃增甜示范园1.3万亩，其中，2011年完成高标准示范田0.5万亩，示范作用明显，大桃质量明显提升，全区精品果品率达到65%以上。

2. "区域品牌+产品创意"，打造创意大桃产品

平谷紧抓大桃产业优势，对桃果进行创意设计，开发具有文化特色的农产品，提高农产品附加值。第一，立足大桃祝寿的历史文化，开发艺术桃产品，打造祝寿桃。通过在果实上贴膜，让太阳在鲜桃上写字绘画，最终形成有"贺寿""生日""寿星""十二生肖""福""禄"等祝愿或喜庆特色图案的晒字桃，通过精品包装，走上高端礼品市场，每个桃果卖到10元以上；或是通过设计模具，将桃果在初期就装进模具，最后长成特定形状的异型桃，如"寿星老"造型的大桃。这种具有深刻文化内涵的创意桃果，主要功能不在于食用而在于文化功能，成为为老人祝寿、为朋友庆生的文化桃，形成了一定的生日礼品市场。文化对消费者更具有吸引力，文化桃比一般桃价格平均高出 2~3 倍，促农增收效果显著。

3. "区域品牌 + 文化创意"，举办桃花文化节

用具有创意的形式将文化元素融入农业的发展之中，是农业文化创意产业的精髓和制高点。平谷区在发展以果树产业为主的农业时，紧抓传统文化和现代文化的精髓，挖掘文化潜力。以农业节庆活动为平台，举办桃花文化节融入文艺演出、互动赛事、农业展览与交易等活动，用文化包装农业，用农业发扬文化，实现文化和农业共同发展，提升农业文化含量，实现农旅结合新发展，使大桃文化内涵更加丰富，进一步提升大桃品牌形象，提高大桃的市场知名度。近几年，平谷区以 8000 年上宅文化、5000 年黄帝文化、3000 年青铜文化、2200 年建置文化和 600 年长城文化为切入点，打造精彩纷呈的农业文化创意产业，实现农业由传统的单一生产功能向生活、生态等多种功能融合发展转变，尤其突出农业的体验、示范功能。通过文化创意，真正形成平谷的大桃文化，提高产品附加值，促进 10 余万桃农增收。平谷坚持"以花为媒，营销平谷"的理念，截至 2013 年 5 月，已经举办了十五届桃花节，成为京津地区著名的春季旅游活动，实现了经济效益和社会效益的双丰收。平谷桃花节定于每年 4 月举办，依托数万亩桃花盛开形成的景观优势，配以多种形式的文化、娱乐活动，激活各相关产业的潜力，最大程度地吸引游客，创造规模化消费机遇，同时带动其他相关产业部门发展。平谷桃花节是一个集农产品贸易、第三产业发展、文化延伸的大型会展农业形式，并逐步丰富内容、创新形式、扩展范围、引进文化，逐步实现扩大影响力、提高经济效益的目标（见图 6-7）。

4. "区域品牌 + 产业创意"，深度开发大桃产业链

平谷以大桃产业为基础，通过创意开发，延伸大桃产业链，增加大桃产业创意内涵，使大桃产业向第二、第三产业延伸，从而提高大桃产业的加工附加值、服务附加值和文化附加值。一是对桃木进行雕刻加工，形成内涵丰富的桃木工艺品。利用桃木"避邪气、镇宅院、保平安"的特殊文

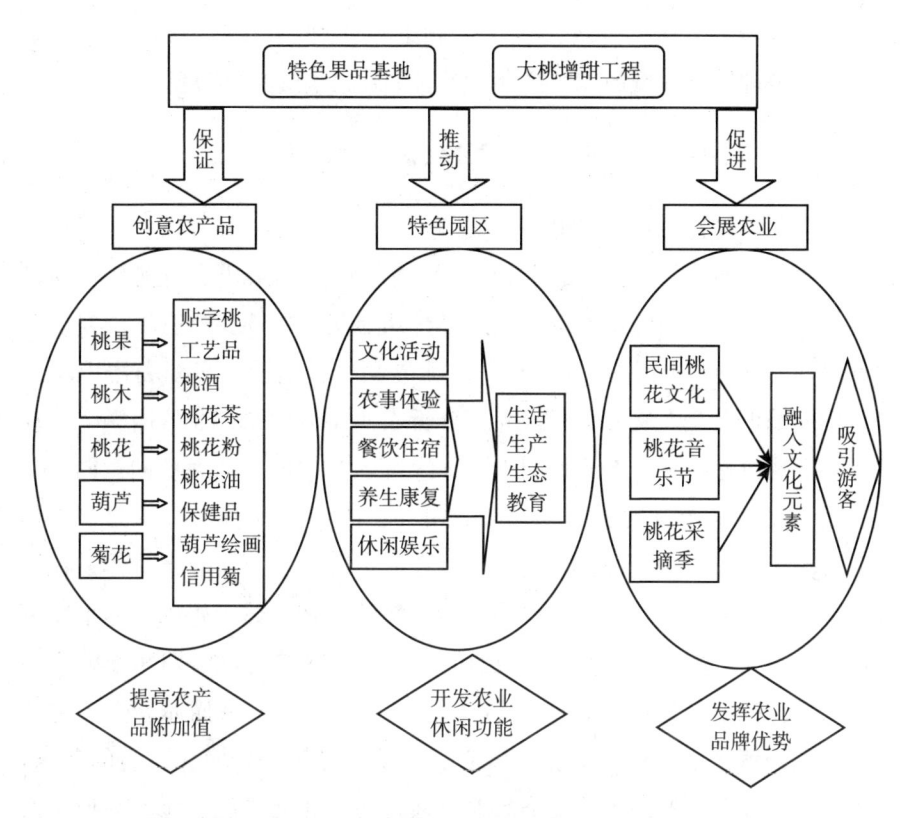

图 6-7　平谷区农业文化创意产业构成

化内涵，发展桃木工艺品雕刻产业。如绿源桃木雕刻工艺品有限公司，立足于桃木文化创意产品设计、桃木工艺品的开发，形成生活用品、文化用品、旅游纪念品、企业收藏、欣赏摆放、镇宅保平安等八大系列手工雕刻产品，并解决了15名残疾人就业。平谷桃木工艺品经过十余年的技术创新，已经形成了八大系列、一百多个品种，桃木剑、桃符、桃木如意、桃木摆件等最具特色，市场扩展到港台地区及东南亚国家。二是对桃花进行深度开发，形成桃花系列产品。如对桃花进行深加工，开发出桃花粉、桃花茶、桃花精油、桃花保健品、桃花调味品等，对桃核进行深加工，开发出桃酒、中药产品等。大力发展其他创意农产品。除了大桃之外，平谷区还大力发展葫芦绘画、圣林干花、西柏店食用菊花等各类独具特色的创意农产品，增加了农产品的文化艺术含量，提高农产品的附加值，充分利用农业资源。通过延长大桃产业链，发挥产业创意的作用，有利于充分挖掘大桃产业潜力，丰富"平谷大桃"品牌的产品种类，增加农产品的附加值，提高经济效益，增加就业机会，丰富平谷大桃的文化内容。

5. "区域品牌＋园区创意"，建立大桃特色园区

园区创意是指对传统的果园、菜园、农园等进行创意开发，对特定主题（如某一农作物）的栽培、管理、品种展示、文化开发等进行整体设计，创造出特色鲜明的体验空间，是各种功能集中体现，兼有休闲娱乐和教育普及的双重功能。平谷区围绕大桃产业品牌建设，充分利用市场优势，借助都市农业发展的良好势头，分析农业文化创意产业的内涵，推动农业园区特色化发展，形成区别于其他地区、其他产业的大桃创意园，顺应农业文化创意产业发展的新形势。第一，深度开发农业园区的多种功能。发展综合型农业园区，集生活、教育、生态、生产功能于一体，在农业园区中引入文化活动、农事体验活动、餐饮住宿、休闲娱乐、养生康复等产业，彰显个性，突出创意，吸引游客。如在桃花音乐节期间推出"田园公社"，建成囊括农事劳作、观光休闲、网络营销、采摘体验等多种活动的特色园区，满足游客畅游、观看、享受、寻领、采摘和品尝的需求。第二，努力提升农业园区的经济效益。通过将文化元素融入园区建设，将特色休闲活动引入园区内部，并通过电子商务科技，开发高端客户，以农事体验为切入点，从整体上提升农业园区的经济效益。探索发展了诺亚农场、沱沱工社、京东绿谷农事体验园三种会员制农业园区。第三，加大农业文化创意产业园区发展力度。在原有农业园区的基础上，全面启动"双十工程"，拟在全区范围内打造20个综合性的农业文化创意产业园区，并开展星级观光园评选活动，实现农业文化创意产业园区全面发展。

丛海逸园是平谷特色创意园的典型之一。丛海逸园位于大华山镇小峪子村南，2005年开始接待游人。该园区集新技术应用、示范、观光和采摘以及农事体验于一体，综合性强，会议、休闲、度假功能突出，是一个具有创意的生态农业园。不仅种有我国北方多种特色水果，还有火龙果、枇杷等多个品种的南方热带水果，果菜四季飘香。引进近年来国内外选育成功并将正在进行推广的优种约50个，栽培新品种大桃8000株，每个品种悬挂标牌；引进樱桃、石榴、草莓、枣、杏、海棠、沙果、拉车、柰子等

特色果树品种 4000 株。丛海逸园由镇"林业站"经营管理，制定了观光园发展规划，设有专职观光管理人员，制定了目标管理责任制，分工明确，责任到人，对观光活动进行统一有效管理。

6. "区域品牌+功能创意"，发展沟域旅游

平谷山区面积占整个区的近 60%，山地制约了传统农业的发展。平谷区积极探索发展途径，立足大桃产业品牌优势，进行山区经济开发，逐步探索出沟域旅游的创意形式。发展多种形式的会展农业，通过多窗口展示、多途径宣传、多角度创新，将大桃产业和文化元素融合发展，提高知名度，提升认可度，并抓住契机，于 2006 年申请实施地理标志产品保护，2012 年又获得"中国驰名商标认证"。第一，以桃花为主题，打造桃花民间文化。以大桃产业为基础，将桃花打造成平谷区区花，将《桃花恋》确定为区歌，真正实现人民生活与桃文化相融合。2011 年开始举办的桃花音乐节是农业产业和文化产业的结合，是创意的集中体现，成为京津冀市民春季出游的最佳目的地之一。平谷区桃花民间文化，成为人们感受特色平谷、生态平谷、文明平谷、幸福平谷的重要窗口。第二，将音乐和桃花结合，举办音乐桃花节。平谷区在以往桃花节的基础之上，探索新的创意形式，结合音乐文化传统，推出桃花音乐节的特色节庆活动。2011 年，平谷将首届中国最具魅力休闲乡村发布活动与北京平谷国际桃花音乐节共同举办，共接待游客 216 万人，实现收入 1.4 亿元。第三，将道教文化和大桃文化有机结合，举办采摘节。平谷区将桃花文化和道教文化有机结合，2011 年举办"平谷鲜桃采摘季"活动，突出"孝、寿"理念，彰显道教文化底蕴，重点实施"三个百"对接工程，即 100 家企业与 100 个大桃专业村对接，100 家商超与 100 个合作社联手，100 位名人与 100 家大桃科技示范户对应，通过企业订购、采摘、商超直销等多种形式销售大桃 1 亿公斤，实现收入 5 亿元。

挂甲峪山庄就是功能创意的成果，通过对林间道路进行综合治理，对生产要素的配置进行合理安排，对整体形象进行创意、创新，最后实现整体功能的转换，是扬长避短、综合开发沟域经济的典型代表。挂甲峪山庄位于平谷挂甲峪村，地势东南高西北低，通过整合改造，由原来贫穷落后

的小山村发展成拥有五个公司的集体经济公司，实现了资源的全面开发利用。北京天甲旅游开发有限公司是挂甲峪山庄五个公司之一，是创意产业、农业、旅游业的综合发展成果，村委会集资成立，走出一条"以工促农，农旅结合，带农致富"的发展道路，建成六郎景区、老君山景区、旋转餐厅、露天剧场、生态小木屋等旅游基础设施和龙王庙、卧佛和观音像等人文景点，已初步形成了集餐饮、住宿、娱乐、休闲、观光为一体的挂甲峪山庄度假村，公司的接待能力能达到日接待餐饮 1000 人次，日住宿 200 人次。

6.5.3 取得的成效

平谷区通过积极探索和大胆实践，在农业文化创意产业上取得重要突破，创新形式，拓展内涵，实现农业和文化产业融合发展，带动农业向多元化、创意化、都市化、现代化方向发展。2012 年，全区设施农业占地面积 1.3 万亩，播种面积 2.4 万亩，实现收入 3.1 亿元，比上年增长 9.9%。其中，温室实现收入 3 亿元；大棚、中小棚实现收入 1789.1 万元。

1. 实现果树品种多样化，果品质量特优化

平谷区通过引进新品种，建立特色果品基地，既丰富了果树品种，实现果品多样化，又提升果品口感，实现果品特色化、优质化。平谷区作为北京市主要的农副产品生产基地之一，果树的种类和口感是带动一方经济的重要推动力量。一方面形成包含多种品种的蟠桃系列、油桃系列、水蜜桃系列、黄桃系列四大系列的 200 多个品种，具有软溶质与硬溶质、有毛与无毛、扁桃与圆桃、甜酸桃与酸甜桃互为补充的品种格局，以多样的品种、多种的口感吸引着不同类型、不同地区的消费者，使平谷区果业内容更加丰富，满足了市场多元化、个性化的需求，竞争力进一步增强。除了主导品种大桃外，还发展北方常见的各类干鲜果品，形成"平谷十二果"特色系列，包括大枣、红杏、红果、葡萄、核桃、樱桃、苹果、柿子、李子、栗子、梨和桃，彰显了平谷果品王国的多样性和丰富性。全区 15% 国土的面积是桃林，28% 的国土面积为果园覆盖。另一方面，在果品多样化的基础上,注重提升口感,走特色、优质路线,培育"名、优、特、稀"产品,实现果品精致外形、鲜美口感。

2. 提高农产品价格,实现农业增效、农民增收

以品牌建设为核心,以农业文化创意产业为形式的平谷大桃产业,促进桃价上升,实现农业增效、农民增收,促进区域经济发展和农村稳定。平谷区大桃面积22万亩,桃农比例较大,大桃成为农民收入的主要经济来源。全区有3万户果农近7万人从事大桃生产,3000多果农从事大桃销售工作,10多万农民的主要经济收入来源于果品生产。2010年,平谷大桃亩效益是北京其他区县大桃亩效益的3.2倍。全市大桃面积47万亩,平谷区大桃面积22万亩,占全市的46.8%;全市大桃收入12.77亿元,平谷区大桃收入9.447亿元,占全市大桃总收入的74%。2012年,全区大桃生产收入11.8亿元,户均收入3.93万元,10万农民人均收入1.18万元,再加上营销收入1.5亿元,则户均收入4.43万元,10万农民人均收入1.33万元,桃园亩效益最高突破6万元,经济效益显著。总体看,平谷区农民收入水平得到提升。全区农民人均纯收入1.51万元,相比2010年的1.2万元,增长了25.8%。分产业看,大桃产业效益最高。大桃亩效益万元以上的户共计10017户,占全区大桃种植户的1/3。其中,大桃亩效益1万~2万元的有8418户,亩效益在2万~3万元的有1361户,亩效益在3万元以上的有238户。桃收入10万元以上的有1471户。经调查,全区桃树总收入最高的户是兴谷街道后罗庄村果农张海军,30亩桃园总收入45万元;桃园亩效益最高的是王辛庄镇东杏园村果农耿春荣,24号桃亩效益6.35万元。横向看,平谷区果农收入高于北京其他地区。2010年,平谷区山区半山区15万农业人口人均果品年收入8004元,全市果区105万农业人口人均果品年收入3486元,平谷区山区半山区15万农业人口人均果品年收入是全市果农人均果品年收入的近2.3倍。纵向看,节庆期间比平时效益高。以峪口镇兴隆庄村设施桃园区为例,桃花节期间,每栋设施温室比平时增收近2万元。桃文化产品深受消费者欢迎,价格优势明显,2010~2011年,每箱12个桃的图案桃卖到200元,2个"寿星佬"桃和10个图案桃,每箱售价近300元或者更多,每个"寿星佬"桃最高销售价格达到

100元。文化创意元素带来的价格优势,给桃农带来较高的经济效益。

3. "平谷大桃"知名度提高

平谷大桃品牌化战略和农业文化创意产业的结合,使平谷大桃知名度得到提高。2012年平谷大桃证明商标获得国家工商局总局认定的"中国驰名商标",成为目前北京市唯一一个同时拥有原产地证明商标和驰名商标的农副产品。平谷大桃的优良品质得到北京和全国大部分地区的认可,在北京大桃市场占有相当大的份额,是人们食用、送礼、祝寿的上佳选择。平谷大桃销往国内30多个省市和港、澳、台地区,还远销到亚洲、欧美等十几个国家,在国内外具有较高的知名度。"平谷大桃"被评为全国知名商标品牌,被欧盟确定为进入欧盟10个中国农产品之一,成为欧盟地理标志保护产品。

4. 带动相关产业发展,综合效益突出

平谷区发展农业文化创意产业,逐渐探索出农旅结合发展之路,促进了观光休闲农业发展,逐渐形成集采摘、餐饮、住宿等多种经营方式于一体的现代农业。一是带动了餐饮、包装、加工、农机等产业的发展。开发出了桃木艺术品、桃酒、桃花茶、桃休闲食品等产品;二是带动了桃文化产业的发展。成功开发出了晒字桃、异型桃系列鲜桃产品和创作出了一系列话剧、诗歌、散文作品,举办了摄影、书画、对联等多种以桃文化为主题的比赛,丰富了平谷桃文化的内涵,扩大了平谷大桃的社会影响力。平谷大桃在带动相关产业发展的同时,取得了显著的经济效益、社会效益和生态效益,在促进文化交流、解决劳动力就业方面显示出良好的社会效益。在提高绿化面积、实现产业转型、打造自然景观方面显示出良好的生态效益。2012年,平谷区实现观光休闲农业总收入4.3亿元,同比增长17.3%;接待人次708.2万人次,同比增长6.8%。

首先,观光园发展势头良好。全区现有观光园207个,总收入2.4亿元,同比增长16.8%;接待人次336.5万人次,同比增长6.3%(见表6-3)。观光园收入和接待人次全面增长,整体效益逐步增加,观光园收入的较快增长成为农民增收的重要途径之一。

表6-3　　　　　　　　　2012年观光园各项收入情况①

指标名称	2012年	2011年	增速（%）
总收入（万元）	23790.1	20375.5	16.8
1. 门票收入（万元）	134.1	612.0	-78.1
2. 采摘收入（万元）	16403.0	13708.7	19.7
3. 出售农产品收入（万元）	2780.5	2325.2	19.6
4. 出售其他商品收入（万元）	793.4	522.7	51.8
5. 健身娱乐收入（万元）	—	—	—
6. 垂钓收入（万元）	324.4	370.5	-12.4
7. 餐饮收入（万元）	1025.7	895.8	14.5
8. 住宿收入（万元）	289.4	233.7	23.8
9. 其他收入（万元）	2039.6	1706.9	19.5

资料来源：北京市农委提供资料。

其次，平谷区以产业优势、资源优势、生态优势、人文优势为亮点，乡村旅游取得显著成效，民俗旅游市场蓬勃发展，民俗旅游户收入增长18.0%。特有的生态环境和丰富多彩的民俗旅游文化资源吸引着众多城市居民，特色鲜明、主题突出的民俗村，为人们创造出回归自然、拥抱山水的休闲空间。2012年末，全区有民俗旅游户3523户，全年接待游客人次371.7万人次，同比增长7.2%；实现总收入2.0亿元，同比增长18.0%。民俗旅游的快速发展，快速拉动了全区农民收入的增长（见表6-4）。

表6-4　　　　　　　　　2012年民俗旅游收入情况②

指标名称	2012年	2011年	增速（%）
总收入（万元）	19648.9	16657.9	18.0
其中：出售和加工自产农产品收入（万元）	2324.6	2060.9	12.8
餐饮收入（万元）	14397.8	12083.6	19.2
住宿收入（万元）	2892.4	2509.2	15.3

资料来源：北京市农委提供资料。

---

① 北京市农委提供资料。
② 北京市农委提供资料。

6.5.4 提供的启示

1. 加强区域品牌建设，推动农业文化创意产业加速发展

新时期、新背景下的农业发展，要实现形式和内容的突破，加快农业文化创意产业发展，必须具有品牌化发展战略意识，用品牌化推进经济建设，可以有效、准确地把握农业文化创意产业的方向，助推农业文化创意产业区的良好的社会反响。平谷区紧抓大桃产业的优势，打造"平谷大桃"知名品牌，切实加强对大桃产品的品牌宣传，通过网络、报纸、会议等形式将平谷大桃的品质予以展示，使其走向全国、走出内陆、走出中国，继续打造世界级知名品牌。注重对大桃产业的包装设计，使品牌标志更加明显，取得知名度和市场占有率。在提升大桃果品质量和形象的同时，平谷加强品牌文化的建设，将桃花节文化作为展示平谷的重要窗口。总之，平谷大桃品牌战略取得了良好的效果，桃果知名度提升，市场优势突出，文化内涵丰富，旅游竞争力提高，文化节庆氛围浓郁，区域形象鲜明。

2. 创新发展模式，发挥文化创意功能

平谷区发展特色综合园区，融多种功能于一体，形成绿波廊农业观光园、丛海逸园创意园、沁园春特色水果观光采摘园等各具特色的园区，并采取现代化的栽培模式和先进技术，注入文化内涵；加大休闲购物场所、产品文化介绍、乡村酒家、文化广场等观光休闲采摘基础设施建设，加快都市型公园化创意观光果业发展，实现休闲娱乐、采摘体验、会议度假、婚纱摄影等具有创意功能和生活教育功能的有效整合。另外，深度开发沟域经济。挂甲峪山庄的发展模式为沟域地区整合资源、转型升级提供了借鉴，将山区环境转化成旅游风景资源，打造成环境优美、适合游玩的旅游区，最后引进果品采摘、餐饮住宿等消费项目，并集资成立旅游、加工等公司，提高科学管理经营、提高风险应对能力，并解决当地部分村民就业，提高农民经济收入水平。

3. 深度挖掘文化内涵，提高产业附加值

农业文化创意产业比传统农业具有综合功能凸显、综合效益高的优势，丰富的文化内涵是提高产品附加值、提升竞争力的关键因素。平谷注重挖掘桃历史文化、融合其他文化，打造具有平谷特色的桃文化品牌，以"孝"为核心发扬大桃的精神文化功能，聘请区内外著名的艺术家，举办诗歌、散文、歌曲、摄影、书画等多种以桃"孝""寿"等文化为主的比赛，扩大平谷大桃的社会影响；加强以"孝""寿"等文化内涵的包装设计和介绍，全力推出大桃"孝""寿"文化；加大文化艺术桃、桃木加工产品的开发力度，并在全区推广。在文化桃艺术品、文化赛事活动、文化节庆活动等形式的推动下，大桃产业转变成文化内容丰富、品牌内涵深刻的创意产业，带动相关产业发展，实现大桃产业综合效益。

4. 建立生产长效机制

农业生产无论采取怎样的形式，都要实现科学发展、长远发展。农业作为第一生产部门，对自然的依赖性最强，既要把握土地等生产资料对发展农业的重要意义，又要注重科技的推动作用。在新的形势下，在农业文化创意产业发展的背景下，房山区以现有的生产条件为基础，从加大基地建设、创新栽培模式、完善技术推广体系方面建立农业生产长效机制，提升农业科技含量，稳步推进果树产业做大、做强。第一，加大基地建设。实施"以有机果品为先导，绿色果品为主体，安全果品为基础"的精品果生产战略，紧抓有机果品基地建设，全区建成无公害果品生产基地28.9万亩，绿色果品生产基地10万亩，有机果品生产示范区1.9万亩。2011年，以应用"三安"农业科技有限公司生产的生物制肥素、生物土壤净化剂、三安有机肥和植物保护剂四种制剂为核心技术，在全区建立示范基地1万亩。并组建区、镇、村三级病虫害预测预报网络，建立病虫害实验室，推广生物病虫害防治技术。第二，创新栽培模式。创新苹果矮化栽培模式，在峪口镇示范面积400亩；创新梨树网架式栽培模式，在刘家店镇示范面积150亩；推行桃树"Y"字形架式栽培模式，在刘家店镇示范面积200亩。第三，完善技术推广体系。加强与科研院所、大专院校的技术合作，

聘请专家进行技术指导，在此基础上完善村级科技服务体系，在128个大桃专业村组建科技示范骨干服务队，队员达到1041人，成为加快优新综合配套技术推广的主力军和生力军。并编写技术资料，采取多层次、多样化的培训形式，实现科技人员到户到人。每年举办技术培训班1000多期，培训果农10万多人次，下发技术材料10万多份（见图6-8）。

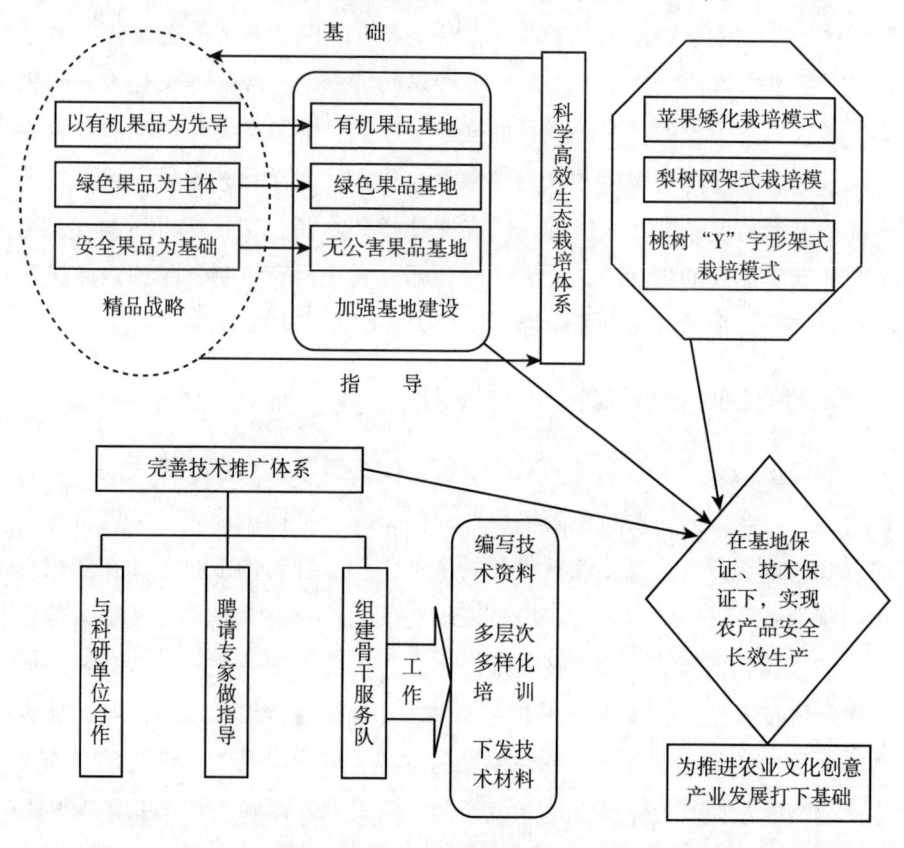

图6-8 平谷区农业文化创意产业农产品生产长效机制

5. 创新经营体制

平谷区发展农业文化创意产业，注重创新经营体制，改变阻碍生产效益提高的原有经营体制，走出了一条以大桃为主导的生态果品富民之路。第一，实行集约化经营。峪口镇西营村采取"党支部+专业合作社+果农"的"三位一体"经营机制和统一实行技术培训、生产资料供应、植保防治措施、增甜集成技术、基地认证和品牌打造、订单收购销售的产前、产中、产后"六统一"管理模式，提高农户专业化生产水平。加强产品质量监管力度，推进有机种植、富硒种植，实行一家一户生产产品质量追溯模式。在保持果树承包性质不变的前提下，通过成立土地合作社、土地银行等形式，加快果树流转，实现一家一户小生产向集约化经营的大生产转变。第二，开展对接工程，实现定向销售。2011年，平谷以鲜桃采摘季为契机，开展"三百对接"城乡交流合作活动，将百家企业对接百个大桃专业村、百家超市对接百个合作社、百位名人对接百个科技示范户，借助企业、商超、名人的资本优势、信息优势、科技优势、人才优势，充分发挥农村的资源优势、产业优势、生态优势，实施城乡联手，拓展发展空间，实现互利双赢，加快推进城乡一体化（见图6-9）。通过"三百对接"工程，带动30多家商超在平谷建立大桃直采基地，实现农超无缝对接，保证农民销路顺畅。

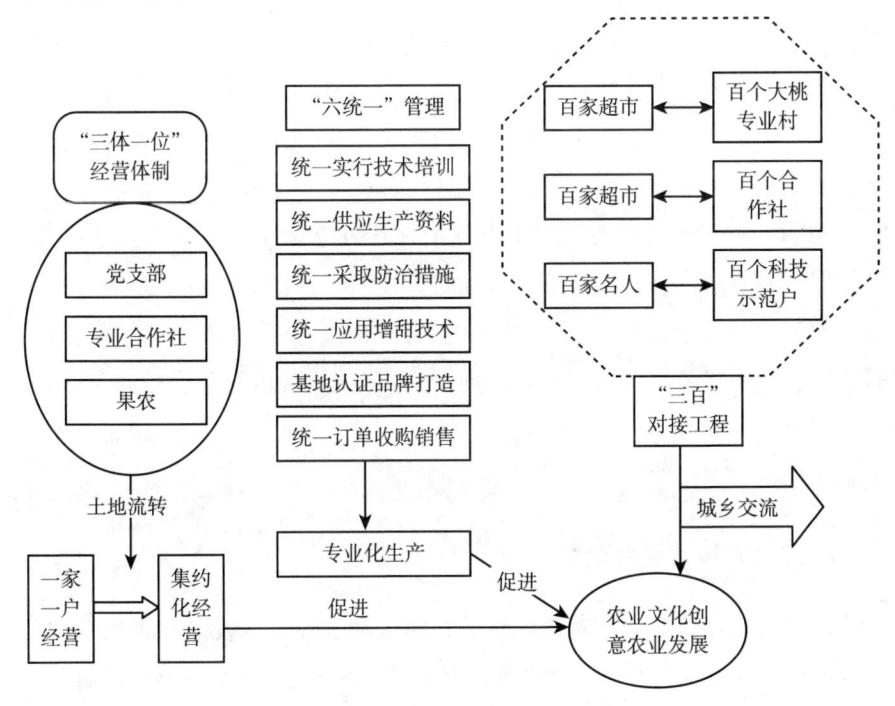

图6-9 经营机制创新示意

6. 遵循市场规律，满足消费者需求

农业文化创意产业作为新型的现代农业发展形式，应更加注重市场规

律的作用，生产、销售都要以市场需求为导向，保证本产业的可持续发展。农业文化创意产业要占领市场，必须做到创意的形式能真正体现文化创意的灵魂、创意的活动内容要能满足现代生活的价值观、创意的产品要优质并能满足审美需求。平谷大桃产业从产品创意到产业创意，既考虑到消费者对大桃产品质量和外形的需求、对桃文化表现的积极、喜庆的象征意义的认同，又紧抓消费者对乡村旅游、乡村文化和生态环境的渴望，同时做到桃文化、音乐文化、健康文化和教育文化的巧妙融合，从形式和内容上抓住消费者的胃口，并通过宣传等形式，最终形成特定的市场。

6.5.5 存在的问题

1. 基础设施有待完善

平谷区发展农业文化创意产业，在政府、企业、集体和农户的积极探索下，在形式和内容上取得新进展，但是基础设施条件不够完善，一定程度上制约了文化创意取得预期的效果，未能完全释放农业文化创意产业的强大功能。如观光园和民俗旅游农户仍存在餐饮住宿、卫生和供水设施、安全保障等基础设施不配套等诸多问题，在一定程度上制约了观光休闲农业的发展。丛海逸园农业文化创意产业观光园，将特色种植、休闲采摘、餐饮住宿、科普教育、婚庆摄影、真人 CS 等功能区进行整合，内容新颖，但是部分道路未修理平整，设施创意小品较少，围栏设计比较粗略，整体上缺少精致优美的感觉。

2. 受自然因素影响较大

农业文化创意产业的基础依然是农业生产。平谷区发展以果树产业为主导的农业文化创意产业受自然因素影响较大。观光休闲农业经营时期主要集中在 4 月至 10 月底，生产和消费与自然条件因素密切相关，自然因素的变化直接影响农业产量和效益。突发的自然灾害会给农业造成很大损失，致使以果品为中心的节庆文化活动和采摘活动都难以继续展开，制约休闲农业的稳定发展。

6.5.6 对策建议

1. 科学规划建设，政府给予支持

基础设施的不完善，主要原因：一是规划有失平衡，重视功能建设而忽略基础建设；二是个人或集体力量单薄，资金不足。针对这种情况，提出如下建议。第一，科学规划，平衡发展。既要重视功能建设，又要将基础设施的完善提上日程，创意要吸引人，设施要留住人。应凭借生态环境优势，不断完善水、电、气、路、卫生等配套设施建设，继续完善基础设施建设。结合平谷区的文化背景和农产品特色，建设一批现代农业园示范基地、样板村镇和星级民俗户，进一步推动旅游村庄建设。第二，政府在可承受范围内给予资金支持，政策保护，拓宽融资渠道，改善融资手段，降低融资成本。

2. 加强防备自然灾害系列工作

建议平谷区做好自然灾害预警工作，建立自然灾害预报系统，组织工作人员做好灾害前的通知、预防和灾害后的整顿工作；政府从政策上鼓励保险公司经营农业保险，实行税收优惠政策，同时还可充分利用再保险机制，对于风险大且涉及面广的农业风险实行多家保险公司分保经营，降低保险公司和农户的风险率；适当发展相应的农产品加工企业，构建生产、加工、贸易有机结合的现代农业产业化体系，努力发展壮大现有的农产品加工企业的档次规模，着力发展农副产品的加工、贮藏、保鲜、分类、包装环节，特别是农副产品深加工，借以增加产品的技术含量，增加产品的附加价值，从而弥补产量减少造成的损失。

6.6 "古北口文化旅游开发"的创意模式

古北口镇位于北京东北部，素有"燕京门户""京都重镇"之称。古北口镇坚持"文化立镇、旅游强镇、生态富民"的镇域经济社会发展思路，在发展和丰富文化旅游开发创意模式方面取得了较好的成效和经验（见图6-10）。古北口镇整合资源，发挥优势，加强重点镇建设，充分发挥司马台长城品牌效应，紧抓全镇文化旅游开发，大力提升民俗旅游档次，坚持发展农业文化创意产业，提升区域经济实力和文化旅游形象。

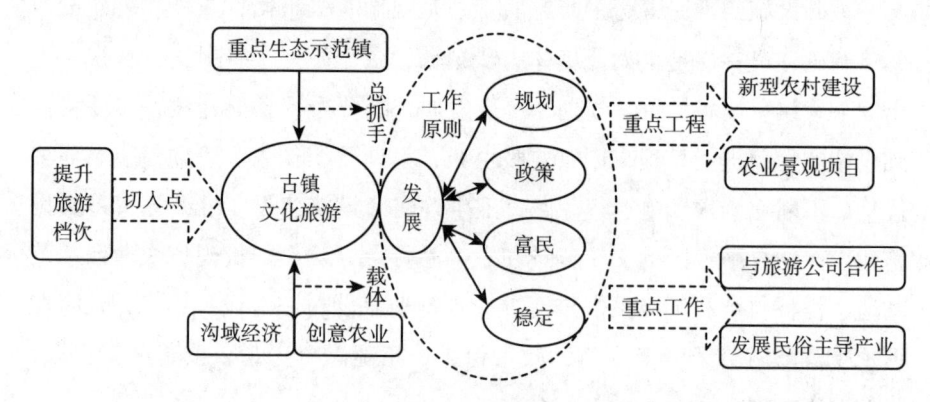

图6-10 密云区古北口镇文化旅游开发创意模式示意

6.6.1 古北口镇文化旅游建设概况

古北口镇总面积84.71平方公里，山场面积11万亩，耕地面积10890亩，下辖9个行政村，4个居委会，总人口10024人，其中农业人口8478人。2010年全镇农村经济总收入完成4.1亿元，大农业收入完成8950万元，农民人均纯收入11000元。古北口镇历史悠久，文物古迹众多，风景秀美，生态优良，交通便捷。[①]

古北口镇文化旅游开发创意模式，是以重点生态示范镇建设为总抓手，以古镇文化旅游为核心，以沟域经济和农业文化创意产业为载体，以提升民俗旅游档次为切入点，按照发展与规划相结合、发展与文化相结合、发展与政策相结合、发展与富民相结合、发展与稳定相结合的工作原则，整合资源，发挥优势，全力推进重点工程和重点工作，充分发挥古镇

---

① 北京市农委提供资料。

文化优势的同时，加快农业景观建设，使古文化与景观文化呼应，共同提高古北口镇旅游文化内涵，努力打造北京文化旅游特色镇。

6.6.2 主要做法

1. 加强与旅游公司合作，发挥旅游资源优势

古北口镇依托丰富的旅游资源，打造具有个性化和竞争力的旅游小镇，在政策支持下，加强与旅游公司合作，借助企业的资金、技术和宣传优势，将原有的司马台长城、卧虎山长城等进行重新包装，与民俗旅游相配套，形成特色鲜明的古镇文化旅游区。首先，古北口镇加强与旅游公司合作，点亮古北口旅游明灯。与中青旅控股股份有限公司进行合作，重新包装长城文化，通过市场化的营销手段和规范化的管理，提高旅游服务质量，提升古北口旅游品牌形象，提高竞争力，给古北口镇全面开发旅游资源带来生机。其次，保留原生态文化资源，开发新内涵文化景点，发挥旅游资源优势，打造古镇文化形象。古北口镇凭借得天独厚的人文旅游资源，纯朴厚重的乡土民风，地理位置的重要和军事地位的突出，形成司马台长城、卧虎山长城、古镇文化旅游区、香草艺术庄园四大景区及"古北口抗战纪念馆"等旅游景点，造就了其特殊的古镇文化和长城雄关风貌。

2. 大力发展民俗主导产业，推进民俗旅游产业化

古北口镇还注重发挥民间旅游的力量，大力发展民俗主导产业，全面提高乡村民俗旅游的规范化、标准化水平和组织化程度。首先，依托"古北口镇"旅游品牌优势，围绕休闲旅游产业链延伸发展，按照"一个民俗村就是一个乡村酒店"的理念，引入标准化、制度化、规范化、现代化、集约化的酒店管理模式，进行顾问式、统一化、高标准管理。其次，将新村的优势资源与古北水镇的企业产品、技术和市场对接，按照"政府领导、产业主导、项目带动、党员带头、群众广泛参与"的发展模式，积极鼓励引导村民大力发展民俗旅游业，带动村经济社会发展和农民增收致富。针对游客需求，成立了古北口聚源种植专业合作社，发展小杂粮、豆类、水果、蜂蜜等有机土特农产品，形成了"支部+协会+合作社+民俗户"的发展模式，推动了民俗旅游的规模化、规范化、产业化发展。新建了具有农村特色的农具及满族生活起居展室，深受游客欢迎。

3. 加强新型农村建设，建立新型农村管理模式

古北口镇紧抓新农村建设，对落后的村庄进行重建或搬迁改造，改善农村居民居住条件，提高基础设施水平，为农民发展民俗旅游业提供条件。司马台新村通过回迁改造，已经形成一个新型农村社区，并根据实际建立了一套适应现代农村的新型农村社区管理模式。一是构建"两室三中心一队"新型农村社区管理体系，即党建办公室、村政事务办公室；物业管理中心、旅游管理中心、资产管理中心；环境整治稽查队。三个中心分别负责新村物业管理、民俗旅游产业发展、村集体资产管理等工作；环境整治稽查队负责新村环境整治工作。二是建立完善"一会两网三册"管理体制。"一会"即成立社区事务监督委员会；"两网"即党建全程纪实系统网络、农村网格化管理网络；"三册"即建立党支部工作手册、村民代表会议手册、社区事务监督委员会工作手册。通过完善管理体制，加强对集体资产管理、民俗旅游发展、物业管理、网格化管理、环境综合整治等工作的落实，充分发挥党建全程纪实系统作用，及时公开民主决策内容，定期公开三本手册，确保社区管理合乎民意、规范有效。

4. 建立历史文化公园，提供旅游休闲场所

古北口镇建立历史文化公园，以主题公园的形式凸显古北古镇文化底蕴，通过公园配套设施建设，提供旅游休闲场所，提高服务水平，为游客充分了解古北口历史文化提供便利。古北口历史文化公园占地面积2.3万平方米，始建于2007年，由北京新风景园林公司设计施工。该项目共计绿化1.3万平方米，栽植乔木183株，花灌木2000余株，绿篱色带800延长米，铺设草坪1.3万平方米，硬化公园路面1万平方米。同时投资300万元在潮河流域古北口段建成湿地6.6万平方米，成为野鸭等候鸟的栖息地，形成天然景观。在完成绿化工作的同时，为保证公园

功能健全，建设卫生间一座，建设戚继光雕像一座，并安装照明设施。公园投入使用后日接待游客能力可在1000人以上，达到增加绿地及旅游休闲场所的目的①。

6.6.3 取得的成效

1. 农民收入水平提高，农村经济实力增强

古北口镇大力开发文化旅游产业，具有较强的创收致富优势。通过发展民俗旅游业等乡村产业，使农村经济实力增强，通过改造或新建新型农村，提高农民生活质量，政府的支持和旅游产业的带动大大提高农民的幸福指数。2010年，全镇农村经济总收入完成4.1亿元，大农业收入完成8950万元，农民人均纯收入11000元，社会固定资产投资2.6亿元。2011年全镇实现经济总收入4.1亿元，农业收入8950万元，农民人均收入11000元，共旅游接待游客66.2万人次，旅游经济总收入2591.9万元，其中民俗旅游收入2103.8万元。2012年，司马台村人均纯收入达到16181元，汤河村人均纯收入达到12780元。②

2. 民俗旅游规范化程度增强

在景区带动下，当地民俗业初具规模，全镇共有民俗村4个（其中河东、河西两个村均为市级民俗村），民俗户360户，其中，市级民俗旅游接待户174户，乡村酒店1处（万寿行宫），观光采摘园3处，蔬菜采摘大棚12个。民俗旅游住宿床位4000余张，餐位数12000个，从业人员达840余人。2011年，全镇共旅游接待游客66.2万人次，旅游经济总收入2591.9万元，其中民俗旅游收入2103.8万元。③日趋规范化的民俗旅游管理体系，适应了古北口镇向文化旅游强镇转变的要求，对于进一步提高旅游服务质量，发挥古镇文化优势具有重要意义。

---

①②③ 北京市农委提供资料。

3. 初步形成具有特色的文化旅游小镇

古北口镇坚持"文化立镇、旅游强镇、生态富民"的发展思路，立足实际、转变观念、创新方法、扎实工作，积极打造文化旅游特色镇，初步形成具有文化特色的旅游小镇，在北京具有一定的知名度，旅游经济得到了快速发展，全镇景区、民俗村、度假村以创意为依托，形成古文化、香草文化、生态文化、沟域文化融合发展、互相支撑的文化旅游开发格局。农业创意和文化创意的结合改变了农业单纯的种植方式，开创了以"爱情为主题，浪漫为形式，香草为载体"的新型情景旅游深度度假地、深度度假产业，使古北口镇成为北京地区最后保留下的一个原生态历史文化古镇。

6.6.4 借鉴和启示

1. 整合镇域资源，打造文化古镇

古北口镇具有得天独厚的人文旅游资源，通过发挥政府的决策、引导、支持作用，加强与旅游公司的合作，共同打造具有品牌影响力的古北口镇旅游亮点；挖掘抗战历史文化，建立"古北口抗战纪念馆"，重温清朝皇家文化，重修老铺面房，整合成全长1500米的古御道旅游景观；在旅游局的策划和农技推广站的支持下，以香草艺术庄园为载体，扩大香草种植面积，建设空中香草梯田，美化周边景观，达到观赏香草的效果，发挥景观农业优势，形成浪漫爱情文化。在开发旅游资源的同时，整合乡村力量，重点支持民俗旅游发展，与管理公司合作，提高管理水平，促进民俗旅游业规范化、标准化，实现与全镇旅游业快速发展相匹配。总之，古北口镇举各方之力，发挥政府、企业、农技推广部门、民间力量等主体的优势，以古北口镇为总依托，共同打造文化氛围好、旅游产业兴的文化古镇。

2. 实行差异化发展

农业文化创意产业的精髓在于创意，用独特的创意理念形成与现有资

源不同的发展形式，实现差异化发展。实现差异化发展需要有充足的市场、丰富的资源、坚实的发展基础、雄厚的技术支撑和勤劳的创业主体，差异化发展的主旨是实现产品向商品的转化，关键是产品的特色和营销方式的多样化，最主要的是调整优化产业布局，着力提升农业差异化发展的要素集聚力。古北口镇以全镇为中心主体，在发展文化旅游产业的同时，紧紧与创意产业相结合，深度发掘景观文化内涵，用深远的历史文化、独特的古镇文化、惊险的长城文化、浪漫的香草文化充分提升旅游景点的价值，用差异化的文化要素提升资源附加值，赢得中高端市场。如发展民俗旅游坚持差异化发展理念，按照"一个民俗村就是一个乡村酒店"的发展思路，每个民俗村形成自己的亮点，形成自己的管理模式，并实现与高端酒店管理公司合作，用现代化的管理方式提高民俗旅游水平，开拓更宽广的市场。

3. 发展旅游与生态建设同步进行

以农业文化创意产业为立足点的文化旅游产业，只有和生态建设同步进行，将生态保持和旅游开发相融合，走生态旅游发展道路，才是可持续的发展，才会拥有长久发展的动力。走生态旅游发展之路，是保护完整的自然和文化生态系统的必然要求，以考虑生态的承受力为度量，让旅游者亲自参与其中，在实际体验中领会生态旅游的奥秘，从而更加热爱自然，有利于自然与文化资源的保护。古北口镇的旅游产业立足从观光型向游客可参与的体验型、文化型、休闲型转变，在保证原生态山水、体验式休闲特质的同时，保持了原始性、独特性的特点，将古北口打造成为集休闲、度假、采摘、探古于一体的京郊乡村游生态基地。

4. 注重景观农业和文化结合

要充分挖掘景观农业的文化价值，形成独特的文化主题，积极推进农业景观、文化、旅游一体化发展，将景观农业建成为景观优美、文化特色鲜明的旅游景地和文化农园。古北口镇汤河村的"紫海香堤艺术庄园"以创意为切入点，建立300亩薰衣草等香草基地，形成壮观的农业景观，并融入时尚文化元素，不仅能使游客感受异域乡土风情，还能亲身参与制作、体验香草文化,成为发展农业文化创意的典型形式。

6.6.5 存在的问题

1. 农民力量薄弱,难以抵御风险,缺少专业合作组织

近年来,古北口镇转变农业发展方式,实行农业转型升级,大力打造农业文化创意产业发展新形势。农民也逐渐转变意识,主动改变传统的耕作方式,将文化和创意融入农业发展的每一个环节,但是由于农户个人力量薄弱,资金不足,市场有限,使很多农民在准备期间望而却步,放弃了改变农业形式、发展农业文化创意产业的想法。农业要做出创意,需要大量的资金投入,从规划、建设、运行都需要资金和管理、技术人员,农户资金短缺,筹资困难,使得文化创意产业只能依靠政府和企业,多数农户保持传统的农业发展方式。缺少专业合作组织。农业文化创意产业方面的合作组织很少,没有专业合作组织的带动,文化创意产业难以向更深度、更广范围发展。

2. 创新意识有待提高,可持续发展受到限制

虽然古北口镇在发展农业文化创意产业方面做出了积极探索,但是一些农业文化创意产业项目后期创新改革力度不够,依然停留在前期的规模和格局上,没有增加新的创意内容,过多的依赖于前期打下的市场基础,农业文化创意产业项目经营运作不够,一些农业文化创意产业初期具有极强的影响力,但是后期经营运作存在问题,往往效益不佳,可持续发展受到限制。

6.6.6 政策建议

1. 建立农民专业合作组织,引进各类专业人才

第一,政府加强引导,建立农民自己的专业合作组织,从农民自身出发,发挥好互助作用,抱起团来发展农业文化创意产业。第二,丰富创意形式，需要人才机制作保证。古北口镇发展农业文化创意产业，缺乏专业人才。因此必须加强人才培养，优化政策吸引人才。依托北京市的教育资源，促进大专院校、企业、科研机构以及社会培训机构之间的合作，建立多层次、多渠道的人才培养体系，为农业文化创意产业发展提供人才保障。

2. 树立并逐步提高创意理念

针对这个问题，首先要从观念上进行创新，要用创意的理念引导都市农业的发展，根据市场需求的变化和资源条件的调整，及时改革创新，从文化内涵和外观布局上进行深入的思考，将古北口镇特色农产品经济转变为创意型服务产业，开发针对特殊群体的个性化服务，满足高端市场的需求。其次，从服务方式和水平上进行创新。加强平台建设，提升服务水平。注重各类公共服务平台建设，建立和完善农业文化创意产业协会、质量协会、消费者协会和其他专业行业性协会以及社会中介服务体系，积极为农业文化创意产业企业提供品牌推介、法律服务、信息咨询、人才培训、商标代理等各个方面服务。另外，推进原有项目创新，鼓励用艺术的眼光和现代化技术对原有项目进行包装，重新打造成具有区域特色的品牌产业，用不断更新和变换的活动内容吸引更多游客，同时保持好生态资源，实现可持续发展。

6.7 密云区"水库鱼街"的创意模式

密云区水库鱼街依托密云水库的资源优势和生态优势，经过政府的规划、整合，最终形成水库鱼街文化内涵丰富、民俗风情浓郁的农食文化体验地带，通过密云水库一条鱼带活一方经济。密云县溪翁庄镇水库鱼美食一条街，即"水库鱼街"农业文化创意产业模式（见图6-11），是依托密云水库优越的水资源，在保护密云水库生态环境的基础上，立足密云水库养鱼的独特优势，在走马庄村吃鱼一条街的雏形基础上，进行建筑风格、景观、绿化等统一规划，建设水库渔村，形成以鱼饮食文化为中心的集餐饮、娱乐、休闲于一体的美食一条街。"水库鱼街"农业文化创意产业模式的特点是：以密云水库水资源为依托，以发扬民俗农食文化为基本方向，以推出特色鱼宴为主要形式，以政府支持为根本保证，以北京市民为主要市场，以为当地农民搭建致富平台为最终目标。

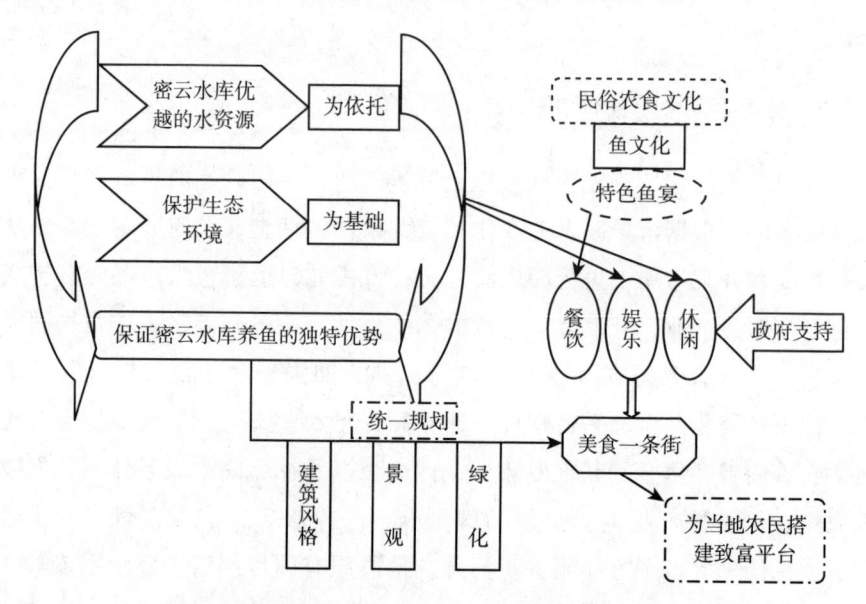

图6-11 密云区"水库鱼街"创意模式运行示意

6.7.1 水库鱼街概况

在密云区委、区政府的引导下，经过不断探索和改进，鱼王美食街基本实现了溪翁庄镇党委、镇政府2005年提出的充分发挥现有旅游资源优势和密云水库鱼的品牌优势为前提，打造出一个"特色突出、服务到位、设施齐全、管理科学"的集餐饮、娱乐、购物、休闲于一体的渔村，带动相关产业发展，增加农民就业，提高农民收入，加快建设社会主义新农村建设步伐的战略目标。据镇政府统计，密云水库鱼街现已有美食餐馆36家，有从业人员520名，总建筑面积约15000平方米，供水、供电、供气、供暖、排水、有线电视、电信、环卫等市政基础设施齐全，鱼街沿路两侧道路硬化，安装有照明灯，形成一个以"渔文化符号"为标志的美食一条街,并带动周围两个民俗村共62家民俗户,餐饮与住宿相配套,农食文化与民俗文化相结合,与旅游景点相衬托,集休闲、娱乐、观光、采摘、体验于一体,打造密云县具有品牌特色的"渔乐圈"。目前,密云水库鱼街形成一定的知名度,以鱼鲜、鱼肥、味美而闻名京郊。为了进一步打造密云区独特品牌,区政府和旅游局主办,镇政府进行协办,从2005年开始举办鱼王美食节,以鱼街为主会场,并由镇政府申请鱼王标志,免费提供给代表商户使用,期间举办文艺演出、鱼宴展示、鱼王拍卖、慈善捐款、土特产展卖等活动,进而带动农家院和采摘园发展。

6.7.2 主要做法

1. 政府支持,加强设施建设

从2005年政府参与水库鱼街管理开始,政府逐渐加大投资管理力度,从设施改造、品牌打造、宣传推介方面做了大量工作,统一水库鱼街两侧30余家饭店的牌面风格,将密云水库鱼街的优势和亮点推向市场。首先,2006年镇政府累计投资5600万余元,在保护水库资源环境的前提下,对已初步成型的吃鱼一条街做统一规划,聘请规划设计师,对餐厅、厨房、绿化、道路进行统一设计,扩大房屋建筑面积,门头采用了船舱试样,结合地域文化为每家饭店打造了"家家门前有条船"的牌楼景观;完善给水、污水设施,配置有线电,硬化停车场,安装照明灯、装饰灯,建成具有景观小舟和渔文化符号的竹篱笆围院田园风格,加强环卫治理工作。其次,政府在参与管理、逐步引导的基础上,招揽商户投资特色饭店,实施奖励政策,对改造升级的经营者给予3万元的资金奖励。改造后的渔村,基础设施得到改善,接待能力提高了6~7成,年收入也增加了很多。

2. 推出特色鱼宴,提高服务质量

水库鱼街的成功,最直接的是依靠特色鱼宴的推出和服务质量的提高。密云水库鱼以鱼鲜、鱼肥、味美而具有口感上的优势,外加当地做鱼的技巧,水库鱼街推出具有特色的鱼宴,品种多样,为消费者提供多样的选择。鱼种类有大胖头、鲤鱼、草鱼、鲫鱼、小白条、虹鳟鱼、鲟鱼等；做法风味各异，烹、炸、熬、炖、烤、酱炖；农家风味做法独具特色，另配有地方野菜和土菜，充分展现乡土特色的农食文化，迎合城市居民对乡村饮食的需求。除了做鱼技巧上的优势，政府重视鱼街饭店服务质量的改进，借助产学研合作单位——旅游学院的专业优势，对参观人员进行接待礼仪、营销策略、诚信服务、食品安全培训，提高服务水平，提升水库鱼街的整体形象。

3. 通过开展大型活动，提升知名度

在密云区政府的引导和镇政府的协助下，以水库鱼街为主会场，通过开展大型活动，提升知名度，吸引更多游客。2005年9月起，鱼王美食节暨金秋采摘节在水库管理处举办，借助电视台、各大报纸等新闻媒体进行广泛宣传，将水库鱼街的特色、民俗村的农家院、翁溪庄镇的乡村文化乃至密云的特色农产品进行包装展示，通过多种活动形式进行展示，大大提高水库鱼街的知名度。2012年鱼王美食节，从9月25号开幕持续到10月底，成为密云县旅游业与观光农业、生态渔业、林果采摘业的一次大融合、大展示、大交流，汇集全县多个业态、产业链各环节的优秀资源和产品，并推出八大主题活动、十大精品采摘园、十大美食、八个精致民俗村，成为北京地区独具特色、令人期待的金秋盛会，成为带动一方经济的主要活动。除了鱼王美食节，2008年，密云区旅游局、区妇联在溪鹊林举办首届农家菜大比拼活动，评比出了密云双"八珍"（小吃八珍、菜肴八珍）。2009年，密云区商委、三环青岛啤酒厂在鱼王美食街开展了"尽赏密云山水、畅饮青岛啤酒、品味鱼王美食"为主题的鱼王美食青岛啤酒消夏节。2009年，鱼王美食街在市旅游行业协会、北京晚报共同举办的活动中获得最具人气的乡村称号。通过这些活动，提高水库鱼街知名度，扩大市场。

4. 不断改造提升，增强鱼街发展的可持续性

近年来，为了满足不断扩大的市场，密云区旅游局有重点、有鼓励地对鱼街餐馆进行了二批提升，主要改造的项目包括：规划、装饰、标识和

小品景观打造；加强培训，讲礼仪、营销、菜肴制作；研讨指导工作，针对调查中存在的价格、营销方式问题给予指导。为了满足"十一"长假集中消费的需求，溪翁庄镇进一步打造水库鱼街环境，出资100多万元，在西宝美食城、清香美食城等餐饮饭店门口的96棵树上安装了2000盏"流星雨"彩色装饰灯，提高鱼街夜景环境。2012年，溪翁庄镇再次对鱼王美食街的环境升级改造，周围3.25公里进行绿化，形成丁香花飘香小街，国槐、榆叶梅绿染公路的好景致，并将在鱼街打造水系工程，形成流水渔家的美丽画卷。镇党委、政府对鱼街各餐饮饭店从业人员进行培训，提高他们的服务质量，同时要求各餐饮饭店严把食品安全关，按照消费者舒心、放心、安心的要求开展质量监管工作。

6.7.3 取得的成效

1. 营业收入不断增加

水库鱼街在鱼王美食节的带动下，拥有一定的知名度，营业收入呈现逐年增加的趋势。据翁溪庄镇政府统计资料显示，2007年，水库鱼街共接待游客36.8万人次，直接经济收入1020万元。2008年，鱼王美食街共接待游客60万人次，收入近2000万元。2009年，鱼王美食街共接待游客80.87万人次，收入近4809万元。2010年上半年，共接待游客50余万人次，收入5866万元，创造税收共计136.45万元。

2. 品牌效应初步形成

鱼街在各级政府的大力支持下，已经成为溪翁庄镇的一大特色品牌。水库鱼街孕育了一大批会经营的新型农民，解决了当地农民就业，带动周边两个民俗村60多户民俗户开业，在政府的引导支持下改善农家院住宿环境，每年来水库鱼街旅游消费的游客，为农家院带来盈利的机会，少则两三万元，多则六七万元，实现农村妇女在家就业、在家增收。鱼王美食节为农民展示、销售乡村土特产提供机会，实现收入增加，鱼王拍卖为当地筹集善款，鱼王最重能达到150斤左右，拍卖价在30万~60万元，拍卖所得款全部捐给慈善机构。

3. 带动相关产业发展

水库鱼街通过促进相关产业发展和带动农民就业，使全镇人均收入提高，达到13000元左右，提高了人们生活水平，同时使人们的环保意识明显增强，为翁溪庄镇建成设施完善、环境优美、文明和谐的社会主义新农村打下了良好的基础，是建设社会主义新农村的一次重大实践。

6.7.4 借鉴和启示

1. 发展特色农食文化，丰富农业文化创意产业活动

密云区水库鱼街依托密云水库鲜鱼资源，打造独特的"渔文化"，大力发展"渔乐圈"，重点开展鱼文化美食一条街，并带动农家院的发展。水库鱼街的成功，最重要的是以资源优势为导向，以创意产业打造为目标，将密云水库鲜鱼的唯一性、独特性进行就地包装、升级打造，并依托政府的政策优惠、资金支持、宣传途径，加强水库渔街形象的推介。在此基础上，发挥节庆创意的带动作用，以水库鱼街为主会场，举办"鱼王美食节"，将其打造成一种新的农业产业形态和新型消费业态，借助节庆活动的平台拓展农业功能，促进密云县特色农产品销售，带动农民增收，壮大地方经济。

2. 依托优势，加强农业文化建设与开发

同时，农业文化创意产业的形成和发展离不开文化的开发，传统农业和文化创意结合成为创新经济快速发展的引擎，也成为发展农业文化创意产业的新思维，密云区发展水库鱼街注重文化建设，通过密云水库水文化、水资源形成独具优势的"渔文化"，依赖当地做鱼技巧，充分发挥具有民俗特色的农食文化，并从设施建设上予以发挥体现，完善标识系统，设计一些渔文化装饰和游客可参与的渔事活动，增加渔街的文化内涵。

3. 发展农业文化创意产业要与生态建设相结合

农业文化创意产业和生态建设相结合，是未来农业的发展趋势，农业文化创意产业作为引领农村经济的新型产业形态，必然是可持续的，创意引领农业发展的同时要以保护生态环境为前提，发展高效生态农业文化创意产业，并与休闲观光相结合，实现"文农旅"三位一体发展，达到文化强村、旅游富民和生态保持的综合效益，以创造性的思维带动区域共享繁荣，实现经济价值最大化的资源导向型农业文化创意产业发展模式。密云区政府取缔网箱养鱼，保护密云水库的水质，在保护生态的大方向下，开辟出建设渔村文化一条街的创意发展模式，并通过不断升级改造，成为引领翁溪庄镇乃至密云区地方经济的一张王牌。

6.7.5 存在的问题

1. 政府负担过重，引进企业少，后续发展动力不足

密云区水库鱼街规模不断扩大，其中政府的作用不可忽视，政府在前期规划和基础设施建设中投入巨大，在中期文化活动开展中宣传工作也是主要力量。在农业文化创意产业发展中，政府的扶持和投入也很少间断，导致政府负担过重，后续发展动力不足。第一，目前多处景观基地都是政府开发、投资、支持运作，没有引进相关企业，政府每年都要投入巨大的资金和人力。政府要通过广播、报纸、网络等多种渠道进行活动宣传，还需协调各方力量举行启动仪式，为了提高质量，为游客提供更好的游玩环境，管理工作、安全工作、卫生维护工作也都依靠政府的力量。第二，缺乏相关企业参与，后续发展动力不足。单纯依靠政府打造农业文化创意产业等，资金有限，人员不足，缺乏市场化运作，经济效益微小，只是"政府搭台、群众唱戏"，缺少企业参与，制约了农业文化创意产业继续上规模、提效益、增动力。

2. 发展方式比较单一

农业文化创意产业最重要的就是要依托文化优势，用创意的手段突出亮点。密云县水库鱼街探索多种形式的农业文化创意产业，但是发展并不成熟，由于经验不足、资金受限等原因，发展大同小异，没有打破现有形式的限制，方式比较单一。主要是在宣传方面过多依赖政府，虽然取得了一定的效果，但缺乏整体统一部署；"食、住、行、游、购、娱"六个要素发展不够均衡，上下游消费链条尚需完善。

6.7.6 对策建议

1. 引进相关企业，实行市场化运作

农业文化创意产业是农业发展方式转变的一种模式和有效载体，其核心生命力在于企业化运作、产业化经营。第一，政府前期建设结束后，要及时引进相关企业，将投资、管理、宣传、经营权交给企业，实行企业化运作，市场化经营。只有发挥市场经济的作用，才能提高竞争力，提高利润率，才能真正带动一方经济的发展，带动农民增收致富。第二，推进政企分开、政资分开、政事分开、政府与市场中介组织分开，转变政府职能，强化市场主体地位，积极营造有利于农业文化创意产业发展的公开、公平、公正的市场环境。第三，充分发挥市场导向性作用，鼓励多元投资景观农业建设，建立多渠道、多层次、多元化投资体系，引进企业实体，走企业化之路，积极探索政府、企业、农民三方共赢模式，使企业盈利、农民增收、政府满意。第四，强化政府的引导作用，实行对企业的扶持政策，鼓励企业做大、做强。加强投融资服务体系建设，设立政府引导农业文化创意产业发展的专项资金，用于对企业研发补助、贷款贴息和配套资助等；与金融资本对接，开辟农业文化创意企业贷款绿色通道；选择金融机构，确定商业银行支持农业文化创意产业的专项授信额度，创新贷款担保工作机制。给企业营造良好的政策环境和发展平台。

2. 深入挖掘文化内涵，形成多元化经营方式

建议针对各地实际情况，抓住自身优势，突出特色，避免单纯效仿。积极探索本地历史文化底蕴，把文化的历史内涵融入农业之中，突出自身创意，避免雷同。在经营方式中增加健身娱乐、会议接待等收入，大胆创新，培育会展、养生等旅游业态，从较单一的经营形式逐步向多元化经营形式转变。重点建设一批具有学习、休闲、娱乐、体验等综合功能的高端旅游业态,进一步提高观光休闲农业品质,从初级观光向高级休闲转变,为观光休闲农业注入新活力。

6.8 密云区"休闲生态旅游"的创意模式

密云区位于北京市东北部,坐落于燕山山脉脚下,总面积2229.45平方千米,是北京市面积最大的区县,山区面积、平原面积和水面面积各占全县面积的79.5%、11.8%和8.7%。密云县历史悠久,文化底蕴深厚,有山有水,生态优势明显,是京郊的世外桃源。2012年末,密云县户籍人口43万人,农业人口25.3万人,农村居民人均纯收入14590元,比2011年增长12.9%。① 近年来,密云县立足首都水源保护区和生态涵养发展区功能定位,依托现有自然资源和农村文化资源优势,加强基础建设,整合各类资源,挖掘"生态、有机、现代、高效"的农业发展内涵,拓展农业功能外延,大力发展农业文化创意产业,加快产业结构升级,推进三次产业融合发展,提高农业附加值,形成了水库鱼街、天葡庄园、张裕爱斐堡国际酒庄、紫海香堤香草园、人间花海等极具特色的农业文化创意产业形式,成为京郊休闲农业和现代农业的新亮点。

6.8.1 密云区"休闲生态旅游"发展概况

1. 丰富农产品创意,增加农产品附加值

密云区根据市场需求与定位,积极开发创意农产品,依托本地传统民间手工艺术,发挥传统艺术品深厚文化内涵的同时,引入现代工艺品加工制作技术,在商品种类、特色、规模、质地等方面实现较大突破,形成一系列具有民间艺术风味、外观精美、造型独特的创意农产品和旅游商品,满足人民回归传统民间文化的需求。目前已开发创意农产品及休闲旅游商

---

① 北京市农委提供资料。

品共25种，其中，工艺画类5种、织绣类3种、剪纸类2种、雕塑类4种、编织类3种、农副产品类8种。瞎掰凳、草编、柳编、宫灯、木桔画等12种产品极具密云独特风情，在市场上形成竞争优势。石城草编、溪翁庄柳编、太师屯十字绣、古北口宫灯、北庄风筝成为具有特殊地域文化气息的特色农产品，通过产品销售将乡村文化推向市场，通过增加文化内涵提高农产品附加值。同时举办农产品品牌与包装设计大赛，通过包装推介激活创意农产品市场，组织参加北京市实用人才创业成果展活动，通过成果展示扩大创意农产品市场，通过多种活动联合推动创意农产品生产，提高密云创意农产品的市场知名度，促进农产品销售，实现农产品增值。创意农产品已经成为密云县农民尤其是广大农村妇女增收致富的新兴产业，解决了多数农村妇女无就业无收入的难题，实现轻松就业、在家就业，丰富生活内容的同时，使当地的传统工艺和文化得以延续和发扬，同时带动周边农户，石城镇石塘路村发展草编产业，成立民俗旅游合作社，建立山草艺术馆，带动周边30户农民就业，通过制作草编实现每年每户增收2000余元。

2. 搞活农业节庆创意，凸显文化内涵

密云深入挖掘农业文化内涵，在主导产业、优势产业、景观农业的基础上，采用农事活动或节庆活动的形式，推动休闲农业和民俗旅游业发展，打造都市型现代农业的新形态，成为农业文化创意产业的主要形式。一是将密云生态优势和农耕文化进行融合，举办农耕文化节，截至2011年底已连续举办四届。密云农耕文化节将春季踏青和农耕体验文化包装整合，成为全年旅游的开端。以"情系密云农耕，播撒绿色希望"为主题，倡导企业积极参与，结合企业自身产业优势，围绕农耕文化节这条主线，深入策划春季营销活动，精心设计土地认养、农家体验、春季祈福、春耕摄影、植树、踏青、赏花灯等农事活动，通过农事体验活动，宣传农耕文化，将原生态文化和农耕文化展现给游客和消费者，促进城乡文明互动，推动农业知识教育。二是推介主导优势产品，创办板栗文化节。依托密云良好的板栗资源优势，通过举办板栗文化节、国际板栗学术会、果品经贸洽谈会等活动，搭建板栗文化交流与贸易发展平台，促进板栗产业发展。三是挖掘农食文化潜力，以鱼为媒，创办鱼王美食节。围绕密云水库发展渔业的天然优势，由政府出资主办，聘请专业的活动策划公司，设计独特的活动内容，通过鱼王评选、鱼王拍卖凸显密云水库鱼的独特优势，同时开展鱼文化体验、鱼产品展卖、开河鱼品尝等活动，将密云水库独特的鱼文化推向北京乃至全国，打造京城第一渔乐圈。

3. 开发农业主题公园创意，带动休闲农业发展

密云将农业景观和农业文化联合升级，以创意活动设计和功能板块策划为主要形式，打造特色的具有文化价值和旅游功能的农业主题公园，扩大休闲生态农业的影响力。截至2009年，全县共发展各类休闲农业园区145个，其中农业文化创意产业园和主体公园9个，休闲产业年收入1.9亿元，其中农业文化创意产业园区和主体公园收入达5000万元。密云县主体公园主要有三种形式：一是以农作物为依托的迷宫种植园。将地理文化、生活文化、科技文化与传统农耕文化巧妙结合，规划中国版图轮廓，以省界为游路，建立占地600亩的植物迷宫，分区种植玉米、蔬菜、瓜果、油葵等20余种优质农作物，建设种植廊架、趣味活动区、气象站、农具厅等配套设施，突出植物科普、农耕体验、寓教于乐、精品采摘的主题，通过整体设计创意吸引游客。二是以香草种植为依托的香草园，汤河香草园以"浪漫香花，山水长城"为定位，以薰衣草为主要品种，塑造生态农业、花草种植基地，配套建设香草城堡、香草会所、婚礼广场等景观，并开发香草系列产品，充分传扬爱情、养生、保健、休闲文化，成为北京第一家创意独特的香草庄园。园区通过采取"公司＋合作社＋农户"的形式，在汤和沟域种植1200亩香草，带动农户340户，年人均增收4000元。三是以果品为依托的梨文华园。在具有区域特性的黄土坎鸭梨种植基础上，挖掘黄土坎鸭梨600年历史文化，打造梨文化主题园。占地1005亩，引进梨品种300多个，建立白梨系统区、子母梨系统区、西洋梨系统区和品种园区四个区，配套休闲场所、观光步道等设施，种植各类花卉、灌木、绿地改善生态环境，通过采摘、观光促进梨产业发展。

4. 打造空间集群创意，带动区域发展

密云发展现代农业，注重发挥产业集群效应，将多个农业文化创意产业项目集中打造，以主导企业或集团为中心，形成农业文化创意产业带（见图6-12）。目前密云形成三个具有代表性的产业带：一是水库鱼街产业带，在保护水库资源和自然景观的前提下，由政府引导、政策支持，统一建筑风格，建设水库鱼餐文化街，从口门子村至荞麦峪村环湖路两侧已经形成鱼餐饮文化产业带，规模达到30余家，成为溪翁庄镇的一大特色品牌。二是高端红酒文化休闲产业聚集区，依托密云县良好的葡萄产业基础和红酒龙头加工企业的聚集优势，立足"高端、高效、高辐射"，示范"休闲农业驱动实现城乡统筹"的发展模式，对接"酒乡之路"，建设葡萄

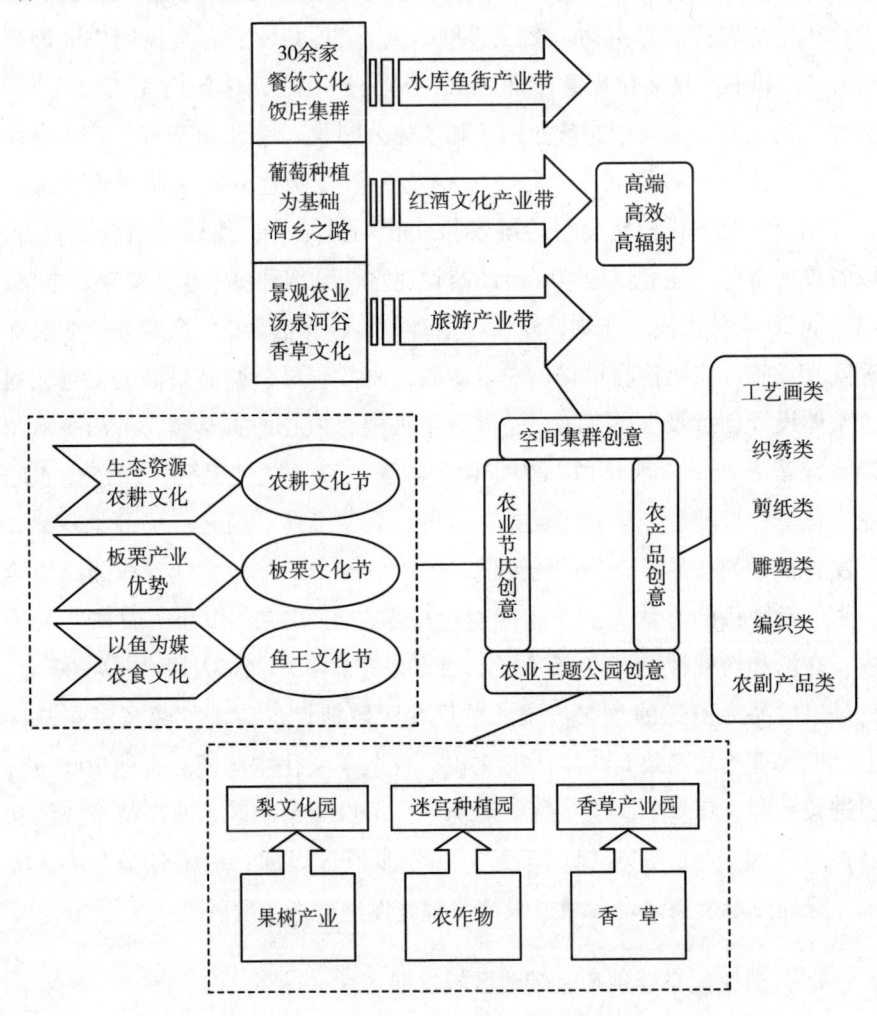

图6-12 密云农业文化创意产业构成示意

种植产业带和酒庄集群，完成"酒乡之路"品牌注册，打造密云休闲生态农业的核心地标。三是"汤泉香谷"旅游产业聚集区，以"紫海香堤"香草艺术庄园为依托，扩大香草种植面积，发展以香草景观为主要看点的乡村旅游产业，并带动民俗村整合改造，推进世界香草小镇项目进程。

6.8.2 主要做法

1. 转变发展理念，加大农业文化创意产业投入

经过近几年的发展，密云农业文化创意产业取得一定的成效，景观农业初具规模，休闲生态旅游发展势头良好，民俗旅游带动农民增收效果显著（见图6-13）。在发展农业文化创意产业的过程中，政府立足资源基础和发展实际，为加快推进都市型现代农业发展，促进农村经济发展方式转变，运用创意产业的思维逻辑，充分利用农村的生产、生活、生态资源，以培育新产品、新产业、新业态为重点，积极开发创意农产品，塑造创意农耕文化，培育创意产业形态。在农业必须和创意产业相结合的理念下，政府整合资源，从政策、人才、资金等方面支持农业文化创意产业发展，使农业文化创意产业成为未来农业发展的战略支柱性产业。首先，政府制订切合实际的年度计划，根据市级年度产业发展方向，制定关于大力发展农业文化创意产业的扶持政策和奖励政策，确定产业发展重点，引导全县农业向高端、高效发展。重点鼓励沟域经济发展，制定和落实扶持农业主题公园、休闲农庄、休闲渔业园区和民俗村、民俗户等项目的相关政策。其次，加大农业文化创意产业人才培育，通过与市级农业科技、文化创意企业和研究机构合作，依托首都科技人才优势，实施农民实用技术培训、农村实用人才培训，积极培育创意人才，引导分散型、粗放型的体力劳动者逐步向技能型、集约型的脑力劳动者过渡，保证农业文化创意产业有人可用、用人有才。另外，设立专项资金，支持生态休闲项目建设。2012年，投资100万支持景观农业5个项目点建设；2006年起，累计投入资金3500多万元，用于对密云水库的保护和鱼街的建设以及对当地农民的就业扶持；投资7.9亿元支持世界香草小镇项目建设；投资1931万元进行汤河河道治理。

图 6-13 密云区农业文化创意产业投入机制示意

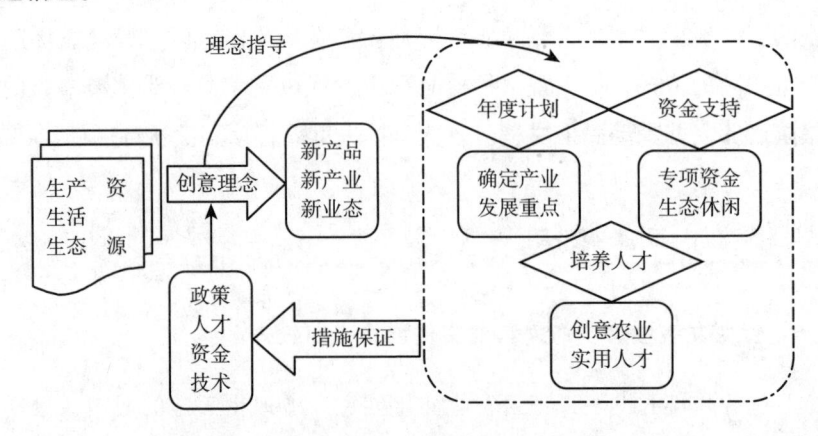

2. 转变发展方式，紧抓生态农业建设

密云区依托得天独厚的山水资源，凭借清新的空气质量，紧紧围绕创建国家级生态县这个总目标，立足首都生态涵养区的功能定位，转变传统农业发展方式，走高效、生态、节约的现代农业发展之路，将文化创意产业和生态农业建设紧密结合，大力发展休闲生态农业。首先，做好密云水库水源保护工作，开展密云水库保护规划项目。密云水库作为北京唯一的地表水源基地，其供水量占全市供水量的60%左右，形成密云区独特的水文化、水资源、水环境。密云始终立足生态涵养区的功能定位，加强对水库的生态保护，取缔网箱养鱼，实行凭证捕鱼、限期捕鱼的措施，水库周围建设护栏，杜绝游人到水库钓鱼、游玩，从根本上保护密云水库的天然水质。保护好这片灵水，维护好生态环境，将密集养鱼的生产方式转变为大力发展民俗旅游业，逐渐形成了以民俗旅游为龙头，蔬菜、林果、特色种植和特色休闲渔业等特色产业，建成了鱼王美食一条街。现全镇共有宾馆26家，餐馆110个，7个民俗村，101个市级民俗户，可同时接纳3000名游客。另外，密云确立"打造绿色国际休闲之都、建设宜居城市"，全面推进生态区建设的目标，通过技术推广站开展景观农业建设项目，选择具有山区农业特点的农业生产区，通过建立生态农业景观公园，提升全县景观农业发展水平。根据密云地势

特点，在重点沟域或京承高速三期可视范围内，选择石城镇捧河沟域、新城子镇雾灵西峰景区、太师屯车道峪村、巨各庄镇蔡家洼村、北庄杨家堡、东邵渠石峨村，建立5个景观农业主题公园，占地共2100亩。通过发展景观农业，深度开发农业的生产、生活、生态功能，实现作物向景观转变，农田向景区转变，通过农业景观田、景观带带动农民就业，带动民俗旅游业发展。通过保护水源、扩大景观建设，使密云成为同时拥有灵水、青山、花田、绿树的生态大县，对于开展创意丰富的现代农业提供了良好的环境和较高的起点（见图6-14）。

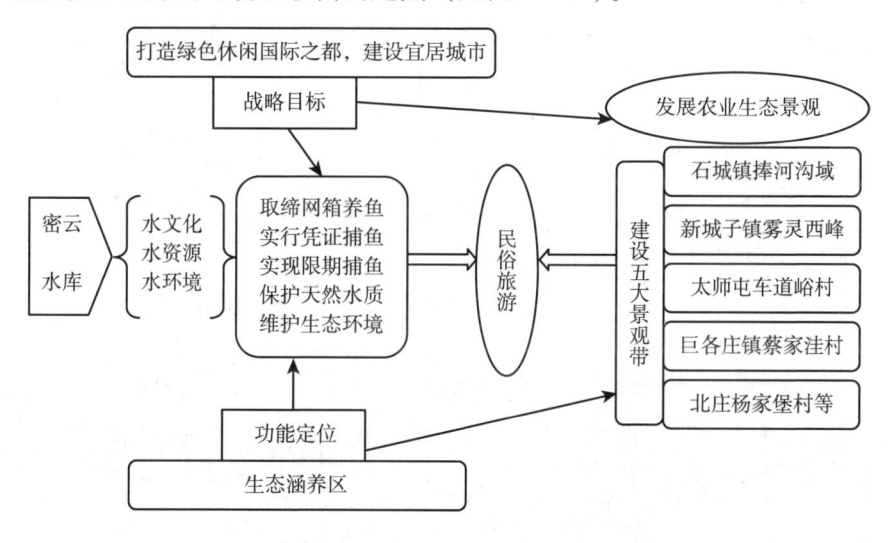

图6-14 密云农业文化创意产业转变发展方式示意

3. 创新发展模式，推进产业化经营

在深度挖掘农业功能的同时，延伸产业发展链条，推进第一产业与第二、第三产业融合互动发展，搞活产业融合创意发展模式，形成一批产业融合性强的农业文化创意产业发展业态。密云发展农业文化创意产业，以农业为基础，以旅游服务业为最终形式，以文化为依托，形成以龙头企业为主体、三产融合发展的农业文化创意产业模式（见图6-15）。一是加快综合型创意产业发展，培育了张裕爱斐堡国际酒庄，确立以设施农业生产为基础，葡萄酒加工产业为核心，休闲旅游和文化创意为驱动，统筹推进三次产业融合的发展模式，2012年公司三次产业结构比例为0.6∶63.3∶36.1，

首创了"葡萄种植及葡萄酒酿造、葡萄酒主题旅游、葡萄酒专业品鉴培训、葡萄酒文化主题休闲度假"四位一体的经营模式，为北京提供高端优质休闲服务和城乡统筹示范模式。二是建立营销创意型乡村旅游模式。整合农村闲置资源，选择品质优秀、区位优越的农村房舍，通过规范的租赁协议，出租给市民，市民可根据自身需求对房屋进行装修美化。通过将农村闲置房屋包装成"私家山宅"，为市民提供新的休闲模式和生活方式，同时使农村闲置房屋资源得到可持续利用，提高乡村旅游附加值和农民收入，促进乡村旅游产业升级。

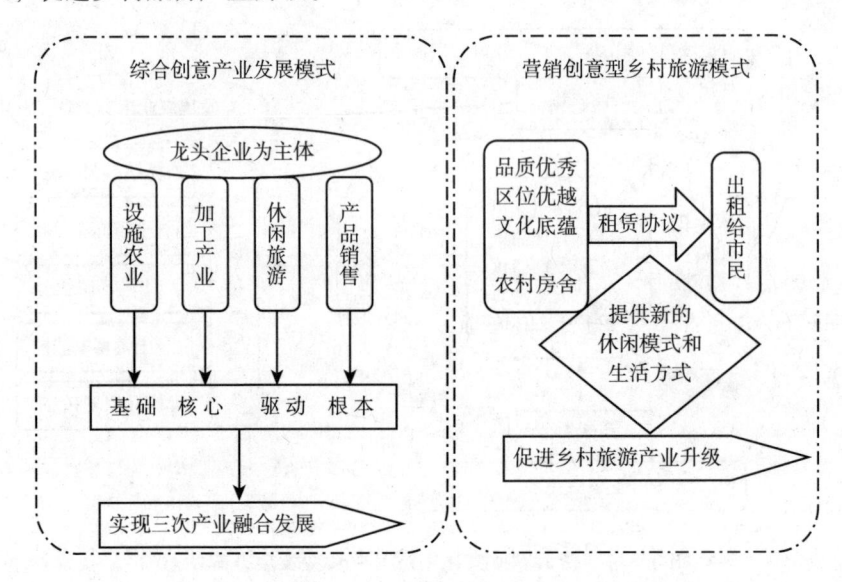

图 6-15 密云农业文化创意产业创新发展模式示意

4. 完善发展机制，带动新农村建设

发展农业文化创意产业，是实现农业经济增长方式转变的重要举措，是促进农业增效、农民增收、建设新农村的重要内容。为加快农业文化创意产业发展，密云县加强管理，注重规划，整体布局，不断完善农业文化创意产业发展机制，为农业文化创意产业发展提供良好的环境，同时促进新农村建设，将条件合适的农村打造成集创意于一身的新型农村，实现旧貌换新颜，并从改变农民生活、提高农民收入的方面改变农村落后的状态（见图6-16）。首先，整合资源，加快推进农业文化创意产业发展，重点

支持产业关联度大、带动能力强、促进农民增收效果明显、有较强竞争力的农业文化创意产业项目。借助创意产业的渗透融合功能，延长产业链，拓展产业发展空间，培育多层次的农业文化创意产业体系。同时提高质量，严把质量关，加强农业文化创意产业品牌建设，不断增强农业文化创意产业发展规模，提高农业文化创意产业发展水平，建立健全农业文化创意产业品牌保护机制，加快推进农产品商标注册。其次，将农业文化创意产业的理念和发展模式融入新农村建设之中，建设具有独特创意和发展潜力好的新型京郊农村。蔡家洼新型农村是"中国新农村建设的典范"，是密云探索农业文化创意产业和新农村建设融合发展的成果。以旧村改造为契机，实现农村集体经济产权制度改革，土地统一流转，集中建房，引进北京燕云国际置业有限公司、北京鑫记伟业食品集团有限公司等16家企业，实行三产联动的发展模式，建成现代农业园区、观光工业园区和绿色旅游休闲商务区三大功能产业区，发挥农民主体作用，使农民、农村有资本、有产业、有就业、有经济合作组织、有社会保障、有公共服务。司马台村民则是通过建设新的集中居住小区，形成一个新型农村社区，集中精力发展民俗旅游产业，促进农民增收致富。

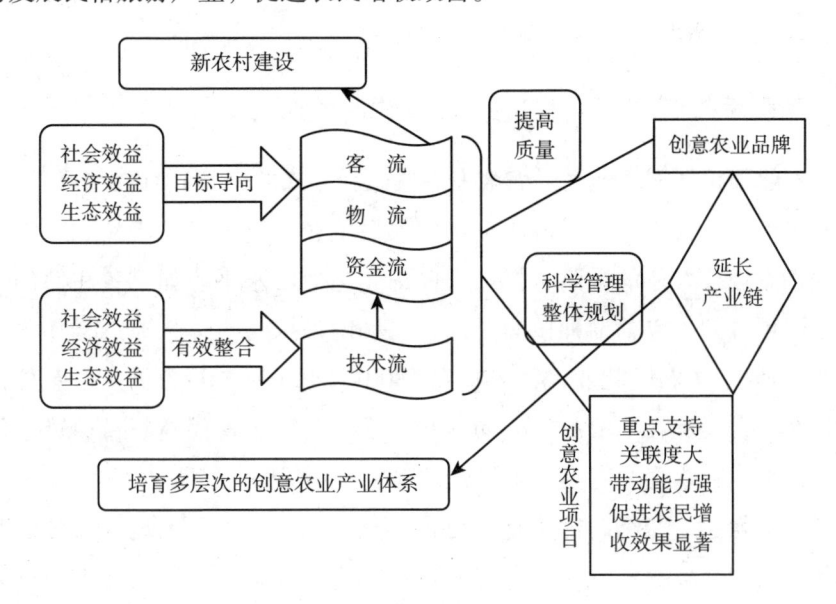

图6-16 密云农业文化创意产业完善发展机制示意

6.8.3 取得的成效

1. 农业增效、农民增收效果显著

随着人们对农业文化创意产业的重视,经过近几年的探索和发展,密云发展农业文化创意产业取得一定的成效,最直接的表现为农业增效、农民增收。通过产品创意、节庆创意和主题公园等形式,为农村提供了发展空间,为农民带来增收致富的机会,从整体上促进农民生活水平提高,农民收入增加。2012 年,密云农村居民人均纯收入达到 14590 元,比上年增加 1666 元,增长 12.9%,增速排在全市第一位。密云大力发展有机农业、精品农业等适宜生态涵养区发展、有助于农民增收的农业文化创意产业,提升了农民生产生活积极性,推动了民俗旅游快速发展,加快了农村居民家庭经营纯收入的增长。如翁溪庄镇依托水库鱼街的产业带动,2009 年实现旅游业综合收入 23496 万元,接待游客人数 181 万人次。古北口镇依托得天独厚的旅游资源和农业景观,2012 年实现司马台村、汤河村农户人均纯收入达到 16181 元和 12479.5 元。

2. 提高农民就业率,提高乡村文化生活水平

农业文化创意产业通过农业发展模式和方式的创新,有效整合资源,为农民增加了就业机会,解决更多的农民就业,使农民的工作和生活中收到创意现代农业的熏陶,提高农民的文化生活水平。如巨各庄镇的天葡庄园创意园,以葡萄种植为基础,以休闲采摘为主体,通过合作社形式实现近 40 个农民就业,月工资在 1800～2400 元,并为员工上意外保险,此外合作社各项福利年人均达 600 元。蔡家洼现代新农村通过集体经营的模式,改变原有 500 多富余劳动力无就业的状况,实现有能力的村民全部就业,90% 的村民有土地补偿款、工资收入、土地入股分红和房租收入四部分稳定收入。在解决农民就业的基础上,使很多农民拥有轻松舒适的生活环境,尤其是实施新农村建设的地区,农民居住条件和生活环境得到极大改善,享受到与城市社区居民相近的生活服务,文化生活水平也相应提高。

3. 景观农业形成规模

密云县技术推广站大力推进景观项目建设，已经形成初具规模的景观农业。密云县持续数年着力建设国际绿色休闲之都，逾万亩农林景观的打造，不仅能够美化环境、净化空气，更将生态旅游业和绿色农业经济相结合，为百姓提供增收就业机会。2013年5月以来密云县农委组织全县有关部门围绕清水河、潮河、白河、京承高速、101国道以及酒乡之路、重点沟域等地区，种植彩葵、谷子、金银花、黄芪、丹参等景观作物6000余亩，打造了"六河、三路、一沟"的生态景观农业带，此外，密云园林绿化局结合平原地区造林工程大力发展林下经济，在十里堡、西田各庄等平原地区栽种万寿菊5000余亩。形成多种观赏植物连片成景，除各类观赏花卉争相绽放，总计上万亩的彩葵、万寿菊、金银花等农林经济作物形成一道壮观的农业观光带，配以水库清凉和花树繁茂的生态优势，成为京郊旅游的亮点。

6.8.4 借鉴和启示

1. 生态建设，为农业文化创意产业提供高起点

农业文化创意产业是发展现代农业过程中必然出现的一种新型的农业形态，必将成为现代农业发展的崭新亮点和强劲推力，发展农业文化创意产业不只是改变农业生产方式，还要注重生态建设，改善发展环境，大力发展循环农业，减少浪费污染，走特色、高效的农业发展之路，通过发挥创意产业要素作用将农业的生态功能转化为现实生产力，充分发挥生态环境的潜力，为农业文化创意产业提供高起点。密云县综合开发农业的经济、生态、景观、环境和文化功能，发展能够充分体现密云生态价值、展示密云绿色生态形象、培育国际绿色休闲之都的农业文化创意产业，通过生态优势吸引游客，提高竞争力，发展和创新又以保护生态环境为前提，打造生态密云的亮丽名片。

2. 整合社会资源，为农业文化创意产业提供强动力

农业文化创意产业的一个特点就是以创意产业的思维整合各类社会文化资源为农业生产服务，提升农产品的附加值，这就决定了发展农业文化创意产业必须要整合城乡资源，实现城乡要素流动，将城市的科技要素、人才要素引入乡村农业文化创意产业的发展之中，并充分利用市场资源实现经济效益。以兴建于2006年的香草园为例，其建设主体是北京古北口盛阳旅游开发有限公司，该公司的投资人和经营者利用各种资源优势，不是仅仅借助京承高速公路发达的交通系统，不是只把建筑物建造完毕就认为是"法国的普罗旺斯"，而是需要众多专业人士与资源的注入，诸如首都的文化资源、资金优势、人力储备、国际化平台等，只有充分吸引和挖掘社会上文化创意领域的人、财、物，使之投入北京都市型现代农业的建设之中，才能使农业创意产业做大做强做优。

3. 延伸产业链条，为农业文化创意产业提升附加值

农业文化创意产业开发的关键在于构筑产业链。当有价值的创意与实际的产业真正实现融合时，才能真正使创意成果转化为产业发展的有效资源；当新形成的这些资源与传统产业相整合、相渗透，并延伸拓展，进行深度开发，就能产生乘数效应，充分获取农业文化创意产业的效益。紫海香堤艺术庄园通过香草种植发展第一产业，通过景观创意成果的展现实现旅游收入，并带动镇域内司马台、古北口等4个民俗村的乡村旅游，并与司马台长城景区相得益彰，促进了旅游接待服务等第三产业的发展。同时开发香草的食用、药用价值，发挥居家装饰、个人美容的重要作用，以此为原料纵深发展产业链，由观赏性向深加工转化，开发出如香包、香袋、精油、香水、香皂、蜡烛、薰衣草花草茶等一系列加工产品。三产联动和融合，带动了产业链的延长，增加了农业的附加值，满足了游客购物的需求，进而实现了农民增收、产业增效的目标。

4. 做好宣传推介，为农业文化创意产业吸引新客源

信息宣传工作是农业文化创意产业综合开发战线的一项重要工作，只

有通过各种渠道、各种形式、多种层面进行宣传推介，才能将已有的成果、最新的改变推向市场，将差异化的亮点展示出来，提高市场知名度，占领消费市场。密云通过多种渠道进行农业成果的宣传，政府从整体层面进行策划宣传，开发"一品密云"手机移动电商门户客户端，展示密云的山水资源、名优特产、各类休闲活动，将最新的旅游讯息传达给消费者；企业或集体通过与电台、电视台、报社合作，将自身的特色产品或体验项目推向市场。通过宣传推介，密云的亮点项目如香草园、张裕酒庄、水库鱼街等在首都市场形成一定的知名度，但是需要更为科学、快捷的宣传方式，将生态密云的招牌推向更大的市场。

5. 注重品牌建设，为农业文化创意产业注入新活力

发展农业文化创意要依靠品牌战略，形成品牌优势，才能进一步做大做强。密云县依托资源优势，改变传统观念，注重品牌打造，将优良的环境、优质的产品、优势的产业整合起来，形成消费者竞相追逐的不可替代的品牌产品。密云培育出一些具有较高知名度和市场占有率的品牌，如百年栗园、渔街等，通过具有自主知识产权的商标注册，形成具有竞争力的地方品牌，大大提高密云形象。品牌已经成为企业核心竞争力的集中体现，农业龙头企业要发展壮大走出国门，应对国内、国外的挑战必须重视品牌建设，企业要以更完善的企业管理、更高标准的质量管控约束自己，在全市的品牌建设活动中起到带头作用。要强化措施大力推进品牌战略的实施，发挥企业在品牌建设中的主体作用，强化品牌意识，发挥名牌、名标的示范带头作用，各政府部门要起到推动作用。

6.8.5 存在的问题

1. 农业基础薄弱，资金投入依然是最大瓶颈

密云地处远郊山区，经济发展与农业基础相对薄弱，发展都市型农业文化创意产业需要相应的投入，目前缺乏农业文化创意产业专项资金支持，资金投入相对不足制约着前期规划的落实，基础设施建设步履缓慢，创意项目或活动开展受限。

2. 缺少大型会展活动的引进

虽然密云注重对农业文化创意产业的推介和宣传，但是近几年并未引进大型的国家级乃至世界级的农业会展项目，品牌建设和活动开展只是针对某个区域或某个活动，没有形成短时间规模化的整体促进的效果。成功的农业展会是某个领域内先进发展水平的缩影，聚集了大量的人流和信息流，增进了参展企业和参会者之间的了解和沟通，让企业了解了世界，同时也让世界了解了农业文化创意产业。农业展会成本较低、效果较显著的特点，使其成为推广先进农业发展理念和管理模式的手段，是推动区域发展战略的有效平台。通过农业展会的形式，可以加强农业产供销或农产品上下游之间的组织、信息、价值和物流的沟通与协调，拉长或加强产业链，增加农产品的附加值和竞争力。

6.8.6 对策建议

1. 增加财政支持力度，建立多元化投资机制

针对这些问题，要加大财政支持，建立多元化投资机制。首先，各级政府可以通过设立农业文化创意产业发展专项资金，对符合政府重点支持方向的产品、服务和项目予以支持，并加强专项资金管理，规范资金使用规则，确保资金使用到位，发挥最大效益。针对密云生态涵养区的功能定位，可以加强对围绕生态进行创意开发的农业项目的资金支持，如生态休闲农业等。其次，按照突出重点、形成亮点、兼顾一般、推动全局的原则，用足用好专项资金，培育一批产业关联度大、带动能力强、为农民提供就业岗位多的农业文化创意产业项目，促进农民增收，带动区域经济发展，最大可能地发挥资金乘数效应，形成资金良性循环的投入机制。最后，要创新投融资机制，探索以财政投入为导向，以信贷投入为支持，以企业和集体投资为主体，市场调节与政府引导相结合的多元投资机制，尤其注意发挥农业龙头企业的投资主体地位的作用，引进实力强、潜力大的企业，采取贷款贴息、项目补贴、后期奖励等政策优惠，为企业投资创造良好的环境。

2. 整合资源，引进大型展会活动

密云应该立足生态优势，将本地的资源进行整合，抓住机遇，引进与本地农业文化创意产业对口的大型会展项目，集聚本地优势产品和特色项目，借助农业会展的影响力，将生态密云和农业文化创意产业推向全国，获得更大的市场。要做到：一是制定统一规划，为农业会展做好准备。根据农业展览的规律、特点以及农产品营销促销工作的实际需要，结合本地产业发展的目标、重点和区域特性进行统一规划、分类指导。二是做好展会前期的宣传工作，打造品牌会展。确定合适的主题，采用快捷的宣传渠道，将展会的特色、理念与特色农产品、创意产品进行整合，为会展的成功举办打下基础。三要充分利用好农业会展这个平台，发挥会展对发展精品农业、现代农业的推动作用，认真学习外地的先进经验，通过展会进一步了解消费者需求，把握市场走向，进一步放大展会的综合效应，积极开展招商引资，推动农业文化创意产业的发展。

6.9 怀柔区"沟域经济开发"的创意模式

怀柔区地处北京市北部，距离北京城区40公里，是北京五个生态涵养发展区之一。全区总面积2128.7平方公里，其中山区面积占88.7%。怀柔区水资源丰富，地表水质量达到国家二级标准。怀柔拥有得天独厚的地理条件，物产资源丰富，尤其是怀柔板栗已经成为北京市的知名农产品，其产量和出口量均占全市的70%；另外拥有全国最大的西洋参种植基地，虹鳟鱼、果脯、古钟御酒也在国内享有盛誉。[①] 近几年，怀柔区农业快速发展，促进了传统农业向现代农业转变。怀柔以建设特色农产品生产加工基地为目标，不断加大农业结构调整力度，坚持以市场为导向，以绿色为

---

① 北京市农委提供资料。

基点，大力发展养殖业和经济作物，促进第一产业向第二、第三产业延伸，加快优质特色农产品生产加工基地建设，发展精品、加工、观光、创汇农业，积极推进农业产业化经营，已初步确立了西洋参、板栗、冷水鱼三大农业主导产业。2009 年，怀柔区实现农林牧渔总产值 16.6 亿元，2012 年底，常住人口 37.7 万人。

怀柔区除东南部为平原区外，其余均为山地，山区沟谷纵横，自然沟谷有上百条，具有发展沟域经济的天然优势。怀柔区以贯彻《北京城市总体规划》和落实生态涵养发展区功能定位为契机，从开发"不夜谷"和"夜渤海"两条特色沟域开始，逐步对山区农业文化创意产业进行探索和尝试，经过多年实践形成了以沟域经济为特点、以乡村旅游和民俗接待为主要形式的山区发展创意模式。

6.9.1 怀柔区沟域经济发展概况

怀柔区依据自身独特的地势，在发展都市型现代农业的基础上，紧紧结合农业文化创意产业的发展思路，将具有文化内涵、附加值高、经营理念新的创意产业与现代农业建设相结合，重点打造北京市特色沟域，搞活农业文化创意产业，同时带动新农村建设，尽力解决农民就业、农户增收问题，探索了雁栖不夜谷等成功沟域经济开发建设模式。

1. 产业发展现状

怀柔区充分发挥区域资源优势，坚持保护环境、优化区域布局和延伸产业链的原则，尽力打破耕地面积较少的限制，发展依托现代科技、与文化创意产业结合的现代农业，重点发展板栗、西洋参、冷水鱼、鹿茸和果品等主导产业，以高效、节约、生态为目标，将这些主导产业发展成带动区域经济发展、带动农民增收致富的创意型农业产业。

食用菌产业：2010 年，怀柔区将食用菌产业作为重点发展产业，根据区域农业资源优势，本着因地制宜的原则，分别建立北部山区中低档食用菌种植基地、西部特色食用菌和平原工厂化高档食用菌种植基地，其中北部山区食用菌生产的主要经营模式为"专业合作社或企业+基地+

农户"方式。

板栗产业：怀柔板栗个大、香甜、绵糯，有"干果之王"之称。全区板栗总面积28万亩，其中怀黄、怀九等优良板栗品种密植园10.5万亩，实施有机板栗产业转换工程5.4万亩。2008年，板栗年产量达到897.5万公斤，带动农户3.5万户。2006年批准获得"怀柔板栗"原产地证明商标的专用权。2007年开始申请"怀柔板栗"地理标志产品保护。

冷水鱼产业：20世纪80年代，怀柔区开始发展冷水鱼产业，先后成功引进虹鳟鱼和鲟鱼。目前在商品鱼养殖、鱼苗鱼种繁育、水产品加工、观光休闲渔业等方面全方位发展，怀柔区冷水鱼形成繁育、养殖、加工、销售一条龙的生产格局。2008年养殖水面达到631亩，年产量327.7万公斤，实现产值1.1亿元，带动农户500户。

鹿茸产业：2011年怀柔区鹿业养殖数量居于北京市首位；2008年全区新发展养殖户143户，新建鹿舍80420平方米，引进茸鹿3938头，总存栏8320头；主要品种是梅花鹿和马鹿两大类，养殖范围覆盖全区11个乡镇。

三果产业：怀柔区依托龙头企业和合作组织，从2008年开始发展"三果"生态富民产业，即红果、太平果、嫁接大枣，到2011年全区已发展"三果"近7万亩，新植果树130余万株，嫁接大枣360余万枝，成活率超过90%，为怀柔的果树产业发展注入了新的活力。

2. 沟域经济建设现状

怀柔区重点发展沟域型的农业文化创意产业，将新形式、新文化、新科技、新创意、新人才等现代化农业生产要素结合起来，形式合力、动力，全力开发建设沟域，通过沟域建设形成创意景点、创意产业，探索沟域经济建设与农业文化创意产业结合的发展模式，适应了北京远郊山区的地势和农业发展基础。

从20世纪90年代初开始，怀柔区依托冷水鱼产业，形成了远近闻名的"虹鳟鱼一条沟"，为现代化的沟域建设奠定了基础。2006年，怀柔区重点建设"不夜谷"和"夜渤海"两条沟域，2007年完成升级改造。2007年，在"夜渤海"和"不夜谷"两条经济沟建设的基础上，提出了"发展具有怀柔特色的农业文化创意产业"的理念，并提出建立现代化农业公园和山野农业公园的具体内容，从而将农业与旅游结合、农业与文化结合、农业与创意结合，并逐步探索创意理论指导下的农业文化创意产业，使沟域建设融入更多的文化元素和现代科技元素，真正实现落后地区脱贫致富，并打造具有品牌效应的特色沟域，满足了北京市广大居民的精神文化需求，开拓了山区发展沟域旅游的良好局面。

截至 2012 年，怀柔区在农业文化创意产业的发展理念下，通过"平原建园""山区建川"发展 10 条沟域经济产业带，有效提升了沟域内 59 个村的山水自然资源价值，山区农民持续增收。其中，雁栖不夜谷是最典型、最具代表性的沟域之一。目前，"雁栖不夜谷"已初步形成了以旅游度假、休闲养生、餐饮垂钓、观光采摘、文化体验为一体的综合旅游示范区，并将其打造成具有影响力的乡村旅游品牌。通过对不夜谷内部的环境、景观、村庄、产业进行统一规划，注重农业形式的创新、农业文化的创新，建成了内容多样、形式不同、产业融合、特色鲜明的具有一定规模的沟域产业带，可同时容纳 1.2 万人就餐和住宿，是沟域经济建设和农业文化创意产业结合的成功案例，是怀柔区的亮丽名片。"不夜谷"产生的集群效应加快了沟域内民俗、养殖、种植、餐饮等特色产业的发展，使当地村民的就业空间得到有效拓宽。2013 年，"不夜谷"旅游接待人次突破 200 万，实现旅游综合收入 2.42 亿元，雁栖镇农民人均纯收入达到 21103 元。

6.9.2 主要做法

1. 健全体制机制，形成整体合力

怀柔区发展农业文化创意产业，用现代化的领导机制作保障，提高科学管理水平，在怀柔区农委的带动下，调动各方主体建设农业文化创意产业的积极性，融通沟域经济建设资金，提高资金使用效率，本着提高区域经济发展水平、提高农民生活水平的总目标，从领导层面加强组织建设，提高工作效率，形成良好的工作作风。为全面推进沟域经济有序发展，在认真贯彻落实全市各项工作部署的同时，从体制机制和政策聚焦入手，为怀柔区发展农业文化创意产业提供了坚强的组织保障和政策支持。

一是健全领导机制，强化组织保障。成立由主管区长任组长，区农委、发展改革委等部门和相关乡镇为成员的领导小组，建立了联席会议制度，统筹推进沟域建设。通过实行"政府主导，农民主体，社会参与"的工作方式，进一步加强了对沟域经济建设的指导和协调。通过培训和参观学习的方式，不断提高领导人员的管理水平和专业知识，尤其是农业现代化发展理论、农业文化创意产业理论、区域农业发展理论等理论知识及现代化农业建设经验，为探索怀柔区发展沟域经济的创意产业发展模式提供了领导基础。

二是集成政策资金，形成叠加效应。整合新农村建设、山区搬迁、小流域治理、荒山造林、农业综合开发、基础设施建设等相关政策和资金，全力加快沟域经济建设，做到"部门联动、政策集成、资金聚焦"，实现资金使用和效益最大化；同时建立监督机制，随时掌握农业文化创意产业发展情况，及时汇报问题，商讨解决方法，全程监管资金使用动向，保证资金合理使用，提高资金使用效率。

2. 明确工作思路，坚持科学发展

怀柔区以加快转变山区经济发展模式为主线，以促进区域经济社会发展和农民增收致富为目标，以融入文化创意产业理念为引擎，明确提出沟域经济建设的思路，从规划入手提高建设标准，始终坚持生态保护以实现科学持续发展，追求产业融合提高附加值。理顺工作思路使怀柔区建设农业文化创意产业过程中，提高了工作效率，一定程度避免了财力、人力的浪费。

一是坚持科学规划。在沟域建设中，按照"分区域规划、分资源建设、分产业发展"的原则，坚持高水平规划、高标准建设。面向国内外高水平的规划设计队伍公开征集了"天河川""满韵汤河"等沟域发展规划，并按照打造京北生态旅游休闲产业带的思路，将"天河川""满韵汤河""银河谷""白河湾"建成沟连沟的经济带，呈现出规模不断扩大、环境有序改善、效益逐渐提升的良好态势。

二是坚持生态环境优先。充分发挥区域自然、人文和产业优势，大力实施生态治理，实现"亲山、亲水、亲文化"。并根据各个沟域不同的资源特点、产业基础、人文环境和气候特征，按照"一沟一品"的发展思路，打造出了各具特色的沟域。其中，以特色产业为主导模式的"雁栖不夜谷"，以文化创意先导模式和龙头景区带动模式的国际文化村等，成为深受广大市民喜爱的休闲旅游度假目的地。

三是坚持产业融合发展。一方面，将沟域建设与生态农业、民俗旅游相结合，积极推进农业和旅游、商业等产业融合，促进了农村资源向旅游景区、观光休闲转移。另一方面，通过自然景观、特色美食、个性化服务，创造了假日经济和周末就业的农民就地就业新模式，实现了农村劳动力向第二、第三产业转移、农副产品向旅游产品的转移，有效带动了区域经济发展和农民增收。

3. 吸引社会力量，提高发展积极性

怀柔区在开发建设特色沟域经济过程中，除了保证科学领导、合理规划，还注重调动多方力量，发动农民、合作社、乡镇、企业等多方主体，从资金、政策等方面给予支持，调动建设主体的积极性；同时整合资源要素，在发挥优势的前提下，降低限制因素的制约，甚至化劣势为优势，灵活转变发展思路，用创意的思维和理念寻求发展，带动区域合力建设农业文化创意产业，形成良性发展局面。

具体而言，怀柔区以优化资源配置、加大资金投入、实施项目引进为重点，在整合市、区资源，加强政府投资的同时，通过采取承包、租赁、合作等方式，吸引了大批社会力量参与沟域经济建设。目前与鲁能集团、首发集团、北京农学院等多家知名企业和院校达成投资意向，这些资金将集中用于天河川、满韵汤河等沟域建设，最终实现在全区范围内形成体系完整、产业融合、沟域相连、各具特色的农业文化创意产业模式，让农民的增收效果更加明显。

4. 整合区域资源，创新发展模式

怀柔区根据新农村建设目标和生态涵养发展区的功能定位，坚持"资

源用起来、山沟美起来、农民富裕起来"的理念，集合新农村建设、山区搬迁、搬迁工程、文化新村、环境整治等各项政策，依据不同乡镇的自然条件和社会条件，从打造北京市经典沟域出发，以建立区域乡村旅游品牌入手，以解决农民收入、发展农村事业为落脚点，集成项目、资金、政策、人力，整合资源要素，挖掘农村农业文化，因地制宜，摸索出了适合不同沟域的农业文化创意发展模式。

一是文化创意先导模式：通过创新思维改变人们现有的消费理念、方式和途径，依托自然、历史、文化资源开发文化创意产业，打造新的经济增长点，如怀柔区"长城国际文化村"，依托优越的地理位置、悠久的地域文化、优美的自然资源、丰富的物产带来的丰富旅游资源，着力打造具有长城文化、板栗文化、国际文化底蕴的乡村旅游示范新区，通过文化创意产业的形式加入了国际文化元素，实现中西合璧、优势互补。

二是特色产业主导模式：即利用已有特色产业资源，注入科技、绿色、健康内涵，延伸都市农业产业链，提升产业整体竞争力，如"雁栖不夜谷"，以虹鳟鱼养殖产业为支撑，开展特色民俗旅游，实现了沟域经济开发和农民致富。

三是龙头景区带动模式：即以知名景区为龙头，发展农业采摘园、民俗村、宾馆饭店等配套服务设施，形成众星捧月的区域发展格局，如"水长城沟域经济产业带""白桦谷"沟域。

四是自然风光旅游模式：即依托优美自然环境，发展农业体验、休闲养生、观光旅游业，带动区域产业发展，如"天河川"沟域，依托天河川丰富的土地、水、环境等资源，大力发展设施农业和特色农业，效果显著。

五是民俗文化展示模式：即依托传统民居、宗教寺庙、革命遗址等人文景观，发展民俗旅游、文化旅游和红色旅游，并带动特色林果业、休闲农业和农业科技园区等现代都市型山区农业发展，如"白河湾""满韵汤河"沟域。

5. 丰富创意形式，举办文化活动

怀柔区依托首都资源、技术优势，不断创新思维，丰富创意形式，通过举办多种形式的农业活动,加强宣传推介市场,创造北京市独具一格的乡村旅游品牌,实现传统农业向创意型现代农业转型。

"汤河川满族民俗风情节"是怀柔区举办的满俗特色活动,依托汤河川满族360年来形成的独特而深厚的文化内涵和民间风俗,通过运动会的形式予以展现,让游客亲身体验纯正的满族运动,使非物质文化遗产得到传承和发扬,也为广大游客提供了精神享受平台。

"怀北镇红梨文化节"是为了推动红梨产业发展而举办的农业节庆活动。怀北镇老特产红肖梨具有"鲜食生津止渴,蒸食润肺止咳"的特点,9月中旬至10月底,正是怀北镇红梨成熟的季节,红梨文化节也在此期间举办。文化节期间,怀北镇各红梨采摘园开门迎客,游客可以采摘红肖梨、糖梨、晚蜜桃等鲜果。

"北京怀柔第四届大枣文化节"是以大枣文化为主题的农业文化活动,9月初至10月中旬在桥梓镇举办,以"桥梓乐活游、健康'枣'知道"为主题,游客在采摘大枣、果品的同时,还可以到当地的园区采摘特色蔬菜、大棚蘑菇等。

"敛巧饭"是琉璃庙镇沿袭古代风俗而举办的特色民间活动。为了开拓创新,琉璃庙镇政府从2006年开始每年举办"敛巧饭"民俗风情节,2008年"敛巧饭"民俗活动成功入选国家级非物质文化遗产名录。"敛巧饭"民俗风情节的举办带动提高了地区知名度,促进了乡村旅游发展,使传统民俗文化得以更好地保留和延续,更有利于发展农村经济,提高农民收入。

6.9.3 取得的成效

1. 沟域内生态环境得到改善

怀柔区政府积极贯彻生态优先的发展理念,不断加强生态环境建设和村庄环境整治,实施了小流域治理、植树造林等一系列生态治理工程,严格控制污水和垃圾排放,大力发展循环经济、绿色经济,巩固生态涵养和水源保护成果。目前,沟域内累计完成小流域治理18条,共计345平方公里，完成荒山造林 38500 亩，林木绿化率达到了 76.42%，地表水质达到 Ⅱ 类标准，空气质量好转，生态环境建设取得明显成效，自然资源优势正逐渐转化为经济发展优势。

2. 沟域内农业经济得到较好发展

依托沟域内的山水资源优势，怀柔区先后打造了不夜谷、夜渤海、白河湾、国际文化村、天河川、满韵汤河等 12 条沟域经济发展带，有效提升了沟域内 110 个村的山水自然资源价值，推动了地区产业发展，为当地 1.9 万户、4.4 万名农民提供了更加广阔的增收致富渠道。通过沟域经济的打造，使得基础设施建设的投入力度不断加大，农村绿化美化、安全饮水、污水处理、道路硬化、户厕改造等民生工程有序推进，同时，山区医疗、教育、社会保障、广播电视等社会事业也有了很大进步，农村生产生活条件明显改善，山区群众在衣食住行等生活各个方面都深切地感受到了发展沟域经济带来的实惠和便利。2013 年，雁栖镇农民人均纯收入达到 21103 元，"白河湾"青石岭村农民人均纯收入也达到 15679 元，几大沟域内大多数农民有了自己的工作，有了稳定的收入，生活水平得到很大的提高。

3. 民俗旅游业快速发展

沟域经济的打造，促进传统农业向都市型现代农业转变，大力发展设施农业和农业特色产业，实现了第一产业与第三产业有机结合，极大地促进了怀柔区旅游农业的发展，带动沟域内民俗旅游业的较快发展，已成为推进全区旅游产业发展的优势项目，成为农民增收的重要途径。目前，全区已发展乡村旅游村 46 个，其中，市级村 33 个，经营户总数 3200 户。2012 年，接待乡村旅游 450 万人次，实现旅游综合收入 3.5 亿元。其中，白河湾自开沟以来共计发展乡村旅游接待户 235 户，累计接待游客 46 万人次，解决劳动力就业 900 余人，实现旅游综合收入 4700 余万元，乡村旅游业已成为这里农民增收致富的支柱产业。2012 年底，白河湾 9 个村农民人均收入已达 16464 元，比 2007 年的 9418 元增长了 74.8%。

6.9.4 存在的问题

1. 产业发展有待加强

产业发展是沟域经济建设的重要支撑，是拓宽就业渠道、促进山区农民持续增收的根本途径。目前，怀柔区个别沟域产业发展动力不足，产业层次不明晰，产业支撑效果不突出，沟域经济发展速度放慢，拉动农民增收的作用不明显。

2. 吸引社会投资途径有待创新

随着沟域经济发展水平的不断提升，需要大量的资金投入，仅靠政府出资进行建设还远远不能满足沟域经济的快速发展，社会力量参与山区建设的渠道和途径还没有形成，争取金融资本的途径有待创新。

6.9.5 对策建议

1. 把握沟域经济特色，加大产业发展扶持力度

首先，大力发展依托现代科技和先进文化的农业文化创意产业，围绕高端市场需求引导要素聚集和产业集群化发展，大力发展设施农业等高附加值的农业产品；鼓励山区优势农产品加工业适度发展，完善市场流通体系，提高农产品市场竞争力；构建符合山区特点的农业社会化服务体系。其次，全面提升山区旅游业，开发建设知名度高、辐射面大的龙头景区景点，打造一批特色鲜明的旅游集散镇；整合各类资源，将民俗旅游村、观光农业园与景区、景点串联起来，形成特色明显、资源互补、利益关联、满足游客多元化需求的集群式乡村旅游目的地。

2. 加强基础设施建设，加大资金支持力度

通过统筹协调、整合资金等方法加大对山区基础设施的投入力度，为沟域经济的更好发展打下良好基础。通过加强山区路网、林网、水利等设施的建设，完善景区配套设施，提升山区信息化水平，推进新型农村社区和城镇化建设；以项目建设为抓手，全面推进环境整治、生态建设、基础设施、新民居和产业发展五项工程建设，把沟域经济建设落实到五项工程的具体项目上。同时，主管部门要加大资金支持力度，按照沟域经济的发展目标和要求，继续坚持高起点规划，高标准建设，每年预算安排资金支持，进行沟域规划设计，对重点打造的市级重点沟域可以安排市区两级预算资金进行扶持，主要用于环境整治、生态治理、基础设施等建设；要加强项目经费的使用监督，全程、全方位记录经费使用情况，对于不合理使用经费的现状要严抓严管，提高资金使用效率。

3. 加大宣传力度，吸引多方力量参与建设

建立一套科学规范的宣传推介机制，把沟域经济的宣传工作当作一种长期的、重要的工作来抓。利用举办赛事、节庆活动等多种举措提高重点沟域的影响力和知名度。同时吸引社会力量参与沟域建设，重点引进名气大、实力强、有专长的大公司和规模大、起点高、建设快、带动力强的高端项目，提升沟域经济的水平。

6.10 延庆区"多元化产业融合"的创意模式

6.10.1 延庆区农业文化创意产业发展概况

延庆通过创意打破农业本身的产业框架，让农业不仅有生产功能，还有生态、休闲、文化等功能，这样把文化艺术活动、农业技术、农产品和农耕活动，以及市场要求有机联结起来，形成了良性互动。

延庆的农业文化创意产业从1999年县政府成立的仓米古道旅游公司开始，到2003年延庆东小河屯的"乡下有我一分田"一直处于朦胧状态。2004年，北京市提出都市型现代农业的发展战略后，延庆的农业文化创意产业才逐步走上认知认识—摸索探究—有序推进的发展轨道上来。随着延庆特色农业的不断发展，其创意因素也不断增加，文化品位得到提升。目前,已经初步形成了八种创意模式(见图6-17),直接和间接从事创意产业的工人和农民近1.2万人,据初步统计,全县农业文化创意产业产值近3亿元。

通过挖掘乡村当地的产业、历史、文化、自然生态等资源,促使乡村资源具有了另外的价值和不同的展现,一些原本平凡的乡村开始创意地发展本地特色,积极塑造乡村新的魅力,乡村涌现了许多优美的乡镇和村落,同时还创造出了乡村新产业和附加价值。

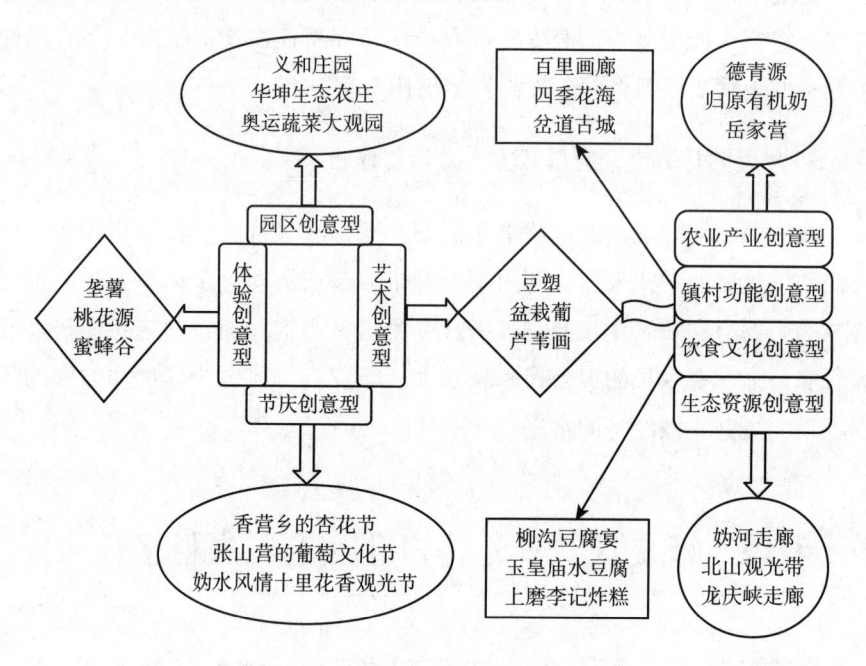

图6-17 延庆区农业文化创意产业构成

6.10.2 模式选择及主要做法

1. 园区创意型

(1)华坤生态农庄——农业主题公园的典范。

北京华坤生态园是一个集旅游接待、百瓜长廊、垂钓园、温室特菜、种植、养殖、果品采摘和非物质文化遗产为一体的现代化科技设施农业园区。园区内全国独一无二的2008米瓜廊,种植集世界各地不同种类瓜果

200多种，引来了众多游客驻足欣赏、拍照留念。农业生产与园林艺术有机地融合在一起，一种南瓜观赏文化正在悄然升起。基于特菜种植自主研发餐饮特色菜品，精心烹制的60余种成席南瓜宴具有食疗、保健等功能。目前，园区年接待游客近10万人，收入逾千万元，成为全县乃至全市农业文化创意产业的典范。

（2）绿富隆奥运蔬菜大观园——后奥运时代的农耕文化遗产。

绿富隆奥运蔬菜大观园是2008奥运蔬菜供应基地和市级优秀标准化蔬菜基地，占地1500亩。园区借助奥运蔬菜供应的品牌效应，通过构建科普画廊、综合服务区、科技示范——观光采摘区、循环农业展示区、博士创业园区和户外游乐园"一线五区"的空间布局，形成主题各异、功能互补的"奥运蔬菜大观园"主题乐园。为后奥运时代的蔬菜供应基地留下了一份可贵的农耕文化遗产。绿富隆奥运蔬菜大观园的建成，为游客提供一个观光、采摘、休闲娱乐的好去处，为设施农业的功能开发树立了典范。

2. 体验创意型

（1）"乡下有我一分田"——现代版的"桃花源"。

2003年初，延庆东小河屯村推出的"乡下有我一分田"主题耕作休闲基地，让京城市民充分体验"采菊东篱下，悠然见南山"的农耕生活。"乡下有我一分田"主题民俗旅游活动推出后，游客纷纷慕名而来，感受田园气息，体验天然氧吧，享受劳动果实。争相过"地主"瘾的有：著名作家阎连科、李洱、林白、查建英，海南律师尤志安，布隆迪驻华使馆外交官夫人、子女，以及在华留学生等300余人。他们相继成为该村的"荣誉村民"。2005年，本市第一家以耕地为内容的民俗旅游商标"乡下有我一分田"成功注册。"乡下有我一分田"也使东小河屯村成为"城里人"的"乐土"。不但合理配置了现有的土地资源，实现了一产三产相结合，提升了都市现代农业的内涵，而且在一定程度上统筹了城乡经济发展，实现了经济效益与社会效益的双赢。

（2）"乡下有我一垄薯"——城市居民体验的乐园。

沈家营镇西王化营村有着百年种植甘薯的习惯和历史。为把小甘薯的文章做足、做透，该村不但引进了价值更高的彩色甘薯，不断扩大种植规模,研发以甘薯为原料的深加工产品,还大胆进行产业宣传创意,开展"乡下有我一垄薯"认养活动,一垄长 10 米,种植黄、白、紫、红四色的彩薯,价格 100 元,这样一亩地就可以实现 6000 元的认养收入,是种植普通甘薯的 3 倍。中央电视台"非常 6+1"栏目组、四海漫游记者、北京社区居民都慕名到地头上认养,一垄普通的甘薯,既满足了城里人回归自然的渴望,也推动了甘薯产业向都市农业的迈进。

3. 艺术创意型

(1) 豆塑——妫川手工艺品中的奇葩。

妫川豆塑产自北京民间,是中国民间手工艺品中的一朵"奇葩"。取豆子为原材料做工艺品,利用豆子天然的形、色、纹塑造不同的人物形象,并配以农民手工画作为背景。似拙却自然,似艳却热烈。与天然豆粒相结合,散发浓郁的乡土气息,可谓巧夺天工。同时将中国文化蕴含其中。或有昭君出塞的气魄,或有独钓寒江雪的凄冷,或有拳打镇关西的侠义,或有铜盆铜碗的风俗,或有阿西跳月的优美舞姿……融入了文化的妫川豆塑,回味无穷。妫川豆塑用三两颗豆子塑造一个人物,用三两个人物讲一个故事,用一个故事展现一段历史、一方民情。

(2) 芦苇画——点草成金的艺术。

芦苇画主要以野鸭湖野生芦苇的叶、秆、花穗为原料,经艺人手工整料、剪贴、雕刻、熨烫、粘贴、装裱等十几道工序精心创作而成。它把民间传统工艺与现代装饰艺术紧密结合,体现了继承与创新的统一,传统与现代的统一,东方艺术与西方艺术的统一,表现出独特的艺术内涵。芦苇画构图简洁,意蕴无穷,有栩栩如生的花草、有振翅欲飞的百鸟、有静谧温馨的湿地风光、有寓意深远的仿名人字画。芦苇画本色天然,色泽淡雅朴素,在人与自然日趋融合的今天,一幅妙趣横生的芦苇画是欣赏和馈赠的温馨选择。

4. 节庆创意型

(1) 张山营葡萄文化节——农耕与文化的结合。

张山营镇是延庆区最大的葡萄种植区,为打造果品品牌,挖掘葡萄产业的文化内涵,自 2005 年以来,该镇每年都举办一次"葡萄文化节"系列活动。文化节从 9 月中旬开幕式活动开始,至 10 月底结束。主要活动包括:歌舞晚会、电影晚会、葡萄擂台赛、葡萄王拍卖、民俗手工艺品展示等。"游风景区、品农家饭、采有机葡萄"等系列活动使文化节成为张山营镇的一个品牌。

(2) 杏花节——晋阳山下的"香雪海"。

香营乡的杏树基地,是华北地区最大的杏产业基地。以此为依托的延庆杏花节已经成功举办了九届。杏花节上推出的"认养杏树,收获幸(杏)福";"穿越香雪海"自行车骑行比赛;"花为媒"文艺演出;以及"北京市民赏杏花"摄影比赛等活动,不但让晋阳山下的这片杏花海名扬京城,更使该乡的杏产业越做越大,越做越强,文化氛围越来越浓厚。

5. 农业产业创意型

(1) 德青源——引领全球生态农业的楷模。

2002 年落户延庆张山营镇的北京德青源农业科技股份有限公司,是集生态养殖、食品加工、清洁能源、有机肥料、订单农业、有机种植和休闲观光为一体的循环农业企业。它结束了中国鸡蛋几千年"三无"产品(无标准、无生产日期,无品牌)的历史,推动并参与制定了中国第一部鸡蛋标准,目前在北京品牌鸡蛋市场占有率高达 68%。农场拥有 300 万只蛋鸡,是亚洲单体规模最大的蛋鸡养殖场,是国家高新技术产业化现代农业示范基地,也是全国农业标准化示范区。2008 年 9 月 18 日,德青源一举夺得世界蛋品行业最高奖——全球水晶鸡蛋奖,成为当之无愧的蛋品世界冠军。在德青源研发中心基础上组建的国家蛋品工程技术研究中心,成为中国蛋品行业标准的制定者,引领中国蛋品产业方向,推动中国蛋品技术创新。德青源沼气发电项目,是"全球大型沼气发电技术示范工程"。德青源循环经济模式是中国节能减排、发展低碳经济的重要代表,成为全球低碳经济典范。

(2) 归原有机奶——中国第一个有机奶。

北京归原生态农业发展有限公司,占地 2240 亩,是一个集有机饲料种植、有机奶牛养殖、有机牛奶加工、有机乳制品销售四位一体的民营农业科技型企业。公司于 2004 年与中国农业大学合作开发有机奶项目，2005 年 12 月 7 日获得有机原料奶转化认证证书，2006 年 7 月 4 日取得有机产品认证证书，成为全国首家通过了有机饲料基地、有机鲜牛奶、有机牛奶加工生产线的全程有机认证的企业，填补了我国有机奶生产的空白。2010 年初，企业经过改造，生产水平大幅提升。奶牛睡上了崭新的单体红松板卧床，奶牛养殖和鲜奶加工环节都设置了全封闭的参观走廊，看起来单调的养殖加工过程，成为市民参观、学习和了解有机奶生产全过程的体验项目，为传统的农业生产和普通的加工生产融入了创意的内涵。

6. 镇村功能创意型

（1）百里画廊——一幅浓重的山水写意卷轴。

千家店镇的百里山水画廊，依托黑白河河流域 50 多公里的公路沿线，将区域内的自然景观、民俗风情、宗教文化、地质构造、产业特色等各类生产、人文和社会要素有机整合，形成了旖旎多姿的滴水湖、神奇美丽的乌龙峡、雄伟峻拔的野长城、古香古色的龙王庙……12 个旅游空间节点，按照"资源保护上是生态绿谷，产业发展上是经济走廊，旅游脉络上是景观项链"的复合功能，通过科学规划，整合资源，合理布局，建设了创意独特的"山水一卷，百里画廊"，创新了沟域经济发展模式，打造出了"百里画廊，山水人家"的独特品牌。步入镇区，几亿年形成的特殊地质构造、山水相依的自然景观、底蕴深厚的寺庙楼堂、自然朴素的民俗小院、景观效应凸显的葵海茶园、青砖白墙的徽派风格村落让你切身感受山水之亲、自然之近。"百里画廊山水间，满目青翠映眼帘"。一条既传承历史文化，又符合现代生活需求的高端创意文化休闲旅游带，像一幅泼墨写意的山水画卷，正在延庆的北部山区喷薄而出。这种把文化融入区域资源开发的模式，成为全市乃至全国沟域经济开发的典范。

（2）四季花海——沟域的"芳香经济"。

东部山区的四海镇目前花卉种植面积已达 6500 多亩，品种包括万寿菊、玫瑰、茶菊、草盆花、球根花卉、野生花卉资源圃等不同的种类，年产值3000万元，人均增收4000多元。已经初步形成的球根花卉产业园区、茶菊产业园区、玫瑰产业园区、万寿菊产业园区、草盆花卉园区和野生花卉资源圃六大园区在镇域内星罗棋布，构成了一片花的世界、花的海洋。一个以花强镇富农、以花造景迎客、以花扬名养沟的美好战略愿景正在逐步实现。

7. 饮食文化创意型

（1）柳沟豆腐宴——火盆锅里的地道民俗风。

井庄镇柳沟村共有396户1020口人，这个村一不靠山，二不邻水，人文景观也很有限。但是，就是这样一个普通的村庄凭着祖辈们曾经取暖用过的火盆锅，竟然在短短的几年间，从无到有，从弱到强，迅速崛起成为延庆民俗旅游的领头羊。民俗不怕俗，就怕没特色。自从柳沟推出了极具民俗气息的"火盆锅豆腐宴"后，很快就吸引了吃腻了大鱼大肉的城里人。一时间，到柳沟吃"火盆锅豆腐宴"成了延庆人和许多北京人的时尚。目前，全村已有接待户70户，从业600多人，2009年接待游客57万人次，总收入达1000多万元。柳沟人在传统火盆锅的基础上，对豆腐进行开发，做出美容养颜的黄豆豆腐、滋补养肾的黑豆豆腐、清热祛火的绿豆豆腐，创出"凤凰城—火盆锅—农家三色豆腐宴"等等。"火盆锅豆腐宴"使柳沟发生了巨变，使游客尝到了"农家氛围"，使柳沟的老百姓尝到了甜头。柳沟的民俗宴火了，可民俗户们并没有满足于这种程度上的成功，同时献上炸豆腐、冻豆腐、拌豆腐等一系列豆腐新吃法，将"火盆锅豆腐宴"不断推向新的阶段。

（2）上磨李记炸糕——传承历史的餐饮文化。

"李凤荣水磨炸糕"在中华人民共和国成立之前就很有名气，就连离县城较远的永宁、康庄、张山营等地的老乡一提起来，都有很多人知道。起初，李凤荣老人这手艺只是在逢年过节时在家里做一些用来招待客人，慢慢地，李凤荣老人的儿媳辛惠荣就学会了这一传统手艺。2007年，以"水磨炸糕"为特色的农家院开业后，慕名而来者络绎不绝，每逢节假日更是门庭若市。画家逢锡彦老教师、荷兰雕塑家玛丽安娜女士都曾是小院的座上宾。2009年，在北京市特色民俗小吃评选活动中，荣获北京市第二名、延庆区第一名。现如今，"李记炸糕"品牌独树，享誉京城。"水磨炸糕"成为对延庆民俗文化的一大贡献。

8. 生态资源创意型

（1）妫河生态走廊——延怀盆地的缀玉罗带。

妫河生态走廊是妫河两岸最具特色的绿化带。妫河具有母亲的美丽与厚泽，恩泽后人，在具有深厚历史文化底蕴的妫河两岸，通过蓝带——生生不息的妫河之水，绿带——郁郁葱葱之植被四季变化，紫带——人文之脉的风土人情，三条脉络交错构成罗带，联结起体现文化溯源、民俗、保健、游赏功能的珠玉，共同构成串珠结构的妫河生态走廊。形成了村庄绿树掩映，道路林荫覆盖，城市森林环绕的"自然""古朴""野趣"的原始状态的生态景观，为延庆平原绿化镶嵌了一条璀璨的绿罗带。

（2）北山生态观光带——绵延百里的果树长廊。

北山果树观光产业带西起古崖居东至刘斌堡，全长50公里。古龙路和香龙路两侧的5.3万亩果树和散落在道路两侧的25家观光果园使这里形成了绵延百里的果树长廊。张山营镇下营村—黄柏寺村的鲜食和酿酒葡萄产区；古城—刘斌堡渡槽的鲜食果业产区（包括葡萄、食用杏、苹果等）和刘斌堡的优质大枣产区三个区域相互补充、交错，同时结合产业带两侧的龙庆峡、松山、玉渡山、古崖居、野山峡、山戎墓陈列馆等众多自然、历史、人文古迹，形成了一条独具特色的农旅结合休闲观光产业带。未来几年，这里将是延庆北部浅山带重要的休闲旅游胜地。

6.10.3 延庆农业文化创意产业未来的发展方向

农业文化创意产业的核心是创意，基础是农业，载体是文化，目标是市场。延庆发展农业文化创意产业前景广阔，这里不仅拥有强大的创意团队资源，更拥有巨大的创意产品的市场消费潜力，生产和消费的互动是延庆的一大特色（见图6-18）。

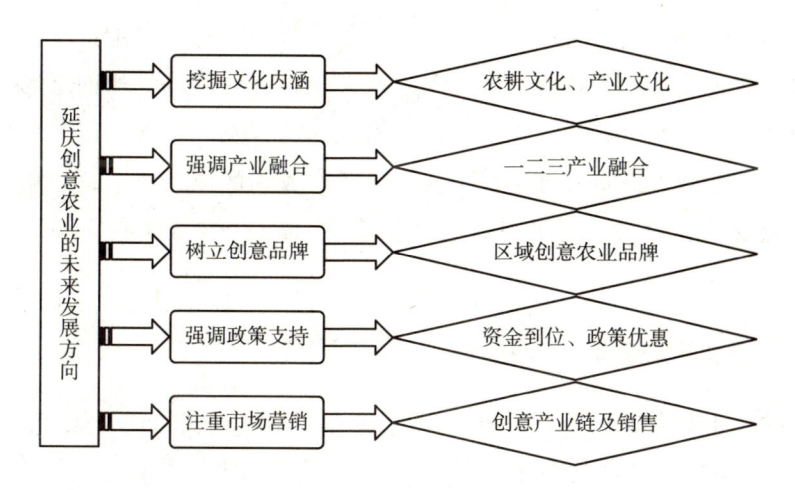

```
┌─────┐    ┌──────────┐    ┌──────────────┐
│延   │───▶│挖掘文化内涵│───▶│农耕文化、产业文化│
│庆   │    └──────────┘    └──────────────┘
│创   │    ┌──────────┐    ┌──────────────┐
│意   │───▶│强调产业融合│───▶│一二三产业融合  │
│农   │    └──────────┘    └──────────────┘
│业   │    ┌──────────┐    ┌──────────────┐
│的   │───▶│树立创意品牌│───▶│区域创意农业品牌│
│未   │    └──────────┘    └──────────────┘
│来   │    ┌──────────┐    ┌──────────────┐
│发   │───▶│强调政策支持│───▶│资金到位、政策优惠│
│展   │    └──────────┘    └──────────────┘
│方   │    ┌──────────┐    ┌──────────────┐
│向   │───▶│注重市场营销│───▶│创意产业链及销售│
└─────┘    └──────────┘    └──────────────┘
```

图 6-18　延庆区农业文化创意产业未来发展方向示意

1. 挖掘文化内涵

创意产业作为一种以创意为核心价值的全新增长方式，它不再仅仅依靠能源和土地等资源，而更多地依靠智力和其他的资源。文化的发掘和发扬是农业文化创意产业所不可或缺的，要加强当地人文地理的研究，结合农业发展，适应社会的需要，弘扬和创新农业文化，深入挖掘农耕文化、产业文化以及农村特有的文化生活和民俗风情，使其通过农业文化创意产业的发展得以继承，增添农业文化创意产业的魅力。

2. 强调产业的融合

农业文化创意产业是"无边界产业"，要求第一、第二、第三产业的融合发展，绝非传统农业的单一生产功能，要以科技创新和文化创意作为两大驱动引擎，实现城乡之间互动互融。延庆要用创意产业的思维方式和发展模式整合农村生产、生活、生态资源，创新农副产品，完善农村多层次产业链，创新农业发展模式，以自然农业生态为依托，以高效的农业生产为基础，以提高人们生活品质为依归。

3. 树立创意品牌

创意产业具有知识产权保护、品牌化的特性。在发展农业文化创意产业的同时，一定要注意协调发展，要有自己的特色和定位。改变追求数量、忽视质量和品牌的落后观念，努力培育有自己特色和创意的区域农业文化创意产业品牌，认真研究如何把创意转换成经济价值并形成规模。将创意融入到新农村建设中，当创意产业和区域经济结合，用文化来包装农业和农村，就可以有效提高农业和农村的品牌形象和市场竞争力。

4. 强调政策支持

在农业文化创意产业发展中，政府的作用不可或缺。鼓励发展农业文化创意产业，要加快制定农业文化创意产业发展战略和规划，确定政策导向，搭建平台，为农业文化创意产业提供发展空间和物质条件，吸引更多的人来投资。实现规划到位、人力到位、资金到位、扎扎实实地将延庆的农业文化创意产业搞上去。

同时要加强领导，制定农业文化创意产业开发优惠政策。对于积极投入农业文化创意产业建设的单位和个人，政府在土地的租赁价格、税收等方面给予优惠。农业部门和各乡镇要加大发展农业文化创意产业的宣传力度，在农村形成发展农业文化创意产业的良好氛围。

5. 注重市场营销

农业文化创意产业强调创意对经济的推动力与附加值。创意可以产生于任何经济活动中。创意产业的发展更多地依靠市场和消费的推动。发展农业文化创意产业的核心是要构筑农业文化创意产业的产业链，并尽量拓展延伸，形成规模，获得最大经济效益。

当今世界，创意产业已不再仅仅是一个理念，而是有着巨大经济效益的直接现实。纵观全球，发达国家的众多创意产品、营销、服务，形成了一股巨大的创意经济浪潮，席卷世界，吸引了全世界的眼球。各发达国家的创意产业以各自独擅的取向、领域和方式迅速发展，展现了一幅创意产业全球蜂起的热烈景象。要加强研究市场需求，建立适应社会主义市场经济发展的农业文化创意产业生产、经营、销售模式，努力实现农业文化创意产业发展的最大效益。

6.10.4 存在的问题

1. 创意、特色需进一步开发

在制定新的前瞻性规划方面，目前相比国外、国内先进地区，还处在起步和探索阶段，站位还不够高，视野还不够宽，外联还不够广，在掌握发展新动态，紧跟时代潮流方面存在短板，影响了创新和特色彰显以及长远持续发展。

2. 旅游与文化融合度不够

在产业发展上，对文化挖掘不够，成为短板，没有文化的旅游是缺乏活力的，原因是人才的匮乏，资源挖潜的不够。如黄芩茶文化等，具有当地特色的农耕文化、历史传承，都可成为旅游的重要灵魂因素，但由于人才的匮乏，开发相对滞后。

3. 政策扶持力度和持续性不够

在前期沟域经济建设资金支持下，沟域经济实现了较好发展，为休闲旅游产业发展奠定了良好基础，但由于后续建设资金缺乏，导致休闲产品种类单一，参与性、娱乐性项目少，旅游资源展示不够。在地质遗迹保护方面，目前恐龙足迹遗迹受到滑坡威胁。朝阳寺建筑恢复项目等旅游资源利用和保护性开发等项目还没有资金保证。百里画廊设计规划10个农旅结合项目，例如，果品采摘、白河垂钓摸鱼、农耕体验等，都没有落实。

4. 基础设施建设不足

落后的基础设施与日益增长的游客需求不匹配，阻碍文化创意产业进一步发展。停车场、厕所虽然建设了一些，但由于游客增加，沟域节点多，厕所达不到一景一个的最低标准；停车场小，车辆停放路边，造成安全隐患。游客休闲的设施，如河边、林下、景区缺少石质或木质桌椅，凉亭等设施难以满足游客的需求。另外，管理跟不上，环境和安全工作不到位。盛大节庆活动举办期间，人流量大，缺少科学的管理和相应的管理人员，存在安全隐患。

6.10.5 建议和措施

1. 继续高端规划，实现科学发展

制定前瞻性规划，以5A景区标准为目标制定规划，在"十二五"期间，建设高端旅游休闲产品，实施综合开发，发展复合式旅游产业，实现产业升级，走科学发展道路。

2. 加强文化融入和宣传推介

文化是旅游的精髓，上级部门要帮助引进或聘请文化创意团队，结合当地文化传承，充实生态旅游文化内涵，融入健康、养生、休闲、知识、民俗、传说、科技、艺术等文化符号。发挥宣传优势，利用多种手段如电视、报纸、刊物、讲座、广播，特别是网络及主题活动，加大对产业的宣传推介力度，提升社会影响力和知名度。

3. 加强政府引导与政策扶持力度

延庆的农业文化创意产业目前仍处于初级发展阶段，急需政府的正确引导和大力支持。今后政府应加大财政支持，尽快建立以财政投入为导向、社会投入为主体、金融资本为依托的多元化农业文化创意产业投入体制。培育一批具有区域特色的创意农产品品牌，出台农业文化创意产业相关政策和鼓励措施，为延庆农业文化创意产业快速发展提供良好的环境。

4. 对于有一定建设基础的区域，保持政策支持的持续性

对于已经起步的区域，制定相应奖励政策，加大停车场、厕所、休闲设施等基础配套设施建设的政策扶持力度，避免后劲不足、发展放缓或停滞，实现持续发展。制定区域经济的招商引资奖励政策，形成奖励机制，鼓励社会资本进入，"谁投资，谁受益"，激发社会资金投入活力。

6.11 "小汤山现代农业科技示范园"的创意模式

6.11.1 北京市小汤山现代农业科技示范园发展概况[①]

北京市小汤山现代农业科技示范园（以下简称小汤山农业园）始建于1998年，2001年被国家科技部等6部委命名为北京昌平国家农业科技园区（试点），2010年1月通过科技部国家农业科技园区综合评议验收，成为北京市首批国家级农业科技园区。2010年8月，科技部与北京市政府签订了共建国家现代农业科技城的协议，确定北京昌平国家农业园区将作为先行试点之一。位于北京市亚运村北17公里处，立汤路把亚运村、奥林匹克公园、小汤山农业园连成一线；东临首都国际机场10公里，西距八达岭高速公路5公里，六环路、京承高速路穿园而过。园区地处燕山南麓平原地区，这里交通便捷，土地肥沃，总面积111.4平方公里，涉及小汤山、兴寿、崔村、百善四个镇54个行政村，8.1万亩耕地，4.1万人。小汤山农业园北倚京密引水渠，南至温榆河，其间八条河流环绕，独特的地热资源可开发利用面积高达100平方公里，区内水资源较为丰富，供排水系统实现了网络化。

园区核心区分为东、西两区，面积2300亩。根据农业园的内容和功能，将全园分成七个示范区：以农业园中心园（现东区）为核心的"籽种农业示范区"；以市园林局苗圃为核心的"花卉示范区"；以市林业局大东流苗圃为核心的"林木种苗示范区"；以顺沙路以北及秦屯河以西的大部分耕地为重点的"设施农业示范区"；以市、区水产养殖场为核心的"水产养殖示范区"；以昌平兴寿果园为主的"精品果园示范区"；以大东流城镇建设组团，结合工业用地进行安排的"加工农业示范区"。确定了"科技示范、辐射带动、旅游观光"的总体功能定位。

[①] 北京市农委提供资料。

6.11.2 发展模式

通过对北京市小汤山现代农业科技示范园农业文化创意产业的调研分析,提出"小汤山园区模式":立足首都郊区的区位优势,确立"科技示范、辐射带动、旅游观光"的功能定位,政府引导,企业运作,通过不断地优化区域农业产业结构,创新农业经营理念和体制机制,践行"服务城市、融入城市"的农业文化创意产业本质,以农业科技创新带动现代农业发展为起点,为城市居民提供生态安全的农产品;又以农业休闲观光为终点,最大限度满足城市居民多样化的物质需求和现代化的精神追求;实现了农业增效和农民增收的良好局面,加快了北京市郊区由传统农业向现代农业的转变和"三化"同步推进的步伐,成为优质、高效、生态、安全的现代农业发展方向的领军,引领全国农业文化创意产业发展(见图6-19)。

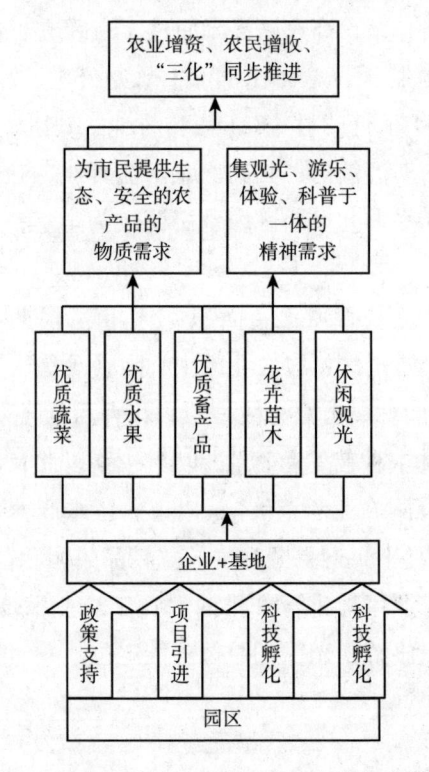

图6-19 北京市小汤山现代农业科技示范园农业文化创意产业发展模式

6.11.3 主要做法

基于"科技示范、辐射带动、旅游观光"的总体功能定位，小汤山农业园提出了"科技带园区、园区带企业、企业带基地、基地带农户"发展思路。

1. 以企业为载体，形成园区主导产业

自2001年园区管委会正式成立以来，涉及林木、养殖、花卉、蔬菜、加工、精品果树类、生物类、综合等企业相继入驻园区。目前园区入驻企业数量为42家，包括生物育种、有机种植、林木、花卉、水产养殖、加工、物流等领域，吸纳各类投资36亿元，2010年实现产值8.6亿元，利润额6535万元，出口创汇1.93亿元。

在入园企业中，形成了较为鲜明的两类企业。一类是具有自主知识产权的种质资源和育种技术，具有较高科技含量和示范效应的农业科技型企业。北京大北农生物技术中心，在园区建立生物育种实验室，主要对粮食类作物的高产进行研究、实验；先正达生物科技（中国）有限公司，在园区建立全球第六个作物实验室，从事进行玉米、大豆等主要作物早期转基因和天然农艺性状领域研究；北京世新华盛牧业科技有限公司拥有独一无二的北京黑猪种质资源，建立了从基地到餐桌的安全食用农产品生产加工全程可追溯体系。另一类是先导示范型企业，这类企业本着以"高端、高效、高辐射"为目标，以成果应用为重心，从贴近产业、融入市场的角度，实现先进科技成果在园区的集成创新和转化应用。北京市正兴隆生物科技有限公司是国内从事杏鲍菇生产规模最大、技术最先进的科技创新型企业；北京森森种业有限公司，主要从事节水耐寒观赏植物以及育彩叶树种、精品树种研究与推广；北京绿田园生态农场有限公司为国内最大的苜蓿草加工企业。

2. 以项目为载体，提高园区科技示范、带动能力

自园区成立以来，引进包括北京林业大学的苹果枣扦插快繁项目、美国大花萱草球茎宿根花卉项目、玫瑰鲜切花项目，中国农科院的玉米良种繁育项目，北京农乐蔬菜研究中心的俄罗斯蔬菜籽种项目，中科院植物所的北方常绿植物及特殊色彩食物种苗引进、培育项目，中国原子能利用研究所的黄瓜、西红柿、茄子等航天育种项目，北京市农林科学院果林所的葡萄新品种项目，园区引进的紫花苜蓿草种植项目等各类科技项目207项，自主研发项目121个。2006~2011年，园区共承担国家星火项目7项，其中完成验收3个，正在实施2个，待批复2个；园区共有5个重大项目进入科技部"十二五"国家科技计划农村领域首批预备项目库；园区申报的"低碳农业先导技术集成研究与示范项目"等4个重大项目已获得市科委重大项目支持。

3. 融合第一产业和第三产业，打造园区农业文化创意产业亮点

1998~2000年，以亚洲最大的工厂化、自动化鲟鱼繁育场、肉用鸵鸟深加工产业基地、亚洲最大的高档现代温室群、总设施面积达60万平方米的国内最大的兰花繁育基地、草莓种植基地、国家级林木种苗生产示范基地及组培车间为代表，形成了一条小汤山特菜、林木种苗、花卉、鸵鸟、高档淡水鱼、肉用乳羔羊、草莓园等农业旅游观光风景线。随着进入园区观看的人数与日俱增，园区自2000年7月开始了农业旅游观光项目试运行。形成了小汤山农业园—龙脉温泉—航空博物馆—银山塔林景区—大杨山国家森林公园—红枫湖民俗旅游度假村等旅游风景线，实现了以科技示范带动为特点的第一、第三产业的融合发展，取得较好的经济效益和社会效益。

4. 管委会加强组织管理，强化服务职能

自北京昌平国家农业科技园区作为国家农业科技城建设先行试点以来，园区管委会在昌平区委、区政府的领导下，本着"以现代服务业引领现代农业"的管理思路，对原有的管理职能和服务机制进行了梳理，积极稳妥地做好园区的管理与服务工作。一是建立核心区负责人制度，协助企业办理相关手续。二是协助企业申报科技项目。推荐入园企业向科技部申报"十二五"重大科技预备项目5个，星火项目6个，申报北京市科委重大项目5个以及其他部级、市级科研项目8个。三是做好重点工程、折子工程申报工作。每年底，园区管委会对整个园区工作进行梳理，把重点企业的建设申请列入全区重点工程和折子工程，对企业建设过程中遇到的问题及时上报，形成政府督办、自上而下的发展环境。

5. 加强基础设施建设，优化发展环境

为吸引企业投资入驻，创造一个良好的产业发展环境，园区对区域内的道路、河流、绿化、配电等基础设施进行建设、改造，完成马坊滨河路、华能路以及园内道路联网30公里；对葫芦河、沙沟河、秦屯河、蔺沟河的河道治理20公里，建成2座橡胶坝，3座跨河大桥；建成日供水能力2000吨的供水厂和日处理能力4500吨的污水处理厂；新增1万千伏安输变电站1座；完成了大柳树环岛四周、温榆河滨河路两侧以及核心区内绿化工程，绿化面积达1000亩，完成拆墙透绿工程1万米。截至2010年底，核心区内共有智能连栋温室15万平方米；开凿地热井6眼，建立水源热泵机房两处，总功率7000千瓦，铺设地热管网21万米，区域内地热供暖18.2万平方米；连接市政供水系统，区内消防供水管网4500米，消防水池3座；安装变压器、刀闸室等电力设施，总容量为6440千伏；在全园外围及重点部位约70万平方米范围，安装监控摄像头设备；为1万平方米温室新建太阳能集热系统2800平方米，完成雨洪收集管线4300米，安装太阳能路灯306盏。

6.11.4 取得的成效

北京市小汤山现代农业科技示范园优化了区域农业产业结构，提高了农业的科技含量，带动了农民就业，增加了农民收入。依托园区科技研发孵化能力，以鸵鸟、鲟鱼、林木、特菜、草莓、牧草等产业链为载体，以农业生产和农业休闲的有机结合为突破点，共计引进新技术124个、新品种633个、新设施251套，推广新技术113个，推广新品种287个；吸纳本地就业10083人，带动周边农民33022人，开办技术培训3547次，组织专家讲座230次。培育了一大批养殖业能手，改善了当地农民就业条件，促进了当地农民综合素质的提高。园区先后获得了"国家级农业科技园区""国家引进国外智力成果推广示范基地"首批"全国工农业旅游示范点"等国家级称号和"北京市科普教育基地""北京市爱国主义教育基地"2个省市级称号。

6.11.5 存在问题

1. 农业文化创意产业发展仍有较大的提升空间

随着社会的进步、时代转变和农业文化创意产业发展环境的优化,任何农业文化创意产业经营主体都应具有市场敏感性,以市场为导向,做好自身定位。小汤山现代农业科技示范园依据当前良好的产业现状,在增强品牌影响力、拓展农业文化创意产业发展空间方面仍有巨大的潜力。

2. 资金投入不足

小汤山现代农业科技示范园在修建基础设施、完善发展环境的同时需要大量的资金投入作为支撑,但是由于农业项目投资量大、回报周期长、风险较大、需要抵押物、贷款手续烦琐等原因,导致后续资金无法跟上项目建设进程,不利于小汤山现代农业科技示范园的可持续发展。

6.11.6 对策建议

1. 以国家农业科技城建设为契机,注重顶层设计,提升农业文化创意产业的质量

以已有的产业基础为优势,根据"立足北京、面向世界、服务全国"的定位,按照"以现代服务业引领现代农业、以要素集聚武装现代农业、以信息化融合提升现代农业、以产业链创业促进现代农业"的思路,认真调研,做好下一步的规划和定位,在稳定主要农产品供给的基础上,大力拓展农业发展空间,发挥农业的环保、生态、休闲观光、文化传承等多种功能,积极探索具有北京特色的农业文化创意产业发展模式。

2. 积极探索金融支持园区建设的新途径

针对资金投入不足问题，尽快探索农业发展银行设立农业文化创意产业建设贷款专项，面向园区农业企业、专业合作社和种粮大户等建设主体，对资金需求规模大的农业项目特别是农业基础设施建设提供融资服务。形成政府项目为主导、政策性金融为基础、商业银行贷款为补充、广泛吸收工商资本和农民自筹的多层次多渠道的投融资模式，拓展资金来源，缓解资金压力。

第7章 加快推进北京农业文化创意产业发展的政策建议

随着经济社会的发展和人民生活水平的提高，消费者对"新、奇、特"农产品的需求大大增加，农业文化创意产业存在着相当大的发展潜力和市场空间。农业文化创意产业已成为北京都市型现代农业的新亮点，随着京郊农业文化创意产业的发展，一大批用头脑经营、靠文化创业的新型农民脱颖而出，用文化激活传统农业魅力。同时，农业文化创意产业的发展提高了农业附加值，提升了农业效益，提高了农民的收入，市民也受益颇多。

本书在分析北京市农业文化创意产业发展现状，总结其发展类型、发展模式及发展途径的基础上，从正确引导和规范北京农业文化创意产业发展的角度出发，提出关于如何引导并加快发展北京农业文化创意产业的政策建议，为北京市更好地发展农业文化创意产业提供参考。

7.1 机制体制创新层面

7.1.1 以国家农业科技城建设为契机，注重顶层设计，提升农业文化创意产业的质量

以已有的产业基础为优势，根据"立足北京、面向世界、服务全国"

的定位，按照"以现代服务业引领现代农业、以要素集聚武装现代农业、以信息化融合提升现代农业、以产业链创业促进现代农业"的思路，认真调研，做好下一步的规划和定位，在稳定主要农产品供给的基础上，大力拓展农业发展空间，发挥农业环保、生态、休闲观光、文化传承的多种功能，积极探索具有北京特色的都市型现代农业发展模式。针对各地实际情况，抓住自身优势，突出特色，避免单纯效仿。积极探索本地历史文化底蕴，把文化的历史内涵融入农业之中，突出自身创意，避免雷同。如观光园在经营方式中应增加休闲垂钓、健身娱乐、会议接待等收入，大胆创新，培育会展、养生等旅游业态，从较单一的经营形式逐步向多元化经营形式转变。重点建设一批具有学习、休闲、娱乐、体验等综合功能的高端旅游业态，进一步提高观光休闲产业品质，从初级观光向高级休闲转变，为观光休闲农业注入新活力。

7.1.2 从观念上进行创新，用创意的理念引导都市农业的发展

首先，根据市场需求的变化和资源条件的调整，及时改革创新，从文化内涵和外观布局上进行深入思考，将北京特色农产品经济转变为创意型服务产业，开发针对特殊群体的个性化服务，满足高端市场的需求。同时，从服务方式和水平上进行创新。加强平台建设，提升服务水平。注重各类公共服务平台建设，建立和完善农业文化创意产业协会、质量协会、消费者协会和其他专业行业性协会以及社会中介服务体系，积极为农业文化创意产业企业提供品牌推介、法律服务、信息咨询、人才培训、商标代理等各个方面的服务。另外，推进原有项目创新，鼓励用艺术的眼光和现代化技术对原有项目进行包装，将其重新打造成具有区域特色的品牌产业，用不断更新和变换的活动内容吸引更多游客，同时保持好北京的生态资源，实现可持续发展。

7.1.3 进一步实施创新发展推动农业文化创意产业战略

在加大具有北京地域特色农业文化深度开发和利用的基础上，实施创新发展战略，全面提升北京农业文化创意产业产品。将提高创新能力作为调整现有旅游产品结构、转变发展方式、提高农业休闲旅游竞争力的重要环节。一是加强经营理念的创新，积极倡导新的消费理念——农业休闲观光游将成为回归自然、拥抱自然的方式。二是加大对体验型农业产品的开发。目前，大多数游客不满足于"蜻蜓点水""走马观花"的游览方式，还希望能够走进农户家中，体验农民真实的生活状态。设计和拓展具有放松、怀旧、传统的农耕体验产品，通过开发更多种类、更具特色的体验型农产品吸引游客。

7.1.4 立足"北京建设世界城市"，推进农业文化创意产业园区品牌国际化

培育一批优势明显、发展潜力较大的农业龙头企业，使之成为一支进军国际市场的领军。以科技创新为依托，以国外市场需求为主导，积极引导企业进一步加大农业科技研发力度，构建一个从农业生产、农产品加工到农业休闲观光的"旗舰计划"，加快开拓国外市场的步伐。

7.1.5 推进土地流转，促进农业文化创意产业发展

建议完善土地流转制度，促进市场化的农地产权交易，细化土地流转制度，规范土地流转行为，保护农民利益，鼓励农民以土地作为要素参股；完善土地流转中介组织，为土地流转提供服务，逐步建立完善的土地流转服务平台，让农民充分了解现有的土地流转政策和土地流转的相关细节，按照自愿、平等、有偿的原则推行土地流转稳步进行；健全农村社会保障体系，用土地流转后的保障措施提高农民流转土地的积极性，解除失地农民的后顾之忧，从根本上规范和监管土地流转过程。

7.2 资金投入与政策支持层面

7.2.1 积极探索金融支持农业文化创意产业园区建设的新途径

针对资金投入不足问题,尽快探索农业发展银行设立农业文化创意产业建设贷款专项,面向园区农业企业、专业合作社和种粮大户等建设主体,对资金需求规模大的农业项目特别是农业基础设施建设提供融资服务。形成政府项目为主导、政策性金融为基础、商业银行贷款为补充、广泛吸收工商资本和农民自筹的多层次多渠道的投融资模式,拓展资金来源,缓解资金压力。

首先,各级政府可以通过设立农业文化创意产业发展专项资金,对符合政府重点支持方向的产品、服务和项目予以支持,并加强专项资金管理,规范资金使用规则,确保资金使用到位,发挥最大效益。针对生态涵养区的功能定位,可以加强对围绕生态进行创意开发的农业项目的资金支持,如生态休闲农业等。其次,按照"突出重点、形成亮点、兼顾一般、推动全局"的原则,用足用好专项资金,培育一批产业关联度大、带动能力强、为农民提供就业岗位多的农业文化创意产业项目,促进农民增收,带动区域经济发展,最大可能地发挥资金乘数效应,形成资金良性循环的投入机制。最后,要创新投融资机制,探索以财政投入为导向,以信贷投入为支持,以企业和集体投资为主体,市场调节与政府引导相结合的多元化投资机制,尤其注意发挥农业龙头企业的投资主体地位的作用,引进实力强、潜力大的企业,采取贷款贴息、项目补贴、后期奖励等政策优惠,为企业投资创造良好的环境。

7.2.2 加大资金的投入,进一步建立和完善与市场需求配套的基础设施

发展农业文化创意产业,创意是灵魂,设施是基础。景观农业旨在依

托优美的生态环境和植物景观，营造田园风光，给人休闲观赏、舒缓身心、亲近自然的视觉盛宴和精神享受。良好的基础设施是景观农业发挥创意的基础保证，是提升品质的基本要求，是吸引游客、满足游客需求的必须。第一，政府建立专项资金，用于支持文化创意产业基础设施建设。主要包括道路、停车场、长廊、凉亭和景观小品、创意模型等，给游客提供方便的旅游环境和休息场所。科学预测旅游旺季的游客量，从而推算出与其相适应的停车场容量、餐饮住宿量，在此基础上进行合理规划，建立和完善与之配套的基础设施。第二，规范民俗接待户、农家院的营业标准，提高餐饮卫生标准和住宿环境标准。组织对农户的专业培训，统一指导，提高经营者的综合素质，提高游客消费环境的整体水平。建立和完善卫生防疫标准，并在区域内严格执行，提高农业文化创意产业的服务水平，在给游客更好体验的同时，为产业的后续发展提供支持。

7.2.3 加大资源的整合力度，进一步提高农业文化创意产业的整体实力

制定鼓励农业文化创意产业发展的战略，并配套相关政策，加大政府投入力度，设立专项资金，扶持农业文化创意产业发展，进一步提高创意农产品的产业化规模，使其产品形成独具特色的旅游产品，改变现在"小而散"的局面。同时，在原有农业园区发展的基础上，加大对农业园区向农业文化创意产业型观光园区发展的引导，使农业园区成为京郊休闲、观光、采摘的农业旅游景点，在改变其产能低下的同时，充实北京农业文化创意产业的内涵，提高农业文化创意产业的整体实力。

7.2.4 加强农业信息网站的建设，进一步提高市场信息传递效率

加强农业信息网站的建设，提高农业文化创意农产品的网络营销能力。一方面，政府加快农业信息资源的开发，尽快让创意农产品的生产

商、经销商和农户上网,并建立农业内部信息网,利用网络信息进行农业生产和网络营销活动。另一方面,政府引导,将各采摘园、观光园主联合起来,成立较为统一的农业信息营销网站,增强单个网站的整体影响力,通过百度推广等方式,提高游客搜索的可获得性,提高市场信息的传递效率。

7.2.5 加大对农业保险的政策支持,降低农业文化创意产业的风险

做好自然灾害预警工作,建立自然灾害预报系统,组织工作人员做好灾害前的通知、预防和灾害后的整顿工作;政府从政策上鼓励保险公司经营农业保险,实行税收优惠政策,同时还可充分利用再保险机制,对于风险大且涉及面广的农业风险实行多家保险公司分保经营,降低保险公司和农户的风险率;适当发展相应的农产品加工企业,构建生产、加工、贸易有机结合的现代农业产业化体系,努力发展壮大现有的农产品加工企业的档次和规模,着力发展农副产品的加工、贮藏、保鲜、分类、包装环节,特别是农副产品深加工,借以增加产品的技术含量,增加产品的附加价值,从而弥补产量减少造成的损失。

7.3 市场化、品牌化层面

7.3.1 探索建立农业文化创意产业市场化运作模式

要根据发展实际,努力挖掘具体、可落实的市场化运作点。实施市场化运作战略,通过市场拓展与开发的形式,提高品牌知名度。在产业融合中重视品牌宣传与产业化发展之间的商业化模式建设,在充分利用传统宣传媒介的基础上,加大对网络视频、媒体推介、手机应用推广、微博营销等新型信息传播方式的利用,通过开展"随手拍"微博大赛等形式,提高当地农业文化创意产业的知名度,吸引更多的游客前来观光游览。同时,

挖掘和创办农业节庆活动，比如借鉴大兴依托连年举办的西瓜节创办农业节庆活动，打造区域品牌的发展经验，扩大宣传和影响力，实现活动与北京农业文化创意产品的相互借势，彰显品牌效应。

7.3.2 加大对农业文化创意旅游产品的深度开发

一是开发具有北京本土农业文化特色的创意型旅游产品。聘请专业的旅游产品设计师，从造型设计、材料、制作工艺到加工方式，再到营销方案，进行多元化、全方位设计，并对原有创意产品设计方面存在的缺陷，做一定的改造，节省设计成本。同时，转变设计方式，为游客提供加工体验的机会，通过生产加工直接参与互动体验的方式，开发旅游产品。二是基于可靠性、安全性的原则，对传统的工艺水平进行合理化、艺术化的改造。对创意小礼品的材料、工艺和形态加以创新，设计出便于携带，方便美观、陈列把玩时间长的创意小礼品。例如家居饰品、香皂、抱枕等用品，刺激游客消费。

7.3.3 引进相关企业，实行市场化运作

景观农业建设是农业发展方式转变的一种模式和有效载体，景观农业的核心生命力在于企业化运作、产业化经营。第一，政府前期建设结束后，要及时引进相关企业，将投资、管理、宣传、经营权交给企业，实行企业化运作，市场化经营。只有发挥市场经济的作用，才能提高竞争力，提高利润率，才能真正带动一方经济的发展，带动农民增收致富。第二，推进政企分开、政资分开、政事分开、政府与市场中介组织分开，转变政府职能，强化市场主体地位，积极营造有利于农业文化创意产业发展的公开、公平、公正的市场环境。第三，充分发挥市场导向性作用，鼓励多元投资景观农业建设，建立多渠道、多层次、多元化投资体系，引进企业实体，走企业化之路，积极探索政府、企业、农民三方共赢模式，使企业盈利、农民增收、政府满意。第四，强化政府的引导作用，实行对企业的扶持政策，鼓励企业做大、做强。加强投融资服务体系建设，设立政府引导

农业文化创意产业发展的专项资金，用于对企业研发补助、贷款贴息和配套资助等；与金融资本对接，开辟农业文化创意企业贷款绿色通道；选择金融机构，确定商业银行支持农业文化创意产业的专项授信额度，创新贷款担保工作机制，给企业营造良好的政策环境和发展平台。

7.3.4 实行品牌化发展，提高知名度

品牌化发展可以提高产品知名度，扩大产品市场，提高产品价格，提高农民收入，企业品牌和农产品品牌可以形成较强的竞争力。第一，打造农业文化创意产品品牌。应该树立品牌意识，对于特色突出、品质良好的农产品，政府要鼓励申请地理标志，形成一批具有自主知识产权的农业产业集体。开发现有农产品的多种功能，发掘农产品新型功能，形成区域特色优势，申请注册商标，采用独特包装，打造精品，走高品质、高质量、高名气的品牌化发展道路。第二，打造文化创意企业品牌和聚集区品牌，发挥品牌集聚效应。品牌竞争力是企业综合素质和能力的体现，品牌价值对于产业发展和区域发展的地位也日益凸显。政府引导，设立知名品牌专项资金，奖励品牌建设取得重要成果的企业，促进企业提高品牌意识；企业参与，形成打造知名品牌乃至世界级品牌的战略思维，从企业发展战略的高度进行品牌的规划、建设与管理。第三，加强多元化经营模式下的品牌管理，加强品牌整合，建立企业品牌与产品品牌，以及不同产品品牌之间的适当联系。通过企业品牌形象策划、品牌宣传，充分发挥品牌整合的优势，实现品牌带动下企业建立良好形象和提高竞争力。

7.3.5 延伸产业链，提高经济效益

培育特色产业链条，释放文化创意资源的整体经济效应，围绕"创意"这一核心环节，结合农业生产特点，延长农业文化创意产业链条，已经成为区域提升文化创意产业竞争力的重要措施之一。第一，充分利用农产品特色，延长产业链条。开发引进精深加工技术，备置仓储运输设备，为农产品深加工提供技术和设施保证。发掘各种农业产品的功能，发展深

加工、精加工产业。研发多种形式、多种功能的加工农产品，提高产品附加值。第二，发挥加工产业集群效应，提高经济效益。北京市发展农业文化创意产业，要发挥产业的关联效应，积极拓展产业链条，加强景观农业展示、创意产品研发、加工链条延伸及与周边服务商之间的紧密联系，形成核心层、外围层、相关层环环相扣，创意、耕作、开发衍生产品以及产品销售一条龙的循环系统，充分发挥产业集群所带来的集聚效应，带动地区经济发展，提高农民收入水平。

7.3.6 丰富农业创意形式，激发文化消费需求

第一，要突出创意功能，必须与农业科技相结合。农业发展离不开科技，没有科技支撑的农业就没有生命力和竞争力，要依托现代农业技术，不断丰富景观作物品种，打破结构单一、花色单一、季节单一的现状，把景观农业做活、做强、做出创意来。充分利用美学、艺术学、生态学等学科原理和方法，将农业与农耕文化、景观与造型艺术相结合，使其成为具有高品位、特色化、艺术化、文化型的新型创意农产品，促进农产品由使用功能型消费向文化审美型消费转变。第二，丰富创意形式，需要人才机制作保证。北京市发展农业文化创意产业，缺乏专业人才。因此，必须加强人才培养，优化政策吸引人才。依托北京市的教育资源，促进大专院校、企业、科研机构以及社会培训机构之间的合作，建立多层次、多渠道的人才培养体系，为农业文化创意产业发展提供人才保障。第三，推广文化消费观念，激发文化消费需求，用需求促发展。推进农业文化创意产品生产与农业文化创意产品消费的有机结合。倡导"创意产品、创意服务、创意生活"的新时代理念，用创意吸引游客，使农业文化直接融入生活，促进农业文化的创新、宣传和消费，形成创意引导消费、消费促发创意的良性循环，不断丰富农业文化产品的创意形式，扩大消费群体，拓展市场空间。

参考文献

[1] 包仁艳、蒋金洁：《文化创意产业与农业的融合发展》，载于《科技智囊》2012年第7期。

[2] 白明月：《荷兰：创意农业的产业链条》，载于《农经》2011年第11期。

[3] 蔡恒：《创意农业：现代农业发展新视角》，载于《群众》2012年第1期。

[4] 陈建军等：《文化创意产业的集聚效应及影响》，载于《当代经济管理》2008年第9期。

[5] 陈宏毅、王刚清、刘杰：《创意农业发展的动力要素分析及对策研究》，载于《现代农业科技》2008年第24期。

[6] 陈国权：《创意农业——未来上海农业发展的重要动力》，载于《上海农村经济》2008年第6期。

[7] 程晓、张依、连丽霞：《中德两国创意农业发展比较研究》，载于《中国农学通报》2015年第29期。

[8] 褚劲风：《世界创意产业的兴起、特征与发展趋势》，载于《世界地理研究》2005年第4期。

[9] 杜德斌：《创意产业：现代服务业新的增长点》，载于《经济导刊》2005年第8期。

[10] 管珊红、周军、许晶晶等：《以创意农业推动江西农业现代化发展研究》，载于《南方农业学报》2016年第9期。

[11] 何忠伟、桂琳等：《北京农业文化创意产业的机制与模式研究》，中国农业出版社2013年版。

[12] 黄祥芳、周伟等：《民族地区创意农业发展模式探析》，载于

《合作经济与科技》2012年第4期。

[13] 黄颖：《我国创意农业发展的模式、问题与对策》，载于《台湾农业探索》2016年第1期。

[14] 黄映辉等：《北京都市型现代农业社会化服务体系创新模式研究》，载于《中国农学通报》2010年第26期。

[15] 黄爱莲：《乡村旅游与创意休闲农业发展研究》，载于《安徽农业科学》2011年第20期。

[16] 胡小武：《创意农业与农业发展新思维》，载于《农业现代化研究》2009年第6期。

[17] 胡晓鹏：《文化创意产业的地区发展模式研究》，载于《中国地质大学学报（社会科学版）》2010年第1期。

[18] 胡豹、杨良山、王丽娟等：《浙江创意农业的实践模式、发展思路与战略对策》，载于《浙江农业学报》2013年第6期。

[19] 蒋和平、辛岭、王有年：《首都高科技现代示范农业发展研究》，中国农业科学技术出版社2013年版。

[20] 蒋和平、江晶、王有年：《北京密云县发展农业文化创意产业的研究》，载于《北京农学院学报》2014年第2期。

[21] 江晶、史亚军：《北京都市型现代农业发展的现状、问题及对策》，载于《农业现代化研究》2015年第2期。

[22] 江晶、刘学瑜：《北京市农业文化创意产业的主要模式和借鉴启示》，载于《农业经济与管理》2013年第6期。

[23] 姜成新：《创意农业大有可为——第二届中国创意农业发展论坛综述》，载于《中国乡镇企业》2010年第2期。

[24] 孔祥智：《都市型现代农业的内涵、发展思路和基本框架》，载于《北京农业职业学院学报》2007年第4期。

[25] 廖军华、屠玉帅、简保权：《国外创意农业对中国发展创意农业的启示》，载于《世界农业》2016年第2期。

[26] 理查德·E·凯夫斯：《创意产业经济学：艺术的商业之道》（孙绯等译），新华出版社2009年版。

[27] 厉无畏、王慧敏：《创意农业的发展理念与模式研究》，载于

《农业经济问题》2009年第2期。

[28] 厉无畏：《农业文化的创意化发展》，载于《中国科技投资》2012年第26期。

[29] 厉无畏：《创意农业、农业的新型发展模式》，载于《农村·农业·农民（B版）》2012年第7期。

[30] 李瑞芳：《创意农业：拉动内需的动力产业》，载于《理论研究》2009年第5期。

[31] 李瑞芳：《社会主义新农村建设视角下的创意农业发展对策》，载于《安徽农业科学》2010年第28期。

[32] 李明德：《文化创意产业与农业》，载于《农产品加工》2010年第3期。

[33] 李玉榕、谢向英、郑小清等：《基于钻石模型的北京创意农业竞争力分析》，载于《台湾农业探索》2016年第4期。

[34] 卢良恕：《面向21世纪的中国农业科技与现代农业建设》，载于《农业经济问题》2001年第9期。

[35] 刘宏曼：《创意农业——北京都市型现代农业新亮点》，载于《当代经济》2009年第14期。

[36] 刘丽伟：《发达国家创意农业发展内在机理研究——以荷兰、日本、德国、英国为例》，载于《世界农业》2010年第6期。

[37] 刘丽伟：《发达国家创意农业发展路径及其成功经验》，载于《学术交流》2010年第10期。

[38] 刘丽伟、高中理：《低碳经济背景下日本创意农业多功能性发展机理分析》，载于《世界农业》2013年第10期。

[39] 刘丽伟、高中理：《创新驱动视角下我国农业经济发展方式转变能力成长新态势分析——以湖南、广东创意农业为例》，载于《农业经济》2014年第12期。

[40] 刘丽影、张明、路剑：《国外创意农业模式对中国文化创意农业发展的启示》，载于《世界农业》2014年第3期。

[41] 刘军萍等：《北京都市型现代农业的定位与优势条件的耦合分析》，载于《中国农业资源与区划》2005年第6期。

[42] 刘军萍、王爱玲：《北京创意农业发展的典型模式及其主要做法》，载于《农产品加工：创新版》2010年第1期。

[43] 刘军萍、王爱玲：《北京创意农业的典型模式分析》，载于《中国乡镇企业》2012年第5期。

[44] 刘珂：《借鉴国内外发展模式大力发展创意农业》，载于《中国发展》2011年第6期。

[45] 刘平：《日本创意农业与新农村建设》，载于《现代日本经济》2009年第3期。

[46] 刘宏曼：《创意农业——北京都市型现代农业新亮点》，载于《当代经济》2009年第14期。

[47] 刘笑冰、陈建成、何忠伟：《基于MGM（1，N）模型的北京创意农业发展灰色预测》，载于《中国人口·资源与环境》2013年第4期。

[48] 刘笑冰、陈建成、杨为民：《北京市创意农业发展投资灰色关联分析》，载于《农业技术经济》2013年第1期。

[49] 刘笑冰、何忠伟：《北京创意农业需求主体及其消费特征分析》，载于《北京农学院学报》2015年第2期。

[50] 林超群：《创意农业发展路径分析——以成都市为例》，载于《农村经济》2015年第9期。

[51] 林炳坤、吕庆华：《创意农业合作绩效实证研究》，载于《山西财经大学学报》2015年第3期。

[52] 林炳坤、吕庆华：《创意农业研究述评》，载于《经济问题探索》2013年第10期。

[53] 吕新海：《文化创意农业》，载于《现代交际》2012年第12期。

[54] 吕新海：《文化创意农业——新形势下的文化产业与创意农业的结合》，载于《现代交际月刊》2012年第12期。

[55] 马俊哲：《对北京发展创意农业的若干思考》，载于《北京农学院学报》2010年第1期。

[56] 马晓红：《福建创意农业发展研究》，载于《卷宗》2012年第10期。

[57] 苗洁：《加快河南创意农业发展的对策研究》，载于《消费导

刊》2011 年第 9 期。

[58] 钱静：《论都市农业、生态旅游和文化创意产业融合——以北京市为例》，载于《现代农业》2009 年第 9 期。

[59] 钱静：《以都市型现代农业为主导的京郊生态新城建设》，载于《北京农业职业学院报》2015 年第 4 期。

[60] 秦向阳、王爱玲：《创意农业的概念、特征及类型》，载于《中国农学通报》2007 年第 10 期。

[61] 任荣：《创意农业探索与实践》，人民出版社 2009 年版。

[62] 史亚军、邓蓉：《都市型现代农业发展研究》，中国农业出版社 2008 年版。

[63] 史亚军、邱佳、黄映晖等：《对北京创意农业的再认识》，载于《农产品加工》2010 年第 1 期。

[64] 石向荣、田斌：《从德国"绿腰带项目"看中国休闲创意农业发展趋势》，载于《理论月刊》2012 年第 8 期。

[65] 宋东升：《产业转型升级背景下区域创意农业发展研究——以河北省为例》，载于《经济研究参考》2015 年第 57 期。

[66] 孙慧、王彻、王崑：《创意农业的内涵和景观分类及其表达——以"北大荒"为例》，载于《农业现代化研究》2013 年第 2 期。

[67] 田富强：《创意农业向生态文化创意产业的演进》，载于《广东农业科学》2011 年第 15 期。

[68] 汪海燕：《北京郊区创意农业发展趋势及对策研究》，载于《特区经济》2011 年第 6 期。

[69] 王爱玲、刘军萍等：《创意农业的概念与创意途径分析》，载于《中国农学通报》2010 年第 14 期。

[70] 王爱玲、刘军萍等：《农业创意产业——现代农业与文化创意产业的融合》，载于《中国科技产业》2009 年第 9 期。

[71] 王振如、钱静：《北京都市农业、生态旅游和文化创意产业融合模式探析》，载于《农业经济问题》2009 年第 8 期。

[72] 王缉慈：《关注文化创意产业（续）》，载于《前线》2006 年第 4 期。

［73］王树进：《创意农业发展思路及政策建议——以上海为例》，载于《中国农学通报》2009年第11期。

［74］王银芹：《创意农业与村镇特色景观旅游业开发》，载于《农业现代化研究》2010年第5期。

［75］王景红：《国外都市农业的发展模式及其经验借鉴》，载于《北方经济》2012年第13期。

［76］单福彬、周静、李馨：《创意农业的全产业链发展模式分析》，载于《北方园艺》2017年第6期。

［77］谭冠宁：《广西创意农业发展的研究和探讨》，载于《安徽农业科学》2008年第27期。

［78］西奥多·W·舒尔茨：《改造传统农业》，商务印书2003年版。

［79］杨良山、胡豹：《发展创意农业的意义、路径与对策思考》，载于《农业经济》2013年第1期。

［80］杨良山等：《浙江创意农业发展路径选择与对策探讨》，载于《浙江农业科学》2012年第9期。

［81］杨宏山等：《小农场发展创意农业的发展途径与措施》，载于《现代化农业》2013年第10期。

［82］杨秀云、叶红、李德鹏：《我国创意农业发展水平评价》，载于《西北农林科技大学学报（社会科学版）》2017年第3期。

［83］杨薪燕、许婕：《基于国外经验的中国创意农业支持政策分析》，载于《世界农业》2015年第1期。

［84］严安：《国内外创意农业的主要发展模式》，载于《经济研究导刊》2015年第16期。

［85］颜忻、秦华：《重庆创意农业发展探究》，载于《西南师范大学学报（自然科学版）》2016年第7期。

［86］晏小敏：《创意农业带动湖南农村经济发展研究：以沅江市芦苇产业为例》，载于《湖南科技大学学报（自然科学版）》2016年第2期。

［87］严煤、冷海涛：《发展创意农业存在的问题和对策》，载于《团结》2008年第4期。

［88］俞美莲、张晨：《从荷兰经验思考上海创意农业发展》，载于

《上海农村经济》2012年第9期。

[89] 章继刚：《创意农业学》，中国科学文化音像出版社2009年版。

[90] 章继刚：《创意农业在中国》，载于《企业研究》2008年第7期。

[91] 章继刚：《创意农业：亿万农民增收致富的朝阳产业》，载于《市场研究》2009年第6期。

[92] 赵文杰、何云峰、张雷：《国外创意农业的发展及本土化借鉴》，载于《安徽农业科学》2016年第8期。

[93] 张京成：《中国创意产业发展报告》，中国经济出版社2006年版。

[94] 张传伟、赵黎明：《创意农业对现代农业发展重要性的研究》，载于《内蒙古农业科技》2011年第5期。

[95] 张俊：《创意农业发展模式研究：初始条件与动力支撑》，载于《技术经济》2009年第6期。

[96] 张若琳、连丽霞：《影响中国创意农业发展的主要因素分析》，载于《山东农业大学学报（自然科学版）》2012年第1期。

[97] 郑蕾：《文化创意驱动农业发展研究》，载于《西南民族大学学报（人文社科版）》2016年第6期。

[98] 钟鑫、张忠明：《北京市大兴区农业文化创意产业建设的经验与启示》，载于《农业经济与管理》2014年第4期。

[99] 诸丹、袁力：《现代农业发展方式创新：创意农业助推乡村旅游升级发展——以四川省成都市为例》，载于《农村经济》2009年第9期。

[100] 朱启臻：《都市农业、生态旅游和文化创意产业融合研究》，中国农业大学出版社2013年版。

[101] 朱黎黎：《发展创意农业转变农业经济发展方式的路径研究》，载于《经济视野》2013年第2期。

[102] Rechard Caves, *Creative Industries Cambridge*, Mass：Harvard University Press, 2000.

[103] Ruth Towse, "Creativity, Copyright and the Creative Industries Paradigm", *Kyklos*, Vol. 63, 2010：3.

[104] John Howkins, *The Creative Economy*, New York：The Penguin Press, 2001. Richard E. Caves, *Creative Industries*, Cambridge Mass：Harvard

University Press, 2000.

［105］John Hawkins, *The Creative Economy: How People Make Money from Ideas*, The Penguin Press, 2001.

［106］Don C. Okpala, "Urban Agriculture a Complementary Strategy to Sustainable Urban Development", *Urban Agriculture Magazine*, 2003: 5.

［107］Erik Bryld, "Potentials Problems and Policy Implications for Urban Agriculture in Developing Countries", *Agriculture and Human Values*, 2003: 20.

［108］Richards G, Wilson J, "Developing creativity in tourist experiences: A solution to the serial reproduction of culture", *Tourism management*, Vol. 27, 2006: 6.

［109］Frontier Economics, "Comparative analysis of the UK creative industries", *United Kingdom*, 2006.

［110］Ruth Towse, "Creativity, Copyright and the Creative Industries Paradigm", *Kyklos*, Vol. 63, 2010: 3.

［111］Marilena Vecco, "Creative and cultural industries and cities", *International journal of sustainable development*, Vol. 12, 2009: 4.

后　记

农业文化创意产业是农业与文化创意产业的融合产业，代表了未来农业的发展方向，正逐渐成为世界经济新的增长点。文化创意产业融入农业元素，扩展了农业文化创意产业的内涵，激活了传统农业文化的活力，催生出新的生产力和竞争力。虽然我国对农业文化创意产业的探索才刚刚起步，但它已经焕发出强大的活力，在北京、上海、广州、成都和武汉等大城市的郊区，以休闲观光、科普教育、生活体验为主题的农业文化创意产业园正在兴起，掀起了郊区体验游的高潮。农业文化创意产业发展前景广阔，为解决农民就业、带动都市农业发展起到了良好的推动作用，将在未来展现出巨大的发展力。

近五年来，中国农业科学院农业经济与发展研究所现代农业研究室科研人员，在农业现代化理论与政策学科首席科学家蒋和平教授率领下，一直关注着我国农业文化创意产业的发展趋势，针对我国农业文化创意产业的内涵、发展重点和典型模式，并结合承担北京自然科学基金项目的研究，专门对北京农业文化创意产业的理论基础、发展途径、运行机制和发展模式开展了系统研究。今天奉献给读者的这本著作，就是近五年来中国农科院农经所现代农业研究室科研创新团队，对北京农业文化创意产业的理论、机制与模式的系统研究成果。

本书撰写以中国农科院农业经济与发展研究所为组织单位，由中国农业科学院农业经济与发展研究所农业现代化理论与政策学科首席科学家蒋和平教授牵头和统稿，参加本书撰写的科研人员主要有中国农业科学院农业经济与发展研究所刘学瑜硕士生，中国人民大学经济学院蒋黎副教授，广西大学商学院孟召娣硕士生，以及中国农业科学院农业经济与发展研究所江晶博士生、钟鑫博士生、彭成圆博士生等，中国农业科学院农业经济与发展研究所邱君副研究员参加了对本书校核和修改工作。本书编写历时近3年，反复进行论证、研究和修改形成。

全书的编写分工如下：序言由蒋和平撰写；第1章导论由蒋和平撰写；第2章由蒋和平、刘学瑜撰写；第3章由刘学瑜、蒋黎撰写；第4章由刘学瑜、蒋和平撰写；第5章由刘学瑜、蒋黎、江晶撰写；第6章由蒋和平、刘学瑜、蒋黎、孟召娣、钟鑫、彭成圆撰写；第7章由蒋和平、刘学瑜撰写。邱君、盛芳芳、何亚萍、聂赞彬、郝汉完成了对本书稿的校对、编辑、排版和打印工作。作为中国农业科学院农业经济与发展研究所现代农业研究室科研人员、博士生和硕士生，他们为课题调研、文献整理、数据处理和全书编写校核付出了辛勤的劳动。对此，表示衷心感谢。

在课题调研过程中，始终得到北京农委、北京农业局、北京市农村经济研究中心、房山区农业委员会、大兴区农业委员会、密云区农业委员会、平谷区农业委员会、怀柔区农业委员会、延庆区农业委员会、北京小汤山现代农业科技园区管委会、金福艺农农业科技集团有限公司等单位的帮助，尤其是北京市各郊区农业主管部门等单位领导及有关管理人员对课题调研人员给予热情接待，为课题调研提供了大量的数据和资料。中国农业科学院农业经济与发展研究所领导对现代农业研究室科研创新团队开展工作给予了积极支持，尤其是中国农科院农业经济与发展研究所所长袁龙江研究员、原所长秦富教授、党委书记李思经研究员、副所长毛世平研究员、原副所长王济民研究员和副所长孙东升研究员以及朱立志研究员、李宁辉研究员、赵芝俊研究员、吴敬学研究员、李先德研究员、魏赛副研究员对本书的编写提出了许多宝贵意见，从而使课题研究和本书编写工作得以顺利进行。对此，我对上述单位和人员致以诚挚的感谢！

本书的出版得到了中央级公益性科研院所基本科研业务费专项基金（中国农业科学院农业经济与发展研究所）的专项资助，对此深表感谢！

在本书即将出版之际，我对所有关心我国农业文化创意产业发展，为本书写作和课题研究提供各种资料，以及给予各种帮助和支持的各位专家同仁再次表示感谢。

蒋和平

2017年12月30日

图书在版编目（CIP）数据

北京市发展农业文化创意产业机制与模式研究/蒋和平，刘学瑜，蒋黎著．—北京：经济科学出版社，2018.6
（中国农业科学院农业经济与发展研究所研究论丛．第4辑）
ISBN 978 – 7 – 5141 – 6497 – 8

Ⅰ.①北… Ⅱ.①蒋…②刘…③蒋… Ⅲ.①农业 - 文化产业 - 产业发展 - 研究 - 北京市 Ⅳ.①G127.1

中国版本图书馆CIP数据核字（2016）第007031号

责任编辑：齐伟娜 刘 颖
责任校对：徐领柱
责任印制：李 鹏

北京市发展农业文化创意产业机制与模式研究
蒋和平 刘学瑜 蒋 黎 著
经济科学出版社出版、发行 新华书店经销
社址：北京市海淀区阜成路甲28号 邮编：100142
总编部电话：010 - 88191217 发行部电话：010 - 88191540
网址：www.esp.com.cn
电子邮箱：esp@esp.com.cn
天猫网店：经济科学出版社旗舰店
网址：http://jjkxcbs.tmall.com
北京季蜂印刷有限公司印装
710×1000 16开 14.25印张 230000字
2018年6月第1版 2018年6月第1次印刷
ISBN 978 - 7 - 5141 - 6497 - 8 定价：46.00元
(图书出现印装问题，本社负责调换。电话：010 - 88191502)
(版权所有 翻印必究 举报电话：010 - 88191586
电子邮箱：dbts@esp.com.cn)